배채진의 길뫼 철학

다시 또 봄

배채진의 길뫼철학

다시 또 봄

초판 1쇄 인쇄 2017년 03월 10일
초판 1쇄 발행 2017년 03월 10일
지은이   배 채 진
펴낸이   손 형 국
펴낸곳   해피소드
출판등록 2013. 1. 16(제2013-000004호)
주소   153-786 서울시 금천구 가산디지털 1로 168,
            우림라이온스밸리 B동 B113, 114호
홈페이지 www.book.co.kr
전화번호 (02)2026-5777
팩스   (02)2026-5747

ISBN 978-89-98773-21-2 03040

배채진의 길뫼 철학

다시 또 봄

배채진 **지음**

행복한 이야기 **해피소드**
HAPPISODE™

책머리에

이 책은 나의 12년여 년에 걸친 악양 지리산 기슭 생활 중에서, 첫 여섯 계절의 터 일구기에 관한 사색 기록이다. 터를 일구기 위해 나는 부지런히 괭이질과 삽질했고, 씨앗을 뿌려 거두었으며, 나무를 심어 가꾸었다.

필자는 지난번에 출판한 나의 산문집 제1집 『길 위의 사색』에서 내 사유의 연속성을 이렇게 말한 바 있다 : "나는 앞으로 연이어 내어 놓을 내 글들을 '길뫼 철학'이라는 틀로 묶으려 한다. 여기서 길뫼는 나의 이름(號)을, 철학은 나의 사유를 뜻한다. 길뫼의 길은 나아감, 자유, 진보, 동중정(動中靜)을 의미하고 뫼는 머묾, 수양, 관조, 정중동(靜中動)을 의미한다. 그래서 길로 표상되는 나의 사유를 로드(Road) 필로소피라 하고, 뫼로 표상되는 나의 사유는 힐(Hill) 필로소피라 부르려고 한다."

이런 맥락에서 이번 산문집은 나의 '뫼 철학 1'이다. 지난번 산문집, 『길 위의 사색』은 '길 철학 1'이었고.

내가 그의 삶을 존경하는 농부 철학자 윤구병은 H. 니어링과 S. 니어링 부부의 공저 『조화로운 삶의 지속 Continuing the Good Life』의 추천사에서 이렇게 말한다: "헬렌과 스코트 니어링이 『조화로운 삶 Living the Good Life』을 펴낸 것은 스코트가 우리 나이로 일흔 두 살 때였다. 둘 다 농사라고는 아무것도 모르는 도시 내기였다가 스코트 나이 쉰 살이 되어 처음으로 버몬트에서 농사를 짓기 시작했다. 그러니까 스무 해가 넘는 농사경험이 『조화로운 삶』으로 묶인 것이다. 이에 견주어 귀농한 지 세 해 만에 '잡초는 없다'고 흰소리를 치면서 마치 농사꾼이 다 된 것처럼 거들먹거리던 내 꼴은 얼마나 우스운가. 『아름다운 삶, 사랑 그리고 마무리』와 『조화로운 삶』을 읽으면서 부끄러운 생각이 많이 들었던 기억이 있다."

말하자면 니어링 부부는 귀농 22년 차 그러니까 니어링 나이 일흔두 살 때 그동안의 농사경험을 『조화로운 삶』으로 활자화했는데, 윤구병 자신은 변산 공동체 생활 겨우 3년 차 경험을 『잡초는 없다』는 책으로 활자화한 것에 대해 자책하고 있는 내용이다. 참고로 니어링 부부의 두 번째 책인 『조화로운 삶의 지속 Continuing the Good Life』은 스코트가 죽기 네 해전 그러니까 아흔일곱 살일 때 내어 놓은 책이다. 그렇다면 두 번째 책도 첫 번째 책 출간 이후 25년 만에 내어 놓은 것이다.

여기서 나는, 니어링에게서는 '완숙'이라는 느림의 지혜를, 윤구병에게서는 '속성'이라는 빠름의 결단을 배운다. 비록 보여주거나 알려주는 일보다 사는 일에 더 치중한 니어링의 뜸들이기에 더 많이 기울어져 있긴 하지만.

물론 나의 뜸 들이기는 게으름과 내용의 별것 없음에 더 기인한다. 부산 집과 악양을 오가며 산 나의 제한적인 산기슭 생활을 니어링의 버몬트 생활이나 윤구병의 변산 공동체 생활에 감히 견줄 수는 없다. 그래도 용기를 내어 활자화하려는 것은 나의 길뫼재 생활이 비록 전적인 귀농은 아닐지라도 온힘을 다해 수행한 삽질, 괭이질과 나란히 하는 사색 기록이기 때문이다.

일찍 돌아가신 아버지가 생각난다. 아버지는 면사무소에 출근하실 때 어린 나를 자전거에 태워 등교시켜 주었다. 그때 길이 평탄했겠는

가. 자갈길이었다. 형제 중에서 내가 아버지의 자전거를 가장 많이 탄 것 같다. 책 이야기도 많이 해주셨다. 중학생이던 그때 들은 아버지의 『닥터 지바고』 이야기가 지금도 잊히지 않는다. 저자 이름 보리스 파스테르나크는 그때 발음도 따라 하기 쉽지 않았다. 그래도 그때 『닥터 지바고』를 아버지 권유로 읽었던 것은 나의 소중한 독서 자산이다. 그런데 나는 아버지께 바람을 쐬어드리기는커녕 사이다 한 병을 사드리지도 못했다. 내게 인문적 소양이 조금이라도 있다면 그건 아버지에게서 물려받은 것이다. 책이 나오면 부모님 산소로 들고 가서, 새로 산 포켓 트럼펫으로 서너 곡을 불어 출판 보고를 드릴 참이다.

여러 해 전에 나이 연하장이라는 게 관심을 끈 적이 있다. 이 연하장을 만든 이는, "나이를 한 살 더 먹으며 '어른다운 어른'에 대해 다시 한번 생각해보게 됐다."면서 "나이를 잊고 바쁘게 살아가는 우리가 모두 자신을 한 번쯤 되돌아보는 계기가 되길 바란다."고 말했다. 그 연하장에서 69세는 "상을 받을 때 고개를 숙이지 않아도 되는 나이"이고, 70세는 "대통령 이름을 그냥 불러도 건방짐이 없는 나이"였다. 내가 이제 이 지점에 와 있다. 종심(從心), 그 의미를 새삼 새긴다.

출판 기회를 주신 해피 소드에 감사드린다. 본문 편집을 내 손으로 직접 했다. 이 또한 좋은 경험이다. '눈에 넣어도 아프지 않은 막내딸'이라는 표현을 꼭 넣어달라는 막내에게 한마디, "책, 3월에는 올려보내주마."

악양 동매리 지리산 기슭 길뫼재에서
배채진

차 례

하나, 첫해 겨울

둘, 봄

셋, 여름

넷, 가을

다섯, 그리고 또 겨울

여섯, 다시 또 봄

하나, 첫해 겨울

차나무 언덕
환영 꽃다발
작심과 '정경'
찻잎과 눈꺼풀
일몰의 관찰
디딤틀
왼낫과 괭이
잉크 색 장화

차나무 언덕

악양 동매리

일요일, 길을 나섰을 때 눈발이 흩날리기 시작했다. 하지만 눈이 내리지는 않았다. 가는 곳은 경남 하동군의 악양이라는 곳, 지리산 남부 능선 끝자락에 있는 면(面)이다. 거기서는 눈이 내리고 있을 것 같다. 내리는 시늉만 하고 있을 것 같지는 않다. 걱정되었지만 도착하여 보니 하늘은 흐리기만 할 뿐 눈을 떨어뜨리고 있지는 않았다. 대신 섬진강이 하늘의 푸른색을 대신하고 있었다. 하지만 겨울 섬진강은 푸르렀어도 시린 청록이었다.

이번 악양 행은 예정에 없던 일이다. 친구인 S 신부의 바람 쐬러 가자는 두어 번 제안에 따라나선 길이었다. 가서 보니 악양으로 들어가는 길은 두 개였다. 하동읍에서 구례 방향으로 가다가 악양 초입의 삼거리에서 이정표를 따라 들어가는 길이고, 다른 하나는 거기서 조금 더 나아가 평사리로 들어가는 길이었다. 둘 다 우회전이다.

나의 이전 악양 행은 박경리의 『토지』 무대인 평사리를 의미했다.

그러니까 본래 첫 번째 길, 악양 길은 한 번도 들어가 보지 못했다는 말이 되겠다. 그래서 악양 길은 사실상 이번이 처음인 셈이다. 그 길에는 개치, 미점, 축지, 신대, 신성, 정동, 정서, 중대, 동매를 알리는 이정표가 줄지어 서 있었다.

동매리에 왔다. 처음 오는 동네다. 마을 뒤로 갔다. 올라가는 길이다. 큰 바위가 눈에 들어온다. 그 옆의 언덕 밭으로 갔다. 섬진강이 멀리 보인다. 그 건너 광양 백운산까지 트이는 전망이다. 전망 하나 좋다. 막힘이 없어 시선이 온통 열린다. 동행한 사람들이 탄성을 지른다.

선 곳 이 자리, 매화가 많았던 모양이다. 마을 이름에 매화 '매(梅)' 자가 들어가는 걸 보면 그런 생각이 든다. 과연 그랬다. 나중에 알아보니 '동매'라는 마을 이름은 '동국설중매지형국'(東國雪中梅之形局)의 준말이었다. 무슨 뜻일까? 봄눈 속의 매화 형상을 한 동쪽 땅이라는 뜻 아닐까. 억지 해석이긴 하다. 하지만 매화와 인연이 있는 마을임을 미루어 짐작하겠다.

올라오는 길옆의 매화나무를, 그것이 엄청 컸는데도 알아보지 못했다. 자주 보지 못해서 그랬고 차나무만 생각하고 올라왔기 때문에도 그랬을 것이다. 사실 매화밭이 아니라 좋은 차밭으로 안내되어 온 길이기도 했다. 저기 섬진강, 저기 백운산, 저기 평사리 그리고 형제봉, 신선대…. 가리키는 이의 손가락 끝쪽으로 시선을 부지런히 보냈다. 들판의 농로들이 자기의 존재를 나에게 뚜렷이 각인시킨다. 들길이다. 하이데거의 '들길'이 생각났다.

서 있는 이 자리는 지리산 시루봉의 끝자락이라고 한다. 큰 바위는 우리가 와도 또 떠나도 아무 말 아니 했다. 아는 척도 하지 않았다. 당연! 바위이니까. 하지만 그것이 내게는 바위가 보내는 의미로 여겨졌다. 풍경 때문에, 잠시 섰던 차밭 언덕에 대한 호감은 아주 컸었다. 차

나무 짙은 잎들 그 위로 춤추며 내려앉는 눈송이들은 더욱 경이롭게
보였다.

차나무 언덕

차나무, 이것은 동매리 이곳에 발 디디기 전에는 내게 중요한 개념도
사물도 아니었다. 녹차는 마셨지만, 녹차 나무를 제대로 본 적이 없었
다. 그런데 이제 이 말은 나에게 중요한 의미 어가 되었다. 씨앗이 심어
진 밭을 한 떼기 마련했기 때문이다. 하동 차는 야생차라고 한다. 구미
를 끄는 말이다. 하지만, 사람이 손으로 심어서 가꾸는 밭이니 엄밀히
말하면 야생차 나무는 아니다. 정확한 이름은 '하동 녹차'였다.

친구인 S 신부 따라 악양에 오게 되었다는 말은 앞에서 했다. 그는
악양 성두리의 자기들 땅을 구경시켜 주겠다는 어떤 성당 신자 부부와
함께 나선 길이었다. 거기에 우리 내외가 동행하게 된 것이다. 그 무렵
나는 몸담은 대학의 입학홍보처장 직무로 매우 바빴기에 거절하였다.
일주일 후에 다시 전화가 왔다. 더는 거절할 수 없어서 이번엔 함께
가기로 했다. 악양과 이어진 인연은 이렇게 시작되었다.
사실 나의 악양 출입은 비교적 잦은 편이었다. 군 복무 후 복학한
그해 여름에, 처음 하게 된 나들이 장소가 하동읍의 섬진강 변 송림이
었다. 강을 건너 전남 광양으로 이어지는 철교가 송림과 어우러지는
풍경은 그때 참 좋았다. 그 이후 좀 뜸했지만 곧이어 쌍계사 다녀올
일이나 평사리의 '토지문학관' 방문할 일이 자주 생겼다. 그래서 내게
악양은 '평사리의 악양'이었다. 그 악양이 이제는 '동매리 악양'으로 되
었다.

성두리 마을 뒤쪽의 함께 온 이들의 밭을 구경했다. 언제이겠는지 모르지만, 정착할 집을 이곳에 지을 예정이라고 했다. 밭에 서서 보니 평사리가 비스듬히 보인다. 평사리 공원을 지나 화개, 구례를 오가는 차들이 훤히 보였다. 드문드문 쌓인 눈 때문이었을까. 거센 바람과 맞물린 기온은 매우 찼으므로 더는 서 있지 못하고 자리를 떴다.

차 씨네 집에 가자고 했다. 차 씨는 그들 성두리 밭 원주인이었다. 악양 토박이로서, '토지농장' 주인이라고 했다. 물론 나는 전혀 알지 못하는 사람이다. 녹차와 매실나무, 대봉 감나무를 대규모로 경작하는 사람이라고 했다.

차 씨네 집은 면 소재지인 정서리에 있었다. 안내받은 곳은 외양간 옆의 별채, 말하자면 원룸이었다. 다실이라고 했다. 앉으니 서로 무릎이 닿는다. 옹기종기 둘러앉은 것이다. 차 씨 아저씨는 자기 집에서 생산한 차를 여러 종류 차례대로 다려 내었다. 둘러보니 벽에는 장식물이 걸려 있었는데 그것들은 대학을 막 졸업한 막내아들의 솜씨라고 했다. 흙으로 빚은 메주와 똥 장군, 지게와 바지게 등이었다. 차를 마시면서 서로 안면도 터고 이런저런 이야기를 많이 나누었다. 대개는 대봉감, 야생차 나무 이야기였다.

전망 좋은 터 얘기가 자연스럽게 나왔다. 차 씨 아저씨가 구경하러 나가자고 했다. 차밭을 보여주겠다고 했다. 물론 그전에 차밭에 대한 호기심을 내가 먼저 보였다. 그렇게 해서 서너 곳 거쳐 올라온 마지막 지점이 동매리 마을 뒤쪽 바로 이 지점이었다. 앞뒤로 차밭이 있었다. 그래서 '차나무 언덕'이라는 생각이 스스럼없이 들었다.

구경 후 우리는 차 씨네 다방으로 다시 돌아왔다. 차 한잔 더 하고 가시라고 적극적으로 붙들었기 때문이다. 그런데 그 자리서 구매 권유, 구매 의사 타진이 개진되었다. 장단 맞추는 소리도 연이어 뒤따랐다.

개략적인 매입 조건에 대한 정보가 오고 갔다. 하지만, 나는 구체적으로 검토하지는 않았다. 건성으로 들었다. 경제적 여력이 없었기 때문이다. 내가 차밭을 가지게 된다는 것이 상상이 되지 않기 때문에도 그랬다. 아무튼, 경제적으로나 거리상으로 보아 호감은 있어도 큰 관심을 보일 입장이 되지 못했다.

지킴이 바위

차 씨네 다방에서 일어나 일행은 부산으로 돌아가고 다시 편과 나는 동매리 그곳으로 왔다. 해가 지고 있었다. 어둑하다. 약 5킬로 거리다. 직접 핸들을 잡고 운전을 하면서 보니 상당한 오르막길이다.

동네 맨 위 마지막 집 옆의 전봇대를 돌아가니 성벽이 가로막는다. 위에서 보면 논인데 옆에서 보니 영락없는 석성(石城)이다. 악양 들판의 둑들은 얼핏 보니 대부분 다 돌둑이었다. 나중에 들으니 이곳의 다랑논은 전국에서 규모가 제일 클 것이라고 했다. 남해 가천의 다랑논은 오밀조밀한데 이곳의 그것은 웅장하다.

도착하여 차에서 세우고 내렸을 때 시선을 가로막는 것은 또한 또 다른 석성이었다. 그래서 더욱 호감이 갔다. 충청도 해미의 토성이나 전남 진도의 석성 같은 성벽일 수는 없다. 또 혜화동과 성북동의 한양성, 북경의 만리장성 같은 성벽일 수는 더구나 없다. 하지만, 논밭을 지키는 이 성의 돌 틈에서는 자연의 숨결 소리가 더욱 들리는 듯했고 그래서 내겐 더더욱 친근하게 느껴졌다. 아마도 돌담길인 이 언덕과 인연을 맺게 될 모양이다.

올라가는 길목에 한 그루 고목 밤나무가 서 있었다. 바로 맞은편에는 큰 바위가 앉아 있다. 전면은 황소 머리, 후면은 호랑이 머리 형상이다. 그 바위 바로 옆의 산언덕에는 두 그루 소나무가 날렵한 키를 뽐내며 또 서 있었다. 그리고 길과 이어지는 차밭 차나무, 검은 초록이었다. 보려는 밭의 돌담 높이와 길이도 장난이 아니었다.

저기 앞의 큰 바위가 계속 눈에 띄었다. 밭 가운데 버티고 앉아 있는 저 바위, 소나무 둘과 한 그루 밤나무와 좋은 구도를 이룬다. 유래를 들으니 더욱 호감이 갔다. 10년 전의 지리산 대 폭우 참사 때 굴러 내려와 마을을 지킨 바위라고 했다. 믿기지 않았다. 하지만, 사실이었다. 듣고 나니 바위가 내게는 내가 오게 될 자리를 지키고 있는 것으로 보였다. 말하자면 지킴이. 먼저 내려와 지키고 앉아서 나를 기다리고 있었던 것으로 여겨졌다.

구매 여부는 결정짓지 못했지만, 호감은 더욱 커졌다. 며칠 후 다시 내려와 지형을 찬찬히 거듭 살펴보아야겠다는 말을 편과 더불어 나누고 자리를 떴다.

사실 부산서 출발할 때부터 차가 이상했었다. 앞 유리에 뿌옇게 서린 김이 히터를 켜도 지워지지 않는 것이었다. 차내 온도도 또한 올라가지 않았다. 11년째 탄 승용차에 이상이 생긴 것이다. 돌아갈 때는 더욱 심했다. 앞, 뒤, 양옆의 모든 유리에 김이 서려 불투명으로 바뀌어도 대책이 없었다. 문을 열고 고속도로를 달렸다. 속도를 내지 못했다. 그렇게 겨우 김해까지 왔다. 김해 생림의 '공간'이라는 이름의 찻집이다. 거기서 칼국수를 저녁으로 먹고 헤어지자는 약속을 하고서 악양을 출발했었다.

찻집 '공간'에서 오늘 일을 함께 정리했다. 그 밭을 사는 게 좋겠다는 의견들이었다. 무엇보다 편이 비호감을 보이지 않은 것은 청신호였다. 이것이 최종 선택에 큰 영향을 미쳤다. 난 비교적 편의 정서와 견

해를 존중하고 선택을 받아들이는 편이다. 구매 여부를 구체적으로 검토해보겠다고 말하고 '공간'에서 일어섰다. 사들이기 전에 이것저것 다 알아봐야 한다는 것은 상식이다. 이런 상식을 모르거나 무시하면 큰 낭패를 당할 수도 있다.

환영 꽃다발

파악하고 확인하고

차밭을 사느냐 마느냐가 그곳을 다녀온 12월 4일 이후로 큰 과제로 등장했다. 동시에 들이닥친 또 다른 과제는 새 자동차 구매 문제였다.

먼저, 차밭 구매 문제다. 다시 답사를 가기 전에 'OK 시골'에 들어가서 관련 사항에 대한 자료를 찾았다. 이는 전원생활 안내 사이트다. 또한 『OK 시골』월간지 정기구독도 신청했다.

이 사이트에서 먼저 얻은 정보는 '토지 현장 답사할 때 8가지 점검 사항'이라는 것이었다. 그것은 다음과 같다. 첫째, 접근성을 파악하라. 둘째, 현장에 가까워지면서 목적 토지로의 진입도로를 점검하라. 셋째, 현장에 도착해 목적지 주변의 경치와 지반을 둘러보라. 넷째, 마을이나 지역의 특성과 분위기를 파악해보라. 다섯째, 지적도를 들고 정확한 경계와 도로를 파악하라. 여섯째, 주변 2km 이내에 혐오시설이 있는지 살펴보라. 일곱째, 전기와 전화를 쉽게 끌어올 수 있는지 점검하라. 여덟째 식수를 어떻게 조달할 수 있는지 검토해 보라.

그리고 또 다른 자료는 '땅 구매할 때 주의해야 할 15가지'였다. 이 자료는 투자할 만한 가치가 있는 땅을 고르는 법에 대한 안내였다. 나는 투매할 땅을 찾고 있는 것이 아니니, 그 글의 내용 대부분은 별 도움이 되지 못했다. 다만, 그중에 첫 번째 사항은 필수적으로 검토해야 할 사항이므로 소개한다. 그것은 토지공부서류는 반드시 직접 확인하라고 하는 것이었다. 꼭 확인해 보아야 할 서류는 토지이용계획확인원,

토지대장, 지적도, 개별공시지가확인서, 부동산등기부등본 등이다.

먼저 부동산등기부등본을 확인했다. 대법원 홈페이지로 가니 좌측 아래에 '인터넷 등기소'가 있었다. 등기부를 열람하거나 발급받는 곳이었다. 먼저 열람을 했다. 발급은 받지 않았다. 열람료는 500원인가 그랬다. 열람해보니 해당 토지를 사는데 장애 될 것이 아무것도 없었다. 물론 등기부 등본 읽는 법을 차분히 공부했었다. 동사무소나 구청에 가지 않아도 밤에 책상에 앉아서 주요 서류를 열람해 볼 수 있는 전자정부 시대를 살아가고 있음을 실감했다.

그리고 이번엔 행정자치부(현 행정안전부) 홈페이지로 들어가서 토지대장을 발급받았다. 토지 대장상으로도 하자가 없었다. 공시지가도 파악할 수 있었다. 행정자치부 홈페이지에서 '토지이용계획확인서' 발급을 신청했다. 다음 날 동사무소나 구청에 가서 찾으라고 했다. 수수료는 카드로 결제했다.

다음 날 동사무소로 가니 담당 여직원이, 자기가 민원창구에 근무한 이후 인터넷 전자정부를 통해 서류 발급 신청을 한 경우는 처음 본다고 했다. 인터넷 활용을 참 잘한다는 칭찬을 받았다. 칭찬을 받으니 기분이 좋았다. 아주 젊은 사람으로부터 받는 칭찬이지만 칭찬은 칭찬 아닌가.

토지이용계획확인서를 통해서도 주요사항을 파악하게 된다. 용도가 '관리지역'으로 지정되어 있었다. 그리고 '농림지역', '자연환경보전지역'이었다. 사들여 농가주택을 짓는데 아무런 문제가 없는 땅이었다.

'지적도'는 차 씨 아저씨로부터 건네받았지만, 동사무소에서 다시 발급을 받았다. 검토해야 할 주요 관련 서류는 이렇게 다 검토했다. 이렇게 쌓은 관련 지식을 가지고 며칠 후엔 답사를 다시 갈 참이었다.

이번엔 자동차 구매 여부다. 나는 망설이고 편은 새 차로 교체하라고 재촉한다. 나는 계속 망설였다. 몇 년 더 탈 거라고 부품 교체 비용을 많이 투입한 터였고 연말인지라 새해로 넘어가서 구매 여부를 검토하는 게 낫겠다는 판단을 하고 있었다. 히터가 안 되는 차를 계속 끌고 다녔다.

환영 꽃다발

처음 다녀온 이후 일주일 동안 그 밭에 대해 알아보아야 할 것은 대체로 다 알아보았다. 그래서 다시 한번 살펴보려고 집을 나섰다. 이번에는 악양으로 들어오는 첫 번째 길이 아니라 그다음 길, 그러니까 평사리 쪽에서 들어갔다. 면사무소를 지나 보건소 지소가 있는 평촌마을 즉 동매 마을이 훤히 보이는 언덕에서 차를 세웠다. 차밭 언덕이 한눈에 보이는 곳이다. 이쪽에서 그쪽을 보기 위함이었다.

'이쪽에서 그쪽'이라, 막연한 말이다. 그 밭에 서서 보는 전망이 아니라 그 밭으로 들어가면서 보는 전망을 조망했다는 말이 되겠다. 밭에서 보는 풍경이 아니라 밭의 풍경을 살펴봤다는 말이다.

편이 마음에 든다고 했다. 내 마음에도 들었다. 조금 가려지면서 드러나는 모습이 나를 안온케 했다. 완전히 숨을 수야 없겠지만 좀 숨어보고 싶은 게 평소 나의 소망이었다. 말하자면 은둔은 나를 붙드는 매력이다. 이제 저 땅으로 하여 내 은둔의 소망이 이루어지겠다는 생각을 하니 가슴이 설레어 왔다. 서서 보니 왼편 시루봉에서 흘러 내려오는 맑은 물이 악양천을 이룬다. 천은 섬진강으로 흘러들어 간다. 형제봉 바로 아래의 안온한 골짜기는 '청학이 골'인데, 이는 이른바 지리산 이상향이라고 하는 원 청학 골이라고 했다. 거기서 회남재가 시작된다. 회남재를 넘으면 청학동 도인촌에 이른다고 한다.

동매리 마을 가운데로 난 길을 따라 밭으로 갔다. 밭으로 오르는 길은 동네를 거치는 길도 있고 거치지 않는 길도 있다. 그러니까 외진 곳인데도 도로가 잘 만들어져 있어 접근이 수월하다는 말이 되겠다. 마을 뒤 성벽을 지나 밭에 도착했다. 지난번에 왔을 때 피어 있던 두 번째 성벽의 구절초가 아직 그대로 피어 있었다. 퇴각할 때를 놓친 것일까? 햇살과 뒤늦은 사랑에 빠진 것일까? 아무튼, 늦가을 아니면 겨울 초입에 보아야 하는 들국화를 한겨울에 보고 있다. 나에게는 우리를 반기는 환영 꽃다발로 보였다. 편에게 그렇게 말했더니 웃었다.

터를 볼 땐 우선 가운데 서서 보라고 했다. 그래서 밭 가운데 서서 동서남북을 봤다. 정남향 땅이었다. 해가 뜨는 동쪽은 산봉우리가 약간 낮은지라 지금 관찰하고 있는 이 땅에 햇빛을 먼저 비출 것으로 짐작되었다. 그리고 사방팔방으로 가리는 게 없어 해가 질 때까지는 그늘이 지지 않을 것 같았다. 그건 나중에 보니 과연 그랬다. 바람의 흐름도 좋다고 생각했다. 몰아치는 바람이나 칼바람의 자리는 피하는 게 좋다는 말을 듣고 간 터여서 그런 사항을 나름대로 짐작해 보았다. 계곡이 너무 가까우면 그런 바람이 몰아친다고 했다. 그런 곳은 기온도 불균형하다고 했다. 지금 내가 풍수를 살피고 있다는 생각이 들었다. 그렇다면, 풍수장이다. 하지만, 반풍수.

좌측의 먼 무덤 앞에서 세 사람이 절을 하고 있었다. 산소 찾아올 때가 아닌데 하는 생각이 들었다. 아마 고향 찾아온 김에 산소를 다녀가는 사람들일 것이라고 짐작했다. 산소에서 절을 다 한 후 이쪽으로 온다. 그러니까 내가 서 있는 밭 옆으로 와서 큰 소리로 이런저런 감탄을 하고 있었다. 그들이 살피는 땅은 이전에 집이 있었던 곳이라고 짐작되는 곳이었다. 지금은 차나무가 자라고 있었지만, 감나무가 몇 그루 있고 집 뒤에 주로 서는 키 작은 대나무들이 있는 곳이었다. "여기가 외양간이었는데!" "여기가 부엌이었고." 하는 탄성들이 계속 이어졌다. 이곳에 살다가 객지로 떠난 사람들이었다.

다가가서 말을 걸었다. 한 사람은 나와 이야기하고 다른 두 사람은 밭에서 씀바귀를 캔다. 여기서 살았느냐고 물어보니 그렇다고 했다. 짐작이 맞았다. 여기 살다가 30년 전에 대구로 이사 갔다고 했다. 나는 아무개라고 했더니 자기는 이름이 류○기라고 했다. 인사를 나누자마자 그는 흥분한 듯 이 땅, 선 이 자리에 대해 말하기 시작했다. 말을 멈추지 않았다. 몇 번 만난 사이인 것처럼, 아니면 아는 사이인 것처럼 그는 거리낌 없이 말했고 내가 알고 싶어 하는 것을 단서만 제공하면 술술 다 말해 주었다. 들을수록 기분 좋은 말이었다. 들어서 꺼림칙하게 될 말은 하나도 하지 않았다. 사진을 찍어도 되느냐고 물었더니 나물 캐는 사람들을 부른다. 누님 부부라고 했다. 자세를 취해 주었다. 나중 글을 쓸 때 사진을 올려도 되느냐고 했더니 올려도 된다고 했다. 사진이 들어간 글 나오면 보내드리겠다고 했더니 기다리겠다고 했다.

세상에, 이런 만남, 이런 인연도 괜찮다고 생각했다. 그곳을 알아보려고 갔는데 그곳을 가장 잘 말해 줄 사람을 이렇게 절묘하게 만나다니. 그는 "이 땅, 좋은 땅"이라는 말을 활기차게 말했다. 정면의 섬진강 건너 백운산 바구리봉이 주는 복을 두어 번 강조했다. 말하자면 이곳이 복지라는 것이다.

살필 만큼 살폈고 알아볼 만큼 알아봤다. 땅에 대해 어느 정도 확신을 하게 되었다. 돌아오면서 하동읍 조금 지난 곳의 한적한 네거리의 재첩국 식당으로 들어가 저녁을 시켰다. 둘이 앉아 보고 온 것을 지적도 등 서류를 꺼내 놓고 최종 정리할 참이었다. 재첩국을 먹었다. 밥값이 싸지는 않았다. 저녁이라고 먹기엔 이른 밥이고 점심으로 먹기엔 한참 늦은 밤이었다. 이런저런 점검을 다 한 후 구매 여부를 결정하자고 했더니, '당신이 알아서 하소. 난 자기 결정에 따르요."한다. 조건만 맞으면 밭을 사겠다는 생각을 어느 정도 굳혔다.

길은 하동 나들목까지 계속 섬진강 변이다. 강은 거의 얼어붙어 있었다. 맞은편의 광양 백운산자락은 눈에 덮이어 있었다. 눈이 올 듯했지만 내리지는 않았다.

작심과 '정경'

작심과 '정경'

답사를 다녀온 이후로 오늘까지 일주일 동안 알아봐야 할 사항은 나름대로 다 알아봤다.

첫째로, 반드시 알아봐야 한다는 네 가지의 법률적 사항 즉 토지이용계획확인원, 토지대장, 지적도, 등기부 등본 등을 다시 점검해 봤다. 하자가 발견되지 않았다.

둘째로, 그 지형이나 풍경에 편이 어떻게 생각하는지를 유심히 살펴봤다. 처음 봤을 때의 호감을 그대로 유지하고 있는 것 같았다.

셋째로 실제적 문제들도 점검해봤다. 먼저, 전기를 끌어오는 문제. 가까운 전신주에서 198m 정도 되는 거리였으니 기본 가설비 조건에 해당한다는 200m 이내이다.

먼저 진입 도로 문제. 이는 반복해서 점검한 사항이다. 지적도에 도로가 그려져 있었지만 도로가 아닌 밭(田)으로 명기되어 있었기 때문이다. 농촌의 도로는 설령 현황도로가 있더라도 지적도상으로 표기된 도로가 아니라면 그런 땅은 맹지가 되고, 나중에 낭패를 당할 수 있다는 점을 여러 번 환기 받은 터였다. 이에 대해서는 차 씨 아저씨와 매도자의 설명을 들으니 수긍이 되었다. 70년대 새마을 사업을 한창 할 때 지주들로부터 4m 부지를 기증받아 도로로 개설되었는데 그 도로부지의 지목은 다 기증자의 소유 필지로 그대로 두었다고 했다. 나중에 국책사업 등에 편입될 때 보상 문제로 그렇게 한다는 것이었다.

그리고 오른편의 지형조건 문제. 오래전에 형성된 마을 공동묘지가 북쪽 건너편 양지바른 구릉에 있었다. 이 점에 관해 물어보니 사람들은 그게 무슨 문제냐고들 말한다. 특히 내가 20년 이상을 출입하는 이발소의 동갑내기 이발사 사장이 그렇게 말한다. 그래서 오히려 명당자리 아니냐는 것이었다. 우리 가족은 어떻게 생각하는지 아이들에게도 사진을 이메일로 보내주고 나서 물어봤다. 문제 될 것이 없다는 거였다. 편에게 물어봤다. 웃었다. 안온한 미소였다. 내게는 처음부터 문제가 되지 않았다.

마지막으로 여름 폭우 때 계곡물이 땅을 덮칠 가능성 문제. 이 지역이 비는 많이 내리는 곳이라고 했다. 10년 전의 지리산 폭우 때 특히 물이 계곡을 쓸었다고 했다. 앞의 큰 바위가 산 증인이다. 그러나 이 밭을 덮치지는 않았다고 했다. 그리고 저쪽의 구거공사도 아주 잘 되어있다.

넷째로 경제적 조건이었다. 이 점은 큰 난제였다. 쉽지 않았기 때문이다. 타고 있던 차를 바꿀 수밖에 없는 처지였고 둘째 아이는 취직을 했지만, 큰아이의 공부 뒷바라지, 막내의 등록금 등과 그들의 서울 생활비 및 고령의 노모 부양비 등을 생각하지 않을 수 없었다. 그리고 땅도 정지가 잘 되어 있고 위치도 좋다 보니 좀 비싼 편이었다.

이런 등등의 이유로 망설이고 있는데 악양으로 안내했던 지인들이 적극적으로 독려했다. 독려를 넘어 닦달했다. 거의 협박수준(?)이었다. 그리고 자기들이 나서서 흥정을 해주기로 했다. 편 또한 나의 결심에 용기를 준다. 차 씨 아저씨도 비록 중개인 입장이긴 했지만 나름대로 노력을 많이 해 주었다.

작심했다. 계약하러 가겠다고 차 씨 아저씨에게 전화했다. 계약하러 가는 날 막내아우 부부와 함께 갔다. 계약하기 전에 밭을 마지막으로 살펴보기로 하고 밭에 갔다. 전망도 좋고 토목공사도 잘되었으며 밭의 모양도 좋다고 했다. 밭에 붙어 있는 작은 연못에서는 겨울인데도 물이 나 배수로로 흐르고 있었다.

　계약은 차 씨 아저씨네 집의 다방에서 했다. 사려는 땅은 막 분할측량을 끝낸 후인지라 아직 정확한 면적이 나오지 않았다. 그래서 지적측량성과도가 나오는 대로 증감 부분은 정산하기로 했다. 조금 넘으면 매도자가 받지 않고 모자라면 매도자가 매수자에게 내어 주기로 했다. 계약서에 그걸 명기했다. 평당 가격은 최종 ○○만 원으로 하기로 합의를 봤다. 계약서에 도장을 찍었다. 나로서는 역사적 순간이다. 내 또 우리 소유의 땅을 처음으로 가지게 되기 때문이다. 계약금 일부만을 가지고 갔었기 때문에 잔여액은 돌아와서 무통장 입금 방식으로 송금해 주었다.

　차 씨 아저씨는 쉬지 않고 차를 끓였다. 매도자를 이때 처음 봤는데 비교적 젊은 분이었다. 땅이 아주 좋아서 자기 집을 지으려고 마음에 뒀던 곳이라고 했다. 좋은 땅, 복이 들어올 좋은 땅을 선생님이 가져가시는 거라고 덕담했다. 의례적 덕담이었겠지만 듣는 기분은 좋았다. 지적측량성과도가 나오는 대로 잔금을 내고 등기소에 가서 등기이전하자고 했다. 농지를 사는 데 필요한 행정행위를 차 씨 아저씨가 다 알아서 해주기로 했다.

　돌아오는 길, 섬진강과 나란히 한참 달린다. 강과 함께 흐르는데 차이콥스키가 생각났다. '정경'이다. 젊은 시절, 고독하고 좌절할 때면 떠올리던 음악과 모습이 '정경'이었다. 작심하고 결행하고 나서 떠올린 정경, 그것참 묘하다는 생각이 들었다. 돌아가는 대로 차이콥스키의 음악을 들어야겠다고 생각했다.

숫자의 전율

1년은 365일이다. 말하자면 365라는 숫자 안에 1년이 들어 있다. 또 그 숫자는 4계절을 내포한다. 햇수 1년은 계절로 볼 때 봄, 여름, 가을, 겨울을 품고 있다고 생각하니 365라는 숫자는 풍요롭고 신비스럽게 보이기까지 한다.

처음에는 358평이었다. 측량의 최종 결과는 365평으로 나왔다고 어제 악양에서 전화가 왔다. 7평이 더 붙었다는 것이다. 그렇게 해서 숫자 365평이 되었다. 이렇게 해서 내가 맺는 숫자 인연은 '365' 이다. 지적도상으로는 반은 논이고 반은 밭이다. 차 씨를 심었다고 하니 차밭으로 부른다. 또 그렇게 가꿀 참이다.

이제부터 농부라는 띠가 내 어깨에 하나 더 둘리게 된다. 농부, 괜찮은 말이다. 옛날엔 농군이라고도 했다. 농인(農人)이라는 말도 괜찮을 것 같다. 물론 농민이다. 나는 이제부터 농인, 허가받은 농인이다. 무엇보다 먼저 농인이 되고 싶다. 하동군 악양면 동매리, 이곳은 이제부터 나의 또 하나의 주소로 된다. 부산을 떠날 수는 없지만, 부산에서 출발하면 우선으로 도착할 곳이 이제부터는 이곳 동매리 차나무 언덕이다.

앞으로 동매리 이 언덕에서 한 사색이나 일 등 모든 것을 글로 남길 예정이다. '동매리 이야기' 라고 해도 좋고 '동매리 사색' 이라고 해도 좋다. 동매리 이곳 365평 땅에 농막을 짓게 되면 그곳 농막에서 나의 삶 후반부의 대부분이 이루어지게 된다. 소로의 『월든 숲 이야기』와 장 지아노의 『나무를 심은 사람』이 생각난다.

면사무소에 신고할 재배 작물은 차나무다. 그리고 왕 감나무도 심을 예정이다. 그 옛날 우리 과수원집에 왕감이 많았었다. 지금은 왕감이라 는 말을 들을 수 없다. 대신 대봉감이라는 말이 통용된다.

그리고 옆으로 자작나무도 몇 그루 심자고 했다. 그리고 옆 언덕엔 수선화를 심자고 했다. 이것저것 잡다하게 심지 않을 터이고 이리저리 땅 모양을 조잡하게 변형시키지 않을 터이다. 거의 그대로 두고 내가 그 땅에 동화될 터이다. 거기 심을 최소한의 몇 가지, 그 가운데 하나 가 수선화다. 심을 수선화는 달걀 노른자위 빛 수선화다.

서서 바라볼 때마다 풍경은 내게 전율을 준다. 여기 서서 저기를 바 라볼 일이 이제 많아진다. 나에게 농인 의식을 길러줄 자리다. 난 내 삶의 후반부 대부분을 이곳에서 보낼 예정이다. 언덕에 서서 보리밭 샛길을 바라보니 전율이 새삼 인다. 존재의 전율이다. 존재의 반향이 다. 365평의 반달 모양을 한 땅, 숫자도 모양도 내겐 신비롭다.

이별식

어제 이별했다. 10년 몇 개월 동안 비가 오나 바람이 부나 나를 원 하는 곳에 데려다주던 나의 승용차를 보냈다. 그가 아니었으면 나는 이곳저곳을 마음대로 다니지 못했을 것이다. 여러 곳을 그에게 의존하 여 다녔다. 다닌 거리를 보니 약 18만 9천여 킬로다.

이별식은 간단했다. 툭툭 쳐주면서 "수고했다. 잘 가라."라고 말하면서 쓰다듬어 준 것이 전부였다. 내 차는 그렇게 남의 손으로 넘어갔다. 그래도 마음은 찐했다. 르망 시대와 에스페로 시대를 거쳐 소나타 II 시대를 이렇게 마감하고 르노 시대를 이제 연다.

새 차가 왔다. 몰아보니 헌 차보다 더 잘 나간다. 헌차, 수고했다. 잘 가라, "빠이빠이, 빠이빠이!" 다. 새 차의 반가움도 반가움이지만 헌 차와 든 정도 쉽게 끊지 못할 정이다. 그로 말미암아 내가 이룬 것이 크고 많다. 다시 안녕이다. 잘 가라, 부산 1구 7114여! 너는 나의 한 시대 충실한 동반자였다.

그리고 또한 이해도 헌차에 뒤이어 보내게 된다. 헌차가 가는 퇴각 로를 이해(年)도 따라가게 된다. 이해는 나에게 많은 걸 선물로 주었다. 해 보내는 이별 나팔을 며칠 후, 해 저무는 차나무 언덕에서 색소폰으로 불어야겠다.

만종처럼 밀레의 만종처럼

악양면 사무소 구내의 '주민을 위한 놀이마당'엔 눈이 얇게 쌓여 있었다. 하늘엔 구름 몇 점, 그리고 땅엔 눈 위의 발자국 몇 줄. 면사무소로 들어가니 담당 여직원이 친절히 인사한다. 이곳으로 전입하는 사람이 많다고 했다. 면사무소로 들어가기 전 막내는 "울 옴마 여기 떼어 놓으려고 온 것 같다. 옴마와 이별하는 것 같다."라는 말을 서너 번 했다.

　면 사무소를 거쳐 하동군 등기소 옆, 법무사 류재윤 사무소로 왔다. 분할측량성과도를 통해 파악한 최종 넓이는 밭(田) 611㎡(185평), 논(畓) 596㎡(180평) 등 합계 1,207㎡(365평)다. 조금 후 여직원이 영수증을 준다. 등록세, 교육세, 증지대, 취득비, 수수료, 부가가치세 등을 포함하여 합계 27만 6천 400원이었다. 백만 원 돈다발을 호주머니에서 만지작거리고 있었는데 생각보다 적게 나왔다는 생각을 했다. 등기필증을 빠른 등기 우편으로 보내달라고 말하고는 영수증을 챙겨 법무사 사무소를 나섰다. 이제 등기필증만 받으면 농지구매 건은 종료된다. 농지원부는 3개월 후 만들어질 예정이다. 농지의 소유 및 이용실태를 파악하여 이를 효율적으로 이용, 관리하기 위하여 해당 관청에서 작성 비치하는 것이 농지원부라고 한다.

　사무소 밖에서는 트럭에 실린 개가 기다리고 있었다. 어디로 왜 실려 가는 개인지 모르겠다. 개를 싣고 기다리는 트럭 뒤론 '덕자네 떡방앗간' 간판이 나를 쳐다보고 있다. 요담 언젠가 새집들이 할 때 떡은 '덕자네 떡 방앗간,' 이곳에 와서 해야겠다고 생각했다.

　법무사사무소를 나와 늦은 점심 먹으면서 잔금을 다 치르고 나서 편, 막내, 나 등 셋이서 우리 땅으로 왔다. 악양골 눈바람이 생각보다 차지 않았다. 출발할 때 부산은 강추위였는데 도착하는 악양골은 온화했다. 눈 내리지 않은 지난번에도 그랬고 눈 내린 이번에도 그랬다.

　우리 땅에 섰다. 막내가 풍경을 감탄한다. 봄에 봐도 좋겠고 여름 가을에 봐도 봄 못지않게 좋겠다고 거듭 감탄한다. 차 씨를 심었음을 표시하는 줄이 밭 전체에 열 지어 있다. 아직 발아하지 않은 상태라고,

내년 여름까지 기다려 봐야 발아 여부를 알 수 있다는 말을 매도자에게 이미 듣고 올라왔다. 그 씨들이 발아하면 온통 차나무로 채워진다.

눈발이 흩날린다. 폭설이 내릴지도 모른다는 기우가 앞선다. 오후 4시, 산골 4시는 해가 금방 떨어지는 시각이다. 하지만, 악양 동매리 이곳은 해가 일찍 뜨고 늦게 지는 곳이었다. 햇살이 풍부한 동네, 양지바른 땅이었다.

땅을 빙 돌았다. 축복식은 며칠 후 큰아이가 영국 다니러 가기 전 가족이 집에 다 모일 때 다시 와서 하기로 했다. 12월 31일에 우리 식구 다섯 명이 이 땅에 와서 다시 서기로 했다. 그때가 해질 때면 만종처럼, 밀레의 만종처럼 기도하겠다고 생각했다.

반달, 분도기처럼 생긴 땅, 이 땅이 편과 더불어 내가 꿀 꿈의 땅이다. 뒤, 가운데에는 겨울에도 물이 흐르는 연못이 있다. 물은 가재가 사는 1급수라고 했다. 연못 뒤로는 세월이 이끼와 더불어 끼어 있는 돌담이 좌우로 이어져 있다. 또한, 밭 아래, 옆 모두 돌둑이다.

돌아갈 때 통과하는 악양골, 악양천 그리고 섬진강 길은 온통 하얀 눈이었다. 얼어붙은 섬진강물을 보고 막내는 연신 탄성을 질렀다. 얼지 않은 물은 겨울 푸른빛이었다. 차나무 언덕 밭 구매 건은 이렇게 마무리되었다. 남은 일은 농사지을 일, 차나무 가꿀 일이다.

찻잎과 눈꺼풀

새벽 방문

새벽 6시에 출발하였다. 혼자 한 출발이다. 해 뜨기 전에 도착하여 땅의 형세를 알아보고 싶었다. 방향도 짚어보고 싶었고 해가 빨리 뜨는지 아니면 늦게 뜨는지 그런 것도 거듭 알아보고 싶었다. 새벽 기온은 어떤지 그리고 지기(地氣)는 어떠한지 그런 것도 느껴 보고 싶었다.

8시경에 도착하였다. 곧장 밭으로 가지 않고 회남재 쪽으로 올라갔다. 노전마을 입구, 그러니까 청학사 입구를 지나 계속 올라가니 매계마을 이정표가 나온다. 처음 오는 길인데 그것도 이런 아침에 오니 풍경으로부터 전해 받는 느낌이 신선하다. 신선하다 못해 서늘하다. 물론 겨울이니 기온이 차서 더욱 그럴 것이다.

회남재로 오르는 이 길은 지대가 높다. 고개를 넘어가면 청암면이다. 청암면에는 청학동 도인촌이 있다. 회남재에 도달하려면 아직 멀었다. 매계 마을 입구에서 보는 우리 밭은 한참 아래다. 내려다보는 악양 벌판이 보통 큰 게 아니다. 악양 들판 끝 지점의 동매리 차밭이 선명히 보인다. 아직 해가 뜨기 전인데 땅은 밝았다.

회남재로 가는 길은 차량 통행을 금지하고 있었다. 고개 한참 못 미쳐 있는 청학이 골 입구 부근까지 가는데도 얼어붙어 있는 도로의 얼음 때문에 극히 조심스러웠다. 결국, 더 올라가지 못하고 차를 돌렸다. 차를 세우고 내려다보니 동매리 마을 맨 위 집들이 보이고 그 위의 큰 바위, 그리고 바위 위의 우리 차밭이 선명히 보인다.

내려와서 동매리 마을 입구에 왔다. 이른 아침인지라 아직 햇빛이 비치지 않는다. '동매 마을' 이라는 돌 이정표의 뒷집은 비어 있었다. 마을 초입의 첫 집이다. 그래서 그런지 아침이 더욱 을씨년스러웠다. 동매교에 꽂혀 있는 불조심 깃발은 이른 새벽의 내 방문을 환영하는 깃발로 보였다.

차밭 언덕에 서서 기다리니 8시 20분경에 해가 완전히 뜬다. 약간 늦은 일출이다. 산골은 대개 그렇다. 해가 뜨는 지점은 칠성봉과 깃대봉 사이 골짜기. 밭의 방향이 정남향임을 새삼 확인하였다.

전화가 온다. 편의 빨리 아침 먹으러 오라는 독촉 전화다. 편은 지금 아이들 외가 즉 자기 친정에 내려와 있다. 여기서 한 시간 거리다. 돌아가는 겨울 이른 아침, 섬진강 백사장에 서릿발이 물가에 솟아 있다. 희끗희끗한 눈이 강을 덮고 있다. 강 건넛마을에서는 연기도 난다.

차 씨네 다방

"이장님" 하고 불렀더니 자기는 이장이 아니라고 한다. 그러잖아도 동네 사람들이 자기 보고 자꾸 이장하라고 하는데 한사코 수락하지 않고 있다고 했다. "차 선생님" 했더니 더 펄쩍 뛴다. 자기는 선생이 아니라는 것이다. 부모님이 일찍 돌아가시는 바람에 배움의 문턱에도 가보지 못했다고 했다. 그냥 '차 씨' 라고 불러 달라고 했다. 그러면서 자기가 아래이니 말을 놓아 달라고 했다. 그래도 '이장', '차 선생' 하고 불렀는데 본인의 부담스러워하는 표정이 눈에 보여 그냥 편하게 '차 씨 아저씨' 라고 부르기로 했다.

차 씨 아저씨는 이번 악양 나들이에서 알게 된 악양골 토박이다. 그는 차 농사, 논 벼농사, 밭 보리농사 그리고 매실, 대봉감 등 과일 농사를 크게 짓는다. 농사 규모가 크다고 했더니 오늘에 이르기까지의 살아온 과정을 말해 주었다. 물론 농사짓는 일의 어려움도 함께. 이른바 머슴이라고 부르는 남의 집 품팔이로부터 시작된 그의 농민으로서의 삶이 소 장수를 거쳐 어떻게 오늘에 이르게 되었는가를 말할 때 나도 모르게 옷깃을 여미게 되었다. 그의 다방에서 그가 생산한 차를 얻어 마시면서 듣게 된 진한 인생 이야기였다. 착실히 일한 결과가 지금의 농사 규모이지만 근심 걱정도 많다고 했다. 농사짓고 살기 너무 어렵다고 했다.

하동 악양 출입 여러 해 만에 이리 깊숙이 들어와 보기는 처음이었다. 이번에 악양골 맨 위인 회남재, 그 아래 동네인 매계리, 동매리까지 돌아보게 되었다. 지리산 시루봉 남쪽 줄기에 자리한 마을들이었다. 다 차 씨 아저씨 안내 덕분이다. 박경리의 『토지』 무대인 평사리에서 보는 악양 벌판과 섬진강 모래사장 풍경만으로도 감탄하곤 했는데, 동매리서 내려보는 풍경은 평사리서 보는 풍경과 비할 바가 아니었다.

오늘 만남은 다섯 번째 만남이었다. 따라서 그의 다방 출입도 다섯 번째다. 그는 차를 연신 다렸고 따랐다. 그사이에 나는 면사무소에 신고할 주 재배 작물은 차나무고 그다음으로는 대봉감 나무 또 매화나무라고 말했다. 그랬더니 잘 생각했다고, 야생차, 매화 매실 그리고 대봉감 하면 악양 아니냐고 맞장구친다. 차밭을 하나 가꾸고 싶은 소원을 이번에 나는 차 씨 아저씨를 통해 이루게 되었다. 그의 소개로 마련하게 된 차밭에는 어린 차나무 순이 막 올라오고 있다.

지난여름에 씨를 뿌렸으니 1년은 더 기다려야 완전 발아 여부를 알 수 있다고 했다. 그가 소개해 준 차밭은 섬진강과 악양 벌판, 강 너머 광양의 백운산이 한눈에 조망되는 동매리 뒷산 기슭의 양지바른 곳이었다. 돋아난 차나무 순이 신기했다.

이것저것 잡다하게 심지 않을 터이고, 이리저리 땅을 조잡하게 변형시키지 않고 원형을 그대로 유지하면서 내가 그 땅에 동화될 터이지만, 그래도 구석에 자작나무 몇 그루 심고 겨울에도 물이 얼지 않는 밭 옆의 작은 웅덩이 언덕엔 수선화도 심겠다고 했더니 그는 알지 못할 웃음을 빙그레 웃는다.

그의 집 한구석에 별채로 지어져 있는 다방은 두서너 사람 마주 앉아 있기 좋은 크기였다. 다섯 명이 마주 앉았더니 무릎도 코도 닿을 판이다. 덮으라고 이불을 꺼낸다. 무릎을 덮었다. 그 아래 발들이 이리저리 닿는다. 차 씨 아저씨는 방이 콧구멍만 하기로 비좁기 그지없다고 민망해한다. 하지만 나는 작아서 더 가까이 얼굴을 맞댈 수 있고, 작아서 더 무릎을 밀착할 수 있으니 이 얼마나 친화적 공간이냐고, 더 키울 생각은 아예 말라고 거듭 당부했다. 대화는 찻잔이 포개질수록 더 훈훈해졌고, 그의 살아온 이야기는 곁들어질수록 농도가 더해갔다.

아주머니가 곶감, 무, 당근을 국그릇에 담아 온다. 차는 뽕잎 차로 바뀌었다. "웬 곶감? 웬 무? 웬 당근?" 속으로는 좋으면서 나는 이렇게 말했다. 먹으니 곶감은 달았고, 베어 무니 무는 물이 철철, 싱싱했다. 당근은 상큼했고 차는 담백했다.

한 해가 가는 마지막 날, 차밭 보러 서울서 내려온 큰 아이와 집사람 그리고 나는 차 씨 아저씨네 다방의 이 해 마지막 고객인 셈이었다. 한 해의 마지막 날 늦게까지 앉아 있었으니까. 우리는 곶감, 무, 당근 차를 실컷 먹고 마셨다. 으쓱으쓱 베어 먹고 아작아작 씹어 먹었다. 그리고 홀짝홀짝 마셨다. 먹고 마셔도 안 질렸다.

아주머니는 "촌에는 내어놓을 게 이런 거뿐이라 예. 그래도 농약 망구 안 뿌린 거니 묵어도 괜찮은 거라예." 한다. 망구라는 말은 '도통'이라는 말이다. 농약을 통 안 뿌린 말하자면 무공해 식품이라는 말이었다. 그러면서 "농약을 영 안 뿌렸다고 말하는 것도 거짓말" 이라고 했다. 최소한 뿌렸다는 의미라고 했다. 요담부터는 다방에 주인 없어도 들어와 차를 우려 마시라고 두 사람 다 거듭 당부한다. 바쁜 농사철엔 사람 시중 못 든다고 했다. 다방 무상출입 허가증 준 거냐고 물었더니 그렇다고 했다. 종이로 달라고 했더니 말로 드린단다. 말로 받은 허가증, 믿어도 되는가?

차 씨네 다방, 다방으로 보다는 그 옛날식 말로 '타방' 으로 부르고 싶은 방이었다. 그냥 그렇게 부르고 싶었다. 이제 나는 그 타방 단골손님이다. 내 손으로 따르는 차가 차 씨 아저씨 손으로 따르는 차만큼 깊은 맛이 날까만 그래도 나는 무상출입증을 얻었기로 맛이 문제가 아니다. 다방 바로 앞에는 소 마구가 있었고, 그 마구에서는 소가 부리부리한 눈으로 우릴 쳐다보고 있었다. 코에서는 연신 수증기를 내뿜으면서.

찻잎과 눈꺼풀

"당신은 지금 세상에서 가장 아름다운 길을 가고 있습니다." 섬진강 변, 모래와 갈대가 밭을 이루어 넓고 길게 뻗어 있는 하동 길 초입, 유홍준의 『나의 문화유산 답사기』 에서의 이 말이 홍

보 판으로 세워져 있다. 저 말대로라면 나는 이 세상에서 가장 아름다운 길을 통해 악양면 동매 마을의 우리 차나무 언덕에 드나들게 된다.

오늘 12월 31일, 한 해를 마감하는 날이다. 잠시 다니러 가는 영국행 출발 직전, 자기 아버지인 나의 생일축하 상 차릴 겸 연말연시를 보내러 내려온 큰아이와 더불어, 편과 나는 '세상에서 가장 아름다운 길'의 길목에 일찍 들어섰다. 감회가 새롭다. 어디서 이해의 365일째 되는 날을 보낼까 하고 의논하다가, '365'라는 숫자를 크기로 하는 우리 차나무 언덕에서 보내는 것으로 뜻이 모였다. 큰아이에게 차밭을 보여주고 싶은 생각이 꿀떡 같던 차에 잘된 제안이고 결정이었다. 둘째는 직장 일로 내려오지 못했고, 막내는 할머니 점심도 차려드리고 자기 상경할 짐도 꾸릴 겸 집에 남기로 하였다.

섬진강을 건너 전라남도로 가는 하동 철교는 볼 때마다 참신하다. 하지만, 철교는 낡았다. 오래된 다리다. 둘러싼 청산이, 그 아래 섬진강 물이 또 하늘과 구름이 참신해서 낡은 다리가 그렇게 보인다는 뜻이다. 요새 가설했다면 저렇게 가설하지 않았을 예스러운, 촌스런 모습이지만, 저 모습의 다리가 저 강둑엔 그리고 저 강물 위에선 더 어울린다고 생각했다.

차밭에 서더니 큰아이가 환호한다. 악양 들판 풍경과 전망이 좋다는 거였다. 풍경과 전망을 감탄한다는 것은 밭이 앉은 자리가 좋다는 의미이겠다. 전후좌우 어디로 카메라 앵글을 들이대도 풍경이 잘 포착된다고 했다. 그리고 처음 보는 차나무, 어린 차나무를 보고 또 감탄한다. 그로서는 차나무 보는 것뿐 아니라 차밭에 서는 것이 처음이다.

나도 그랬다. 차나무를 뚜렷하게 주시하여 본 적이 없었다. 처음 이곳에 왔을 때도 드문드문 서 있는 어린 차나무들을 알아보지 못했다.

씨앗을 심은 밭인 줄은 알았지만, 순이 돋아나 자라는 차나무인 줄은 알아보지 못했었다. 이번엔 유심히 밭을 살폈다. 살펴보니 처져 있는 줄 아래 군데군데 풀 섶에서 어린 차나무가 몸을 숨기고 있거나 드러내고 있었다. 차나무 잎을 손으로 잡고 이리 세밀히 살펴보기는 처음이다. 차나무, 신기하다.

서양의 차나무 이야기는 이렇다고 한다. 내공이 깊은 한 수도자가 묵상하던 중에 잠깐 졸았다. 깜박 잠이 깬 그는 자신을 크게 책망했다. 자기의 의지와 관계없이 감겨 버린 눈꺼풀을 잘라, 땅에 버리면서 신께 용서를 빌었다. 이를 안타깝게 지켜본 하느님은 땅에 떨어진 눈꺼풀에서 나무 한 그루를 자라게 했는데 그것이 바로 차나무였다. 그래서 차나무의 잎 가장자리는 속눈썹이 붙은 눈꺼풀 모양으로 되어 있고, 찻잎을 다려 마시면 잠이 깨는 효능이 있다는 것이다.

이유미의 『우리가 정말 알아야 할 우리 나무 백 가지』에서 읽은 말이다. 과연 차나무 순을 살피니 가장자리가 속눈썹을 닮았다. 다시 말하지만, 차나무 잎을 이리 유심히 살펴보기는 처음이다.

돋아 자라는 어린 차나무 순이 몇 개인지 아직 세어보지 못했다. 요 담에 와서 하나하나 헤아려 볼 참이다. 지난해 초가을에 심었기로 아직 땅 위로 솟아오르지 못한 나무들, 그러니까 아직 발아하지 못한 씨앗들이 많이 있다고 했다. 날 나무가 다 나면 몇 그루가 될 터인지 그것도 요담에 와서 짐작해 보기로 했다. 대봉감 나무와 매실나무 그리고 석류나무를 어느 자리에 심을 것인지를 의논하다가 그것 또한 서서히 생각해보자고 말하고는 차밭을 떠났다.

차밭을 떠나 삼천포 어시장으로 왔다. 오늘따라 사람은 더 붐비고 시장 또한 풍성하다. 완만한 시장통 흐름에 나를 합류시켰다. 큰아이와 편은 시장을 보고, 나는 시장을 보는 사람들을 보면서 따라다녔다. 앞에 가는 편은 특유의 삼천포 억양 할머니에게서 꽃게와 갈치 그리고 또 무슨 생선을 산다. 다른 함티(한지)의 아주머니에게선 해초를 사고. 오늘 밤 집에서 송년 상 차릴 음식 거리이다.

실안해안도로로 왔다. 석양이 좋은 곳이다. 해가 진다. 오늘의 해이고 또 이 해의 마지막 해다. 물속으로 빠지는 해는 죽방을 그림자로 길게 물들인다. 좀 후에 꼴깍 빠진다. "안녕, 내일 또 내일!" 했다. 해가 지면 새해다. 나의 새해는 차밭으로 시작된다. 차나무는 새해의 내 화두다.

일몰의 관찰

두충나무 수직

겨울비가 조금 내렸다. 그동안 쌓여 있던 눈들이 이번 비에 다 녹고 말았다. 부산에서 165km 거리, 짧은 거리는 아니지만, 집에서 남해고 속도로로 바로 진입하게 되니 시간상으로는 그리 먼 거리가 아니다. 물론 소요시간 두 시간 반이 짧은 것은 아니다. 하지만, 시가지를 벗어나는 데 필요한 시간은 없으므로 거리와 비교하면 시간은 적게 드는 셈이다.

밭 뒤로 갔다. 두충나무 숲이다. 거창군 고제면의 사과농장에서 본 지난해 두충나무 숲을 연상시킨다. 한때 수익성이 높다고 많이 심었지만, 지금은 거의 돌봄을 받지 못한 채 방치된 나무들이다. 여기 이 나무들도 방치된 듯했다. 하지만, 쭉쭉 뻗어 올라간 나무의 키가 보는 이의 시선을 한없이 틔워 준다. 막힘이 없다. 흰 나무들 사이의 구름, 그 구름 사이의 잠시 보이는 하늘은 겨울 파란 색이다. 겨울의 파란 하늘은 두충나무 직선 사이, 구름 틈에서 한없이 깊다.

오늘은 주로 밭 뒤쪽의 지형을 살폈다. 뒤쪽은 북쪽으로서 시루봉 끝자락이다. 이는 깃대봉과 바로 이어져 있는 듯하다. 한번 올라가 봐야지 하고 생각은 했지만, 그때가 언제일 건지는 짐작하지 못하겠다.

우리 밭과 위쪽 밭 사이에 또 하나, 아주 작은 자투리 밭이 있다. 그것은 위쪽 밭에 속한다고 한다. 하지만, 그 둑은 우리 밭에 소속된다고 했다. 그 경계를 확실히 알지 못해, 확인할 방법을 생각했다. 이전 주인과 위쪽 밭 주인에게 물어보는 것이 일차적 확인 방법이다. 다음에 만나게 되면 물어봐야겠다.

우리 밭에는 가로로 줄이 온통 쳐져 있다. 차 씨를 심은 표시이다. 사실 나는 이 밭이 차밭이라는 점에 일차적으로 호감을 느꼈었다. 차밭이라고 하기에 처음엔 무성한 차나무들을 상상했다. 하지만, 나무는 없었고 줄 아래에 드문드문 어린 차나무 순만 한 스무여 그루 있을 따름이었다.

이건 하나도 없는 것과 마찬가지였다. 그래서 이를 더욱 귀하게 여겼다. 차 씨 아저씨도, 전주인도 곧 날 것이라고, 여름이 오면 순이 다 돋게 될 것이라고 해, 그 말을 애써 믿고 기다리기로 했다. 밭을 이리저리 거닐면서 두루 풍경을 살폈다. 악양 들판은 마른 풀색, 일종의 황색이었다. 색채감이 없어서일까? 색채현상을 보고도 저건 무슨 색이라고 정확히 언표를 못 하겠다.

일몰의 관찰

땅을 살필 때는 한낮과 새벽, 또 늦은 오후, 비나 눈이 올 때 그리고 바람이 불 때 등, 다양한 조건 아래에서 살피라고 했다. 사기 전에 새벽 관찰도 했고 늦은 오후 관찰도 했다. 하지만, 일몰 무렵에 한 번 더 살펴보고 싶어서 일부러 늦은 오후에 왔다.

처음 이 밭을 살 때 밭에 붙은, 위쪽의 자그만 한 늪에 관심이 있었다. 원래는 마을 사람들의 식수원이었다고 했다. 일 년 내내 물이 콸콸날 뿐 아니라 일급수여서 가재가 산다고 했다. 내가 구매를 결심하는데 이 늪의 존재도 한몫했다. 크기도 알맞았고 위치도 적절했다. 늪을보고 떠올린 생각이 많았다. 못으로 다듬을 구상도 했다. 아무튼, 이

늪은 내 상념의 신화적 원천이 되겠다는 생각을 했다. 내가 작은 못을 하나 가지게 되었다는 생각을 하니 기쁨이 잔잔히 솟아오른다. 전율도 가볍게 일었다. 지금 '못'이라고 부르고 있지만, 이런 크기의 못을 지칭하는 정확한 용어가 무엇인지, 그것부터가 호기심을 자극했다. 못? 둠벙? 샘? 옹달샘? 웅덩이?

하지만, 못은 오랫동안 방치된 채 버려져 있어 을씨년스럽기 그지없었다. 버려진 쓰레기는 없었지만, 종이나 농약병 플라스틱 조각 등이 좀 있었다. 그리고 바닥은 늪이었다. 발을 디뎌볼 수가 없었다.

우선 무성히 덮은 저 마른 풀들부터 베어 버려야겠다고 생각했다. 하지만, 낫이 없다. 다음에 올 때는 낫과 호미 그리고 삽과 괭이 등, 기본적인 농기구를 준비해 와야겠다고 생각했다. 흘러나가는 물의 양이 많았다. 겨울인데도 얼지 않고 흐르고 있었다. 풍부한 수원(水原)이었다.

밭에는 언뜻 보기에도 돌이 많았다. 여러 개의 다랑논을 하나로 합쳐 만든 밭이니 돌이 많을 것은 불문가지다. 돌을 골라내려면 고생깨나 하게 생겼다. 차나무만 가꾸려면 돌을 다 골라내지 않아도 된다. 차나무에는 돌과 이슬과 비가 더욱 필요하다고 했다. 비탈 돌 틈의 차나무 잎이 좋은 잎이라고 한다.

저 아래 큰 바위는 둘이 하나를 이루는 모습이었다. 전면은 호랑이 얼굴이고 후면은 황소 얼굴이었다. 하지만 큰 바위의 두 얼굴은 편과 나를 표상한다고도 생각했다. 자세히 보니 또 세 얼굴을 가지고 있었다. 그건 우리 아이들 셋을 표상한다고 해석했다. 바위는 말하자면 '둘 다섯'이었다.

바위 앞, 밭의 싱싱한 차나무들이 부러웠다. 우리 밭의 차나무 씨앗이 언제 돋아나, 저런 싱싱한 나무로 자라게 되나. 우리 밭으로 오르는 길목에 있는 저 바위 앞의 차나무들은 유난히 싱싱했다. 가꾸는 분의 정성이 지극하다는 것을 읽을 수 있었다.

　해가 진다. 서쪽 저기는 형제봉 기슭이다. 악양 벌 맨 위쪽, 시루 봉 끝자락의 차밭 언덕에 서서 맞이하는 일몰, 혼자 서서 보는 석양은 황홀하기조차 했다.

디딤 틀

전원

내일이 입춘이다. 입춘 추위를 하는 모양이다. 제법이다. 지난 달 1월은 '전원'이라고 하는 화두를 붙들고 씨름하며 보냈다. 말하자면 이것저것 관련 자료를 많이 찾아 공부하였다. 예사로 듣거나 보아 넘기던 '전원'이라는 말이 새삼 눈에 들어왔다. 도시 사람들이 꿈꾸는 이상적 시골생활을 막연히 전원생활이라고 부르는 것 같았다.

차 씨가 심어져 있는 밭에 서서 이곳이야말로 전원이며 또한 전원으로 만들겠다는 생각을 했다. 밭이되 정원, 정원이되 밭인 그런 차밭으로 만들겠다는 생각을 했다.

디딤돌

악양은 내 고향이 아니다. 내 고향은 진주 장재실이다. 한적하던 그 시골이 이제 거의 시가지화 되어 있다. 그곳은 내가 세 살 전후에 떠난 곳이다. 그래서 그곳에 대해서는 고향의식은 있어도 실제로 풍토의 영향은 받지 않았다. 유소년시절을 보낸 사천군(지금은 사천시) 축동면 하동의 우리 집 과수원 터가 '나' 의식 형성에 끼친 영향이 크다. 그곳은 지금 깡그리 밀려 골프장으로 변해 있다. 이곳 풍토의 영향은 크게 받았다. 나는 그곳을, 중학교 졸업 후 2년간 지게를 지고 일한 후 떠났다.

악양 동매 마을 뒤 이 언덕에 서면 나는 하이데거의 '고향 상실−고향 회복'이 먼저 생각난다. 그리고 그의 '침묵의 소리'도. 하이데거에 의하면 세계는 황폐해졌고 신들은 떠나버렸으며 대지는 파괴되고 인간들은 정체성과 인격을 상실한 채 대중의 일원으로 전락해버린 시대가 과학기술시대라고 하는 20세기다. 이런 의미에서 현대는 '고향 상실의 시대'라고 하였다.

그렇다면, 하이데거에게 고향이란 무엇인가? 하이데거에게 고향은 현대 기술 문명에 대한 대칭 개념이다. 현대의 기술세계가 인간을 비롯한 모든 존재자를 계산 가능한 에너지원으로 무자비하게 동원하는 세계인 반면에, 고향은 인간과 모든 존재자가 자신들의 고유한 존재를 발현하면서도 서로 간에 조화와 애정이 지배하는 세계다.

하이데거는 자신의 고향인 농촌 메스키르히의 들길을 회상한 '들길 (Feldweg)'이란 글에서 "이러한 고향에서 인간은 들길 옆에 튼튼하게 자란 떡갈나무처럼 광활한 하늘에 자신을 열고 어두운 대지에 뿌리를 박고 산다. 인간은 떡갈나무와 마찬가지로 드높은 하늘이 부르는 소리에 귀를 기울이고, 자신을 감싸 안은 대지의 보호에 감사하면서 살 경우에만, 그 어떤 조건에도 흔들리지 않는 영원하면서도 견실한 생명력을 갖는다."라고 썼다.

하이데거는 현대 기술 문명의 위기는 궁극적으로 이러한 고향의 상실에서 비롯되었다고 생각한다. 하이데거는 단순 소박한 자연을 '존재'라고 부르고 있는바, 현대인들은 존재를 잊고 있으면서도 자신들이 존재를 잊고 있다는 사실마저도 잊고 있다는 데 문제가 더 있다고 보는 것이다. 하이데거는 이러한 시대에 철학 사명은 잊힌 존재를 상기시키고 이러한 존재의 기반 위에 다시 고향을 건립하는 것이라고 말하고 있다.

하이데거가 걸은 사유의 도정은 일생 상당한 변화가 있었지만, 궁극적으로는 작위와 인위가 지배하는 과학기술시대에 단순 소박한 자연과 어우러진 고향을 회복하는 것을 목표로 하고 있다.(박찬국의 『들길의 사상가 하이데거』 참조)

나는 악양의 풍토에서 대리 만족을 한다. 이 이후의 내 사유는 악양 동매리 이곳을 디딤틀로 해서 이루어진다. 물론 사람 일은 다 모르는 것이긴 하다만 이 시점에서는 이렇게 말할 수 있다. 산-하늘-들판-산길-들길-강-내(川)-바람-어둠-달-별이 이리 잘 어우러지는 곳을 이 언덕에서 말고 어디서 볼 수 있을까? 겨울인데도 이러한데 봄-여름-가을엔 또 어떨까? 어떤 풍경의 옷을 입고 누가 봐주든 말든 자기들끼리 눈 맞추며 앉아 있을 것인가?

왼 낫과 괭이

왼 낫과 괭이

새벽에 일어나니 비가 내리고 있었다. 제법 많이 내리는 비다. 봄비인지라 더욱 반가운 비다. 차밭을 가지고 나서부터 부쩍 비에 관심이 더 커진다. 출발 여부를 잠시 망설이다가 출발하기로 했다. 9시, 아침밥을 먹고 나서 편과 더불어 바로 출발하였다. 남해고속도로로 올라서니 예상외로 비는 주춤했다. 비가 화끈하게 내리는 것도 아니고 그렇다고 안 내리는 것도 아닌 이런 날씨가 운전하기엔 상스러운 날씨다. 안전운행에 신경을 많이 썼다.

하동읍에 도착했다. 시장통 입구의 '하동철물상회' 앞에 차를 세웠다. 지난 1월 15일, 여기서 갈퀴와 호미를 샀다. 갈퀴 3,000원, 호미 3,000원이었다. 왼 낫을 찾으니 없었다. 왼손잡이의 불편이 여기서도 입증된다. 며칠 후 전화하겠다고 했다. 그리고 약 2주일 후 전화했더니 딸 결혼식 때문에 정신이 없다고 했다. 그리고 오늘 2월 14일 화요일 다시 온 것이다. 왼 낫이 없었다.

그래서 화개장터에 오니 '경남상회' 라는 철물점이 있었다. 이곳에는 왼 낫이 있었다. 이곳에도 약 3주 전에 왼 낫이 있는지를 전화로 문의했었는데, 그 전화 후 주인아주머니가 챙겨두고 있었다. 여기서 농기구 몇 점을 샀다. 왼 낫 6,000원, 숫돌 6,000원, 삽 5,500원, 괭이 5,500원, 꽃삽 1,000원 등이었다. 차밭을 가꾸고 대봉감 나무, 매화나무 앵두나무 등을 심는 데 사용할 최소한의 농기구는 이제 준비된 셈이었다.

논밭과 들에는 뱀이 있으니 장화를 신고 일하라는 충고를 전원생활 하는 사람들로부터 단단히 받은 터라 장화를 준비하려고 했지만 잊어버리고 말았다. 다음에 올 때 준비할 생각이다.

괭이는 큰 것, 중간 것, 작은 것이 있었는데 처음엔 중간 것이나 작은 것으로 하려고 했다. 그런데 철물상 아주머니는 큰 것을 권했다. 과연 밭으로 가져와서 보니 큰 것으로 준비하길 잘했다는 생각이 들었다. 삽도 괭이도 낫도 아직 사용 개시를 하지 않아서 깨끗하다. 다음 주에 와서 사용개시를 할 예정이다.

철물상 아주머니는 부산사람 왔다고 반가워하였다. 25년 이상을 부산서 살다가 화개장터 이곳으로 온 지는 8개월여밖에 안 된다고 하였다. 자녀 수가 여섯 명이라고 할 때 삶의 반전이 있었겠음을 눈치채긴 했었다. 표정이 밝아 대화는 즐거웠다. 마침 누가 들어와서 가마솥값을 물어봤다. 30만 원이라고 했다. 무슨 솥? 금방 알아챘다. 찻잎을 덖는 솥이었다. 요담에 나도 저 솥 살 일이 있게 된다고 아주머니에게 말하고 웃었다.

삼신리 얼굴 바위

출발할 때부터 녹차 아지매 내외 집을 찾아 가볼 심산이었다. 화개장터의 철물상회에서 낫 등을 산 후 물어보니 쌍계사 방향으로 들어가라고 한다. 짐작했던 곳과는 다른 방향이었다. 화개장터와 구례 사이에 있을 것으로 여기고 있었는데 말이다.

쌍계사에 이르는 옛길, 그러니까 십 리 벚꽃 길을 따라 들어가다가 좀 가니 '삼신 정보화 마을'이라는 이정표가 나온다. 차를 세워 물어보니 조금 가다가 왼쪽 'ㅇㅇ마을' 이정표를 보고 따라 들어가라고 한다.

쌍계사, 칠불사 방향인 위로 제법 가도 그런 이정표가 나오지 않았다. 차를 돌려 내려오다가 다시 보니 이정표가 있었다. 곧장 언덕으로 올라가는 집들 사이의 좁은 길이어서 설마 했던 이정표였다.

마을 노인 회관 앞에 차를 세워 편 보고 그대로 앉아 있으라고 말하고는 혼자서 내려 두리번거렸다. 찾는 녹차 아저씨네 집이 보이지 않는다. 가파른 포장길을 계속 올라가니 성벽 같은 돌담이 나온다. 우산을 들지 않았는데 빗방울 숫자가 늘어나 찾기를 포기하고 내려오려고 하다가 올라가 봤다. 찾는 집이 있었다. '녹차 아지매'라는 블로그에서 본 기와집이다. 곧장 내려와 편에게 손짓하여 함께 다시 올라왔다.

"실례합니다. ('이리 오너라!'가 아니고)." 하니 아주머니가 나오신다. 맞다. 블로그에서 본 그 얼굴이다. 곧 따라 아저씨가 나온다. 블로그에서 연재하고 있는 생활 이야기, 오늘에 이르기까지의 결혼생활 이야기가 잔잔한 감동을 연이어 주던 녹차 부부다. 차나무 기르는 일과 흙집 짓는 일에 관한 정보를 얻으려고 인터넷 서핑을 할 때 만난 블로그가 '다 섬김 다 나눔 다 베품'이라는 블로그였는데, 이것이 바로 이분들의 것이었다. 거기서 '귀농 일기'와 '흙집 짓기'를 찬찬히 읽었다. 만나서 결혼하고 사는 오늘에 이르기까지의 삶이, 화개 삼신리 마을로 내려와 9년 만에 집을 짓기까지의 과정이, 말하자면 귀농 이야기가 정보로서도 알찼을 뿐 아니라 감동으로서도 풍요로웠기에, 악양 가는 길에 일삼아 꼭 들려보려고 했던 집이었다.

인사를 나누고 나서 '주인장 얼굴 바위'라고 하는 그 돌부터 물어봤다. 집 뒤로 안내한다. 녹차 아저씨는 자기 얼굴을 닮은 바위 돌 앞에서 자세까지 취해준다. 그리고 그 돌이 보이는 얼굴, 여러 얼굴을 여러 모로 가리키며 설명해준다. 하나같이 수긍되는 얼굴들이었다. 그 여러 얼굴들은 결국 주인장 얼굴이었다.

방으로 들어갔다. 불쑥 찾아갔기로 방으로 안내받는 일은 실례일 것 같아 들어가지 않으려고 했으나 계속 거절하면 더 큰 실례를 범하는 일일 것 같아 장작으로 군불 땐 방으로 들어갔다. 한번 때면 이틀 동안 구들이 뜨끈뜨끈하다고 했다. 녹차 아지매가 부어주는 차를 마시며 들은 녹차 아저씨의 이야기는 들을수록 진솔하고 감동적이었다. 극적인 모티브도 모티브지만 찬찬히 진행하며 이룩한 땀의 과정이 읽을 글 그 높이, 넓이로 감동을 주었다.

그는 유영모와 함석헌이라는 이론적 배경도 가지고 있었다. 우리는 소로의 『윌든』도 이야기했다. 다석(多夕) 유영모(柳永模, 1890~1981)는 인도의 간디와 견줄만한 '큰 사상가'로 평가받는다. 그러나 평생 나서기를 꺼리며 수도와 교육에만 힘쓴 은둔자로 산 탓에 그의 사상은 지금껏 제대로 조명받지 못했다. 오히려 함석헌. 김교신의 스승으로 더 알려졌다. 다석은 사람의 마음을 어지럽히는 네 가지 독소, 즉 탐욕과 치정. 진에(瞋恚. 지식욕). 허위를 끊으려면 하루 한 끼 먹고(一食), 정욕을 참고(一言), 바로 앉으며(一坐), 거짓이 없어야 한다(一仁)고 말했다. 다석은 인간의 하루살이 일생은 이처럼 늘 같아야 한다는 뜻에서 오늘을 '오! 늘'이라 풀이했다고 한다.

나눌 이야기 많고 들을 이야기 많았지만, 다음으로 미루었다. 그의 차밭은 좀 떨어진 곳에 있는데 그곳은 다음에 안내받기로 했다. 일어섰다. 우리 땅 악양 동매리의 차나무 언덕으로 갈 길이 바빠졌기 때문이다.

유영모도 유영모지만 나는 개인적으로 김교신에 대한 존경심을 경건하게 가지고 있다. 일본식 성명 강요, 신사참배를 거부하고 동포들에게 그리스도교의 참된 정신과 독립정신을 계몽하다가 발진티푸스에 걸려 1945년에 귀천한 김교신을, 나는 사회수필의 대표작이라고 불리는 그의 〈조와〉를 통해서 만났다. 조와(弔蛙)는 원고지 3매짜리 수필이다. 와(蛙)는 개구리를 말하고. 순수한 '조선산 그리스도교'를 수립하고 교회라는 제도에 매달리는 교조적 신앙이 아닌, 조선 민족의 그리스도교를 뿌리내리는 무교회주의 신앙을 주장한 김교신은 수필적으로도 신앙적으로도 나에게 하나의 전망을 열어준다. 신앙인으로서 어떻게 신앙적 삶을 살아야 하는지를, 수필인으로서 사회적인 문제, 결코 가벼운 주제가 아닌 철학적, 정치적, 경제적 문제를 어떻게 글 속에 담아야 하는지를 나는 그를 통해 본다. 물론 나는 무교회주의자는 아니다.

매화 피고 산수유 망울 터뜨렸다는 말 들릴 때, 이 집 마당의 바위 평상에다 악보 걸친 보면 대 놓고, 앞산 보면서 색소폰 한번 불면 어떻겠냐고 말했더니 편은 그렇게 하는 게 좋겠다고 동의해 주었다. 산수유도 매화도 얼마 안 있어 곧 필 듯이 보였다. 녹차 아줌마, 녹차 아저씨, 이분들의 삶을 잠시 들여다본 게 오늘의 기쁨이었다.

오돌페이 죽근장이

유소년 시절의 우리 과수원집 옆 동네 입구에는 비각이 있었고, 그 비각 바로 다음에 초가집이 있었다. 우리 집은 아예 동네와는 따로 떨어진 집이었고. 초가 그 집

은 동네의 집이지만 동네와는 조금 떨어져 자리한 집인지라 제법 외딴 집이었다. 그 집을 '오돔페이'라고도 불렀고 '죽구장이 집'이라고도 불렀다.

'오돔페이', 잊혀간 말이다. 쓰러져가는 작은 초가집을 일컫는 말이다. '오돔팍'이라고도 한다. 문득 떠오른 말이다. 오두막, 오두막집을 뜻하는 사투리다. 떠올리니 그리움도 따라 더 오른다. 오돔페이 그 집은 '죽구장이' 집이었다. 죽구장이, 죽물(竹物)을 취급하는 사람. 대나무를 자유자재로 다루는 손기술과 발기술을 가진 사람. 손은 그렇다 치고 발에는 발가락이 있지 손가락이 있는 게 아닌데 발가락으로 대를 손가락으로 잡는 것처럼 꼭 쥐어 잡기도 하고 찢기도 하던 사람. 그가 만든 죽물의 대 냄새는 늘 신선했고 둥그런 바구니, 소쿠리는 파릇한 스님의 까까머리였다. 작은 키의 그분은 마술 손, 마술 발과 그리고 마술 입을 가진 분이었다. 이 셋을 동시에 사용하여 대를 종이 다루듯 다루었다. 쓰던 칼 솜씨란.

녹차 아지매 동네에서 댓 단을 봤다. 죽구장이 그분 모습이 누운 대 위에서 소슬히 살아난다. 동네 가운데 어느 집 너른 터에 토막 난 대들이 가지런히 누워 있었다.

유소년 시절의 동네 어른들, 그분들 다 생을 놓고 떠난 지 오래다. 오래라도 한참 오래다. 어쩌다 고향 이야기 나올 때 "누구 아버지, 누구 어머니"라고 말하면, 설명을 해주어도 "모르겠는데, 기억이 나지 않는데!"가 다반사였다. 그런데 이분 얼굴은, 잘려 토막으로 동강이 나서 누워 있는 대를 보니 대나무 숲 나무에 대롱대롱 걸린다. 선한 모습이었던 분이다. 그분은 벌써 가셨을 것이고 그 연세의 어른들도 모두 마찬가지일 것이다. 그 집도 사라졌고 그 동네도 무너졌다. 산 사람들은 어디로 또 어디로 새 동네 만들어 이합집산하였다. 만들어진 골프장 때문에. 오돔페이 그 집터, 비각 섰던 그 자리는 골프장 입구로 변했다.

오돔페이 죽구장이 그 집 사람들이 생각난다. 그 집 어머니, 철이 되면 갈치를 상자로 사서 그 집에서 그 어머니와 우리 어머니가 나누면 나는 그것을 바께쓰(버킷)에 담아 우리 집으로 들고 온 기억이 있다. 그 집 누나, '무자'라는 이름을 가진 분이 그 누나 말고 또 있는지 모르겠다. 지금은 얼굴이 전혀 기억나지 않는다. 또 유청이라는 친구이면서 그 집 장남인 아들, 이상과 현실 사이에서 '이상' 쪽에 생각과 시선을 더 주는 것 같던 그는, 내가 중학교를 졸업하기도 전에 집을 나간 (떠난) 것 같은데, 지금은 "어디서 무엇을 하며 어떻게 살고 있는지" 알 길이 없다. '옥경이', 한참 철이 지난 노래이지만 멜로디에 얹힌 가사가 들으면 지금도 마음을 짠하게 한다.

우리 집의 대나무밭은 왕대들이었다. 봄이면 죽순으로 우리의 끼니를 일부 부담하던 왕대밭이었다. 죽순 팔던 어머니, 고령으로 옆방에서 요새는 잠도 오래 주무신다. 젊은 날에 다 주무시지 못한 잠, 지금에라도 실컷 주무시는 것 같아 그나마 위안이다.

토막 난 저 대들은 다시 세워질 것으로 생각했다. 살아서 서지는 못하지만 다른 작물들을 살리려고 서게 될 대나무들이다. 자기가 살지는 못하지만 살리고자 서게 될 대! 서기는 서지만 살아서 서지는 못하는 대, 그러고 보니 대는 살신성인하는 나무인 것 같다.

개구리가 이리 빨리

쌍계사 아래의 녹차 아지매네 집에서 출발하여 동매리의 우리 밭 언덕에 도착했을 때는 비가 그쳤다. 땅은 젖었고 공기는 신선하다. 그래서 기분은 더욱 상쾌하다. 겨울 기운을 밀어내고 봄기운이 들이닥치는 기미가 보였다. 바람도 온화했다.

무슨 소리가 많이 난다. 전깃줄을 스치는 바람 소리 같기도 하고 팔랑개비 심하게 도는 소리 같기도 했다. 난 개구리 소리라고 했더니 편은 펄쩍 뛰었다. 아직 한겨울인데 무슨 개구리 소리냐는 것이었다. 단호히 말한다. 난 계속 개구리 소리 같다고 말했다. 하지만, 자신은 없었다.

밭 위, 작은 못 둑으로 가니 소리가 딱 그친다. 둑에 올라섰더니 개구리들 수십 마리가 일시에 펄쩍 뛰어 물속으로 숨는다. 고인 물에는 개구리 알 무더기가 물을 덮고 있었다. 사람의 발길이 거의 닿지 않는 곳이다. 개구리들은 봄의 교향악 콘서트 총연습을 하는 중이었던 것 같았다. 개구리 소리였었다.

붙이고 싶은 불

불장난은 위험하다. 하지만, 불장난은 재미있다. 지금은 농촌 아이들도 들판으로 나갈 일이 별로 없으니 불장난할 일도 없지만, 우린 봄, 여름, 가을, 겨울 할 것 없이 들이나 산으로 나갈 일을 등에 붙이고 살았다. 못 둑 태우는 일과 논두렁 태우는 일, 즉 놀이를 여러 번 반복하면서 겨울 한 철을 보냈다. 타는 불도 불이지만 붙이려고 그어대는 성냥불의 그 묘미, 긴장은 지금도 생각하면 짜릿하다. 물론 못 둑 태우다가 곁들여 태워버린 유년 시절의 설 옷 충격이 불장난 회상에는 늘 오버랩 된다.

더욱 붙이고 싶은 불이 장작불이다. 쌓인 장작을 보는 것은 즐거움의 하나다. 보는 시선이 더욱 풍요로워진다. 여러 몸을 맞대어 있어 그럴 것이다. 쌓여 있을 때도 아궁이에서도 장작은 서로 몸을 맞댄다. 장작불, 먼저 붙으면 불씨가 되고, 빨리 붙으면 밑불이 된다. 불이 붙으면 마른 장작도 젖은 장작도 뜨거운 화염이기는 마찬가지다.

차밭 언덕의 남은 겨울밤, 난로에 불을 피우려고 장작 구할 궁리를 해본다. 마을을 지나가다가 보게 된 장작더미, 그 위에 상념의 성냥불을 그어대 본다.

잉크색 장화

잉크색 장화

대봉 감나무 다섯 그루, 청 매실나무 세 그루, 석류나무 두 그루를 샀다. 사려고 한 앵두나무는 묘목이 없었고 고로쇠나무와 산수유나무 묘목은 잡았다가 도로 놓았다. 봄을 한번 지난 후라야 우리 밭 부근에 무슨 나무가 어떤 꽃을 피우는지를 파악할 수 있을 것 같아서다. 밭 뒤에 두충나무가 작은 숲을 이루고 있다. 하지만, 산수유나무는 보지 못했다. 있다면 꽃망울 노란색이 시선을 끌었을 터인데 아직 노란색의 나무 꽃은 보지 못했다. 없는 것이 확실하다면 고로쇠나 산수유나무는 내년 봄에 심으면 된다. 자작나무도 생각하고 있다.

산림조합 직원이 묘목을 사 가는 사람의 이름과 주소, 전화번호를 다 적어야 한다고 한다. 편은 내 이름을 "배추 배, 채소 채, 진주 진" 하고 불러준다. 한 이불 쓰면서 함께 살다 보니 동화되는 것도 많다. 내가 내 이름을 이런 식으로 표현하니 편도 내 이름을 이렇게 불러 준 것이다. 대봉감나무 한그루 3,500원, 청 매실나무 2,500원, 석류나무는 한 살 더 먹은 나무로 4,500원이었다. 산림조합 직원은 나무 심는 요령 등을 상세히 말해주었다. 봄은 나무 심는 요령 가르쳐 주는 직원 아저씨의 음성에서 먼저 왔다.

바로 앞 신발 백화점에서는 장화를 샀다. 8,500원. 나무를 살 때도 감개가 무량했는데 장화를 살 때도 그랬다. 심을 거라고 나무를 산적이 있는지를 헤아려보니 베란다 화분에 심을 나무를 샀을 때 외에는 처음인 것 같았고, 장화 신고 논길 밭길의 초등학교 길 걸어본 적 없었기 때문이다. 그건 십 오리길 중학교 다닐 때도 마찬가지였다. 한 켤레 8,000원. 내 것 편 것 두 켤레 샀다. 싸다. 구포 시장에서 물어봤을 때 10,000원이라 했고 인터넷에서는 그보다 훨씬 더한 가격이었다. 물론 같은 품질의 장화였는지 여부는 알 수 없지만.

나무를 심는 중에 『나무를 심은 사람』이 생각났다. 장 지오노가 쓴 책이다. 나무 심은 사람의 나무 심은 이야기다. 작은 책이다. 어찌 보면 소박하고 어찌 보면 대단한 이야기이다. 황폐하고 적막했던 곳이 울창한 숲으로 변하는 이야기다. 장 지오노가 여행 중에 만난 나무 심는 사람에 대한 이야기인 이 책은 외롭게 끊임없이 나무를 심은 한 늙은 양치기의 숭고한 노력으로 남프랑스 프로방스 지방의 황무지가 살기 좋은 낙원으로 바뀐다는 내용의 책이다. 내일 지구가 어떻게 된다고 해도 나는 오늘 무슨 나무 한 그루를 심겠다고 말했다는 누구의 말도 생각났다. 이리저리 흐르는 내 생각을 누가 엿보면 한참 웃겠다. 그냥 나무나 심지 나무 몇 그루 심으면서 뭐 그런 생각 다 하느냐고. 내가 생각해도 그렇다. 이런 생각과 나무 심는 동작을 동시에 진행했다는 말은 아니다.

산림조합 아저씨가 말해준 대로 접붙인 곳의 감긴 비닐을 떼어내고 그 부위가 흙 속에 묻히지 않도록 드러내 심었다. 심을 때는 거름을 하지 않는 것이라고 하여 그냥 심었지만 파보니 흙이 부드럽고 좋아서 나무가 잘 자랄 것 같았다. 함께 온 일행과 편이 구덩이를 파는 동안 나는 물웅덩이를 손질했다. 못 가에서는 찔레가 순을 틔우고 있었다. '하얀 꽃 찔레꽃'을 상상했다.

묘목을 심을 땐 심는 나무에 손을 대었다. 상징적 동작이다. 호박은 요담에 심기로 하고 파던 구덩이를 미완으로 그대로 두었다. 심은 나무에 식구 이름을 하나하나 써 붙이자던 둘째 아이의 문자 전화가 생각났다. 대봉 감나무 다섯에 이름표를 하나하나 만들어 붙일 예정이다.

밭 윗부분 언덕과 웅덩이를 손질하고 나니 산뜻하다. 돌담 아래 저 언덕에 심을 차나무 씨앗을 원주인이 준다고 했다. 웅덩이에는 개구리 알이 많았다. 도랑의 둑에는 머구를 심을 예정이다. 머구의 표준말을 찾아보니 '머위' 다. 오늘에야 표준말 발음을 확인한다. 머구 쌈을 우린 매우 좋아한다.

서둘렀다. 빨리 마치고 섬진강 변의 재첩국집으로 가서 점심을 먹을 예정인데 벌써 3시가 넘었다. 준비해온 호박전과 커피, 설탕, 또 물 끓일 버너를 꺼냈다. 밭 가운데서 버너에 불을 붙였다. 밭에서, 나무 심은 후, 점심도 거른 채, 멀리 보이는 섬진강을 바라보면서 눈 아래 펼쳐지는 악양골의 전망 속에 잠기어 마시는 커피 맛이란.

콸콸 흐르는 웅덩이 물이 겨우내 그렇더니 지금도 그렇다. 씻으면서 내려보니 신은 내 장화가 물색보다 더 진하다. 잉크색이다. 그냥 마셔도 된다고 차 씨 아저씨가 여러 번 말했던 웅덩이 그 물이다. 낙동강 수돗물보다 백배 나을 거라고 자신 있게 말하던 그 물이다.

재첩국집에 가기 전에 평사리의 '토지 문학관' 으로 갔다. 토요일인지라 찾아오는 사람들이 많았고 주차장은 차로 꽉 차 있었다. 솟을대문에 서서 바라보니 평사리 들판과 섬진강 흐르는 물이 한눈에 들어온다. 백사장 모래가 유난히 희다. 점심 먹으러 밥집에 왔을 땐 4시였다. 빗방울이 든다.

야전삽

차밭에 나무 열 그루를 심고 돌아오는 지난 토요일, 야전삽을 사야겠다는 생각이 퍼뜩 뇌리를 스쳐 갔다. 오늘 27일 월요일, 범일동의 범내골 철길 옆 인쇄소에 원고 교정보려고 가는 길, 기차 지나간다고 멈추라는 종소리 요란하다. 선 김에 옆을 보니 철물점이 있다. 야전삽 있느냐고 물었더니 담요로 무릎 덮고 앉아있던 주인아저씨가 담요 걷으면서 있다고 한다. 나이가 든 아저씨 얼굴은 안에만 있어서 그런지 유난히 창백하다. 5,000원이었다. 샀다. 야전삽을 샀다. 기분이 좋다.

신경숙의 『그가 모르는 장소』는 자신을 버리고 다른 남자에게로 떠난 아내에 대한 이야기를, 아버지를 여의고 홀로 남은 새어머니와 동행한 밤낚시에서 편안하고 담담하게 고백하는 이야기이다. 한때 향어가 많이 잡히던 호수, 어려서부터 홀로 된 어머니와 함께 오곤 했던 호수, 그 호수에서 어머니는 자신의 슬픔을 달래어왔고 그 아들은 가장 하기 어려운 말을 모든 것을 다 받아줄 것 같은 호수의 넉넉한 힘을 빌려 고백하는 작품이다. '야전삽을 산 후 야전삽이 반복해서 나오는 이 소설에서 야전삽 부분을 요약해서 인용하고 싶어졌다.

"그는 야전삽으로 오목한 곳을 찾아내 흙을 파냈다. 야전삽에 퍼 올려진 흙 속에서 늦가을 냄새가 싸아하니 밀려왔다. 너비가 십오 센티 정도 파일 때까지 그는 계속 흙을 퍼냈다. 야전삽을 잡은 손바닥과 이마에 송골송골 땀방울 맺혔다. 이만하면 됐겠지. 그는 야전삽을 내려놓고 깊은숨을 내쉬었다. (중략) 어머니가 잠든 후 타닥거리는 불 옆에 오래 앉아 있다가 화목을 치우고 야전삽으로 흙을 떠다가 불 터를 덮

었다. 칠흑 같은 어둠 속에서 늦가을 밤바람이 휘익 지나가는 소리를
들었다."

내가 모르는 장소에 들고 가려고 산 야전삽은 아니다. 낚시 길 호수
에 들고 가려고 산 야전삽은 더구나 아니다. 차나무 언덕에 시외버스
타고 갈 때 배낭 속에 넣어 가지고 가서는 일할 때 쓰려고 산 야전삽
이다. 수선화 심고 머위 심을 야전삽이다. 밤에 불붙일 구덕 파는 데
쓸 수는 있다. 야전삽, 펴면 삽이고 구부리면 괭이로 된다. 또 뿔을 세
우면 곡괭이도 되고.

둘 봄

들리지 않는 소리-존재와 반향

 보리피리 소리는 어디에서도 들리지 않았다. 보리는 자라고 있지 패고 있지 않았다. 아직 팰 철이 아니다. 지금은 겨울이다. 그러니 피리를 만들 수도 없다. 피리 소리를 들을 수 없는 걸 새삼 말해 무엇하겠는가. 그래도 말하는 건 그 소리가 그리워서이다. 하동, 악양, 동매리 이곳에 오니 보리 천지다.

부산의 내 삶의 자리에서 바쁘게 움직이다 왔다. 이곳에 오니 정적이 지배한다. 존재의 소리가 들리는 듯하다. 내가 하이데거가 말하는 바, '존재의 목동'이라도 된 듯하다. 잠시 서서 보리밭을 보며 '빠름'을 사색해 본다.

토플러의 『미래의 충격』에서의 이야기다. 이 시대의 관계들, 인간과 사물의 관계, 인간과 인간의 관계, 인간과 조직의 관계 등, 우리를 둘러싼 관계들은 영속적이 아니라 점점 일시적으로 되어간다. 빠른 속도로 유동화되어 간다. 인간과 사물의 관계는 쓰다가 버리는 생활양식 즉 일시적인 생활양식으로 변해간다. 이런 관계는 종이컵 사용을 생각하면 그 의미를 잘 알 수 있다.

인간과 장소의 관계도 그렇다. 출장이나 이직 등의 빈도가 점점 더 심해지므로 한 곳의 정착이 드물어져 간다. 따라서 거주지를 둘러싼 인간관계도 빠른 속도로 '일시화' 되어 가고 있다. 그래서 일생을 통한 친구라든가 전인적 교제 등은 점점 더 쉽지가 않다. 그러니 현대인을 이런 의미에서 방랑 인이라고 부를 수 있다.

미래사회는 현대사회에서와 같은 뷰로크러시(bureaucracy) 즉 관료 제도가 아니라 앗호크러시(adhocracy)로 대체될 것이라고 토플러는 보고 있다. 'ad.hoc' 은 라틴 어로서 '이 특수한 목적 때문에', '특별히 이 문제에 관해서' 의 뜻이다. 이 말은 기한부의 프로젝트가 있을 때마다 인원이 이합 집산하는 조직형태를 말한다. 그래서 현대의 이런 유동화 와 일시화의 흐름 속에서는 적응하지 못하는 노이로제 환자가 많이 발생하게 되는데 이것이 바로 미래의 충격이다.

아무튼, 이런 현대를 사는 우리는 느긋하게 참고 기다리기보다는 많이 움직이고 말을 많이 한다. 차분하게 듣지를 않는다. 어느 때보다도 들음이 필요한 시대를 우리는 살고 있다. 그것도 느긋하게. 사유의 대상(진리)이 나에게 나타나 알려지기를 기다리는 습성은 매우 중요하다.

이번에는 하이데거의 '들음' 에 대한 반추다. 하이데거는 사유를 세 가지로 구분한다. 타산적 사고와 실존적 사고, 그리고 원초적 사고가 그것이다. 원초적 사고는 본질적 사고이기도 하다.

타산적 사고(calculative thinking)는 논리와 이성에 근거한 사고다. 이는 우리가 보통으로 생각하는 방식이다. 이것을 더 발전시키면 과학적 사고가 된다. 이런 식의 생각은 주관과 객관의 분리를 요구한다. 현대 기술 문명의 중심을 이루는 의식은 '객관적-조작적 의식(objective-manupalative consciousness)' 이다. 여기서 말하는 '객관적'

이란 우리의 의식이 주관과 객관으로 나누어졌다는 것을 전제한다. 이와 같은 의식은 격리되고 떨어진 관망자의 입장에서 객관성을 얻어 보려는 사고의 양상을 두고 말한다. 이러한 객관적 접근은 '사고의 한 양태(a mode of thinking)'로 나타날 때는 문제가 없지만, 이것이 '존재의 한 양태(a mode of being)'로서 이해된다면 엄청난 부정적 결과를 가져오게 된다. 이런 접근방법은 우리를 실재로부터 이탈하게 한다. 또한 '조작적'이라는 말은 우리의 생각이 상대방을 항상 조작하고 조종하고 교묘하게 꾸며서, 상호관심과 참여와 협동 대신에 지배와 권력의 관계로 변하게 한다.

실존적 사고(existential thinking)는 우리가 생각할 때에 대인관계로 생각하는 것을 말한다. 이런 생각은 냉정하고 잔혹한 첫째 생각과 비교하면 참여가 있고 상호관심도 있게 마련이다. 이런 생각은 부버(M. Buber)의 철학에서 볼 수 있는 '나와 너'의 관계에서 시작하는 생각인 만큼 여기서는 대화가 이루어질 수 있다. 여기는 나만이 아니라 친구도 있다. 친구가 병을 앓을 때는 걱정도 해주고 친구를 사랑하고 친구를 위해 자기희생을 아끼지 않을 때도 있다.

원초적 사고 또는 본질적 사고(primordial or essential thinking)는 주관인 내가 객관인 대상을 자꾸 알려고 하는 것이 아니라 대상이 나에게 자기를 알려 주는 사고를 말한다. 하이데거에 의하면 이런 생각은 존재 자체(Being itself)에 관한 생각인데 '존재'를 생각한다는 것은 이 존재가 나타나려고 하는 그 호소에 대한 반응을 의미한다. 그러므로 여기서는 내가 생각을 깊이 하여 '무엇'을 알려고 하는 것이 아니라 존재가 나타나기를 기다리는 것이요 그 음성을 들으려고 하는 것을 의미한다. 이때 우리는 능동적이 아니라 수동적이 되며 단지 기다리는 자세를 가진다. 과학과 논리는 사물을 알려고 한다.

그런데 사물을 알려고 할 때 우리가 전제하는 것은 그 사물 배후에 있는 '전체' 이다. 사실상 이 전체는 우리 가까이 있는 것이다. 이 때문에 인간의 본질은 우리에게 특별한 사고를 하도록 한다. 이 특별한 사고란 논리, 과학 또는 형이상학을 넘어서서 '전체'를 명상하게 하는 것이다. 여기서 '전체' 라고 하는 것은 진리를 보이고자 하는 존재를 의미한다. 진리를 보이고자 하는 만큼 존재는 인간을 향해 호소하는 것이다. 이 같은 존재의 호소는 인간이 가진 어떤 기능에 의해서가 아니라 인간의 본질이라고 하는 그 깊이에서 인간에게 알려지는 것이다. 이 호소에 대한 인간의 반응이 바로 '원초적 사고' 이다.

존재가 나타나려면 장소가 필요하다. 내 마음은 그 장소가 되는 것이다. 내가 존재 현현의 장소가 되려면 자신의 모든 것을 내놓아야 한다. 즉 나는 자기 포기를 해야만 한다. 그런데 나의 자기 포기는 곧 자기 획득이 된다.

존재의 '소리 없는 소리' 에 대답하는 나의 사고는 존재의 반향과 같다. 이 반향은 존재의 현현 장소가 되게 한다. 즉 나는 존재 현현을 위해서 빈 장소를 마련해야 한다. 존재의 현현은 선물과 같이 나에게 오는 것이기 때문에 나는 나의 마음을 열어 놓아야 한다. 존재가 주는 선물이란 나에게 나타내 보이는 진리이며 이로써 나는 참으로 내가 누구인지를 알 수 있게 된다. 이 선물에 대한 감사야말로 원초적 또는 본질적 사고라고 할 수 있다.

생각이 참 어렵게 진행되었다. 생각하기가 그리 만만치 않음을 생각하게 되었다. 우리는 어느 때보다도 들음의 자세가 돋보이는 빠름의 시대를 살아가고 있다. 존재가 내 안에 와서 알려지려면, 즉 나의 존재가 존재자체에게 반향 하도록 하려면 마음의 여백이 필요한 것 같다. 기다림과 들음은 수동적 자세이지만, 능동성이 너무 강조되는 이 시대에 수동성도 필요한 것 같다.

보리, 보리밭이 인생 밭이고 보리피리가 인생 소리인 줄은 나이 들면서 알았다. 아이 시절엔 그냥 보리를 피리로 만들어 불었을 따름이었다. 귀를 기울인다. 들리지 않는다. 그래도 소리를 듣는다. 들리지 않는 소리다. 소리가 들린다. 피리 소리다. 보리피리 소리가 먼 하늘로 번져나간다. 들리지 않는 소리는 존재의 반향이다. 이별과 상봉이 어우러진 소리다. 하늘, 하늘은 빈 하늘 또 한천(寒天)이다.

슈바이처 모자

마당 부채란? 알고 보니 워킹 아이리스

잎은 무성히 자란다. 꽃은 딱 하루만 핀다. 붓꽃 닮은 꽃이다. 이름을 잘 모르겠다. 첫차 타고 내려가서 심은 난 이야기다. 내가 이 화초를 '마당 부채란'이라고 알고 있는지 모르겠다. 뜬금없다. 붓꽃을 닮았지만, 붓꽃은 아니고, '범부채란'이나 '기생란'은 더구나 아니다. 범부채란은 태안반도의 가로 림 만에서 확실히 인지했다.

하동으로 가는 버스는 열 명 정도 태우고 출발했다. 내 옆자리는 배낭이 차지했다. 점심 김밥, 따로 담은 두 잔 분량의 커피와 설탕, 커피 잔에 부을 뜨거운 물을 담은 물통, 비스킷, 귤 다섯 개, 손 닦을 물수건 그리고 젓가락과 커피 숟가락은 편이 배낭에 차곡차곡 넣었다. 소풍 가는 셈이었다. 소풍 가는 아이 마음이었다. 야전삽과 책 『대담』은 내가 챙겨 넣었다. 그리고 심을 화초(마당부채란?)는 비닐봉지에 넣어 배낭에 매달았다. 버스가 달리는 동안 잠깐 졸고는 내내 책 봤다. 7시 출발하는 첫차였다.

하동 버스 터미널에 도착, 30분을 기다렸다가 악양 행 완행버스를 탔다. 면 소재지를 지나니 승객은 나 혼자였다. 운전기사는 연세가 높은 분이었는데 말을 건넸더니 이런저런 얘기를 많이 해 주었다. 동매 마을 입구에 내리지 않고 끝까지 갔다. 동매리에서부터 도착지점인 중기마을까지의 길은 도로공사 중이었는지라 동매 교 못 미쳐 있는 평촌에서 딴 길로 들어선다.

불안했다. 그 길은 농로 비슷했기로 노선버스가 다닐 길은 아니었다. 아슬아슬하게 도착, 내렸다. 처음엔 계속 걸어 회남 재까지 가볼 생각이었다. 마침 중기마을 사람인 듯, 젊은 부부가 내려오기에 물어봤더니 멀어서 갈 수 없을 것이라고 했다. 젊은 부인은 내 배낭의 화초에 관심을 보였다.

못의 물가에 심었다. 심으면서 반신반의했다. 물이 질펀하다. 못 둑은 아니고 못의 차인 흙을 모아둔 더미 같았다. 물이 너무 많아 살 것 같지가 않고 또 나중에 다 긁어내야 할 흙인 것 같았다. 그래도 일단 심었다. 심은 후 먹는 3월 초입 들판의 김밥, 커피 그리고 비스킷은 낭만이었다. 『대담』도 읽었다. 하지만, 곧 덮었다. 출발해야 한다. 하동읍으로 나가는 완행버스가 올 시간이다.

심은 지 일주일이 지났다. 살아 있을까? 혹시 얼어 죽었을까? 영하로 내려간 날씨가 아니니 얼진 않았을 것이다. 화분에 실내에서만 머물던 식물인지라 햇빛의 강렬함에 주눅이 들었을 것이라고 짐작해 본다. 궁금하기 그지없다. 다음 주에 내려가게 된다.

일주일이 지났다. 내려갈 다음 주가 기다려진다. 이름을 몰라 애태우던 화초의 이름을 드디어 찾아냈다. 노력을 많이 해서 알게 된 지식이다. 워킹 아이리스(Walking Iris)였다. 개화시간이 하루를 넘기지 못하는 꽃, 겨우 여덟 시간 정도이니 비운의 꽃이라 부를 만하다. 네오 마리카 그리실리스가 본명이며, 브라질 원산의 식물로 잎이 열두 장 이상 나와야 꽃이 핀다고 해서 현지에서는 열두 제자의 꽃으로 불리기도 한다는 화초이다.

워킹 아이리스라 불리는 이유는, 꽃대와 함께 줄기 끝에 돋아난 새

싹이 줄기 끝에 매달린 그대로 자라고 뿌리도 내리면서 점점 무거워져 땅에 닿아 번식하므로 붙여진 별명이라고 한다. 공중에서 땅에 닿아 번식하는 모습이 마치 제 발로 걸어가서 뿌리 내리는 것으로 보여 붙여진 별명이라고 한다. 꽃 모양이 학을 닮았다고 해서 우리나라에서는 '학란' 이라고 부르고. 그런데 나는 왜 이 화초를 마당 부채란으로 알고 있었을까? 아무리 생각해도 알 수가 없다. 미스터리다.

슈바이처 모자

모자의 정확한 이름을 찾다가 찾지 못했다. 그냥 슈바이처 모자라 부른다. 문예출판사에서 나온 슈바이처의 자서전 『원시림에서』의 표지에 나온 사진의 슈바이처가 쓴 모자를 말한다.

유소년 시절, 집에는 아버지가 쓰시는 모자가 여러 종류 있었다. 먼저 중절모. 당시 양복 입는 어른들은 대개 중절모를 썼던 것 같다. 얼마 전 EBS에서 방영한 '명동 백작' 이라는 프로그램에서 시인 김수영을 비롯한 박인환, 명동 백작이라고 불렸다는 강봉구가 중절모자를 쓰고 나왔을 것으로 짐작된다. 아버지의 시대는 그 시절이었으니까.

그리고 이 슈바이처 모자. 슈바이처 모자는 당시 우리 집에만 있었던 것 같다. 다른 아이의 아버지들이 쓰고 나왔던 걸 본 기억이 없다.

슈바이처 모자에 대한 향수가 지금까지 남아있다. 이 모자를 구해야 겠다는 생각은 하고 있었어도 구하려고 시도하지는 못했다. 그러는 중 지난가을 제주도 갔을 때, 함께 간 제주도 출신 지인의 남동생 귤 농장 창고에 이 모자가 걸려 있는 것을 발견했다. 관심을 보였더니 가져 가라고 했다. 민속풍물시장에서 다시 사면된다면서 기꺼이 주었다. 옛 날의 슈바이처 모자는 재질이 PRP가 아니었는데 지금의 이 모자는 PRP로 만든 점은 그때의 것과 다른 점이었다.

슈바이처 모자를 쓸 기회가 왔다. 3월 5일 일요일, 배낭을 챙겼다. 딱 하루만 피었다가 지는 꽃인 워킹 아이리스 여러 점과, 야전삽과 점심 도시락 그리고 밭에서 일할 때 신을 장화를 챙겼다. 시외버스 오가는 중에 읽을 책, 『대담-인문학과 자연과학이 만나다』도 배낭에 넣었다. 두꺼운 책이다. 영문학자인 도정일과 동물행동학자인 최재천이 13개의 주제를 가지고 3년 그 이상의 세월을 바쳐 담론 나눈 것을 정리한 책이다. 슈바이처 모자엔 아무래도 카키색이 어울릴 것 같아 카키색 상의를 꺼내 입었다. 가만있자 이런 식의 옷을 뭐라고 부르던가? 사파리라고 부르는 것 같은데 맞는지 모르겠다.

7시에 출발하는 하동행 버스에 탄 사람은 열 명 정도였다. 배낭과 모자를 한자리 차지하게 해도 자리는 남았다. 정글 모자, 슈바이처 모자엔 아무래도 카키색이 어울릴 것 같아 카키색 사파리를 챙겨 입었다.
곤양을 잠시 들린 버스가 하동에 도착했을 때는 9시가 조금 지났을 때였다. 이른 아침의 소음은 한적하다 못해 고요했다. 30분 후에 떠나는 악양 행 버스를 기다리는 동안 책을 꺼내 몇 장 읽었다. 문득 생각이나 터미널 매점에 가서 '카페라떼'를 찾으니 없다고 했다. 캔 커피 등을 사 마시는 경우가 거의 없는데 갑자기 생각이 난 것이다.

나왔다가 다시 들어가서 캔 커피를 하나 샀다. 매점의 젊은이, 대학생인 것 같기도 하고 아니면 대학을 막 졸업했을 나이로 보이는 청년은 친절했다. 그는 김치 통을 꺼내어 아침을 먹는 중이었다. 커피와 더불어 비스킷도 하나 샀다.

다시 갈아탄 완행버스 안의 이야기, 할머니와 아주머니가 나누는 사는 이야기를 메모하면서 듣다 보니 차가 언제 여기까지 왔는지도 모르게 도착, 악양면 사무소에 할머니를 내려 주고 출발하고 있었다. 아주머니는 그전에 내렸고. 종점까지 가는 승객은 나 하나. 버스 전세 내어 들어가는 길처럼 되어 버린 길이었다.

짚북데기 위의 오찬

동매리에서 내려 곧장 우리 밭으로 올라가지 않고 시인이 사는 집 쪽으로 돌아서 올라간다. 시인이란 이 동네에 사는 박남준 시인을 말한다. 논둑의 큰 감나무 아래에는 짚단이 놓여 있고, 보리를 심지 않은 논에는 지난가을의 수확 흔적인 짚북데기가 이곳저곳에 수북이 쌓여 있다. 짚, 짚북데기를 보니 드는 생각이 있다.

짚 : 새끼를 꼬고 싶다. 난 새끼를 꼴 줄 안다. 골프채 휘두르는 법은 몰라도, 바이올린 현 소리 나게 하는 손놀림은 몰라도, 새끼는 꼴 줄 알고 짚단 묶을 줄은 안다. 그때, 지금처럼 트랙터로 한 추수가 아니라 도리깨를 두들겨 하는 추수, 탈곡기를 돌려 하는 추수 마당엔 북데기가 수북이 큰 덤불로 남곤 했었다.

북데기 : 짚북데기는 캐시밀론 이불이었고 잘 탄 햇솜으로 만든 요

였다. 뒤집어써도 푸근했고 깔고 앉아도 푹신했다. 무엇보다 안온했다. 그들로부터 건네받는 심리적 평온함은 솜사탕의 시각적 푹신함 그 이상이었다. 짚에서 나온 나락, 쌀은 품위 있는 양반이었다. 보리밥 상념이 아니었다. 짚은, 짚북데기는 원초적 둥지였다. 둥지, 새알 둥지, 포근한 보금자리 말이다.

짚북데기 : 악양 들판을 3월 초순에 하염없이 걷다가 북데기를 만났다. 짚북데기였다. 푹신한 발바닥 감촉의 논 가운데 물감 같은 초록 풀들도 만났다.

짚북데기 위의 아기 : 현대인의 약물 과용에 대하여 고민하던 프랑스 대통령은 그 해결책으로 앞으로 태어날 아이들에게 '출생의 자국'을 마음껏 만들어줄 것을 제안한다. '출생의 자국'이란, 태어났을 때의 환경이 그 사람의 일생을 지배하게 된다는 '학설'로, 일례로 성모승천 대축일 대미사의 오르간 소리와 향내에 둘러싸여 태어난 나폴레옹은 훗날 큰 인물이 되었다. 원하는 환경에서 출산할 수 있게 해준다는 대통령의 약속에 한 여인이 전화한다. 성탄절에 아이를 낳을 예정인데 마구간에서 동물들에 둘러싸여 짚북데기 위에 아기를 낳고 싶다는 것. 대통령은 일순 긴장하지만, 태어날 아기가 여자아이임이 밝혀지자 안도의 한숨의 내쉬며 아기의 대부가 되어주겠다고 약속한다. 미셸 투르니에(Michel Tournier)의 『사랑의 야찬』에 나오는 '짚북데기 위의 아기' 이야기다. 『사랑의 야찬』을 사서 대충 읽고는 서울 아이들에게로 보낸 지 제법 되었다. 책을 올려보낼 때는 지난여름이었을 것이다.

3월 초순의 악양 논길, 걸어도 다리가 아프지 않다. 발가락은 조금 아프다. 등산화를 꽉 조여 오래 신고 있기 때문이다. 길을 걷다가, 감나무 아래의 짚단을 보고는, 논바닥의 짚북데기를 보고는 『사랑의 야찬』의 짚북데기를 문득 기억해 냈다.

다시 며칠 후 일요일, 악양 동매리 야생차 나무 언덕에 수선화, 상사화, 난초, 호박, 머위 심으러 가는 길, 이번에는 평촌 마을로 올라가 우리 밭을 조망하고 내려오는 길, 그 논둑에도 짚북데기가 있다. 거기 위에 앉아 배낭을 벗고 앉아 도시락을 깠다. 이른바 '짚북데기 위의 오찬'이다. 퍼질러 앉아 커피도 따라 마시고. 밥 먹고 커피 마시고 나서 짚북데기 쓰다듬는다. 이 맛, 이 감촉을 알까. 겨울 풀이 봄빛을 받는 푹신한 땅을 밟는다. 밟으면서 걷는다.

아이

서둘러 배낭을 챙겼다. 3월이라고는 하지만 지는 해는 그리 길지 않다. 빨리 내려가야 버스를 탄다. 차밭에서 마을 아래 동매교까지 한 20분은 걸린다. 물론 빨리 걸으면 10분.

동매교를 지나 평촌 보건소 지소가 있는 데까지 걸어 내려갔다. 둘러보니 온통 보리밭이다. 아지랑이는 보이지 않았다. 종달새가 나올 철도 아니다. 하지만, 곧 아지랑이가 피고 종달새는 공중에서 울 것이다. 종달새 우는 하늘이 보리밭만큼이나 파랄 것이다. 물론 하늘은 연한 남색이고 보리밭은 연초록이다.

계속 걸었다. 평촌을 지나니 왼편 연초록 보리밭에서 일하는 사람이 보인다. 드문 사람이다. 유심히 보니 어머니와 아들인 것 같았다. 그러니까 부부가 아니라 모자인 것 같았다. 거름을 경운기에서 내리는 듯했는데 함께 일하는 모습이 그림 같았다.

아이, 아들일 것이고 할머니의 손자일 것이다. 길 가운데 계속 앉아 있다. 투정부리는 줄 알았더니 그게 아니었다. 계속 일하는 할머니 아빠를 바라보면서 말없이 앉아 있었다. 버스 올 시간이 좀 남았다. 나도 계속 아이를 보면서 서 있었다.

동행

박 씨, 차 씨 또 난초

심을 호박씨와 아주까리 씨앗을 미리 준비했었다. 깜박 잊고 가져오지 못한 것을 알게 된 것은 한참 나중이었다. 차는 이미 고속도로 깊숙이 들어와 달리고 있다. 돌아갈 수 없는 노릇. 그대로 가기로 했다.

차 씨네 다방으로 갔더니 차 씨 아저씨는 차밭에 가고 없었다. 전화했더니 금방 내려오겠단다. 하던 일 멈추고 내려오시게 해서 미안했다. 하지만, 손전화의 위력을 새삼 실감하기도 했다. 줄 전화라면 연결이 되겠는가. 밭에서 일하는 사람과 통할 수나 있었겠는가.

차 씨 아주머니가 호박씨를 주었다. 검정 쌀 두 되를 달라고 했더니 싱싱한 무 두 뿌리도 얹어 주었다. 차 씨네 다방에서 우린 가져간 커피를 마셨다. 얻어 마시는 게 미안해서 먼저 내놨다. 차 씨 아저씨는 커피를 안 마셨다. 인삼차를 마셨다. 차 씨 아저씨는 호박 구덩이에 넣을 거름도 두 포대나 주었다.

올라와서 호박은 아홉 구덩이에 심었다. 호박 구덩이는 편이 팠다. 그사이 나는 차나무 씨앗을 심고 밭두렁을 손질하였다. 편이 구덩이를 다 팠을 때 거름은 내가 부었다. 한 포대만으로도 양이 충분했다. 남은 한 포대는 다음에 쓰려고 밭 옆에 큰 돌멩이로 눌러 두었다. 그리고 씨앗은 편이 심었다. 편은 나보고 씨앗을 심으라고 제안했었다. 그리하면 호박이 더 풍성히 달릴 것 같다는 것이다. 나는 그 반대라고 했다.

그래서 씨앗은 내가 심지 않았다. 호박을 심기에는 아직 이른 3월이지만, 호박은 감나무 순 요만큼 얼굴 내밀 때 심는 거라고 했지만 그런 줄 알면서도 온 김에 심었다.

수선화와 상사화와 난초 심을 준비를 준비했다. 수선화는 진주 금호지 곁 마을의 큰집에서 구했다. 상사화는 블로그 지인이 택배로 보내준 것이다. 고맙기 그지없다. 사이버 공간에서의 만남이 이렇게 '꽃 나누기'로 이어진 것이다. 상자에 담겨 베란다에서 며칠 머무는 사이에 순이 쑥 자라버렸다.

난초는 난초과의 다년초를 통틀어 이르는 말이다. 그런데 우리는 자랄 때 저 붓꽃을 그냥 난초라 불렀다. 저것만 난초라고 알고 지낸 세월이 길었다. 난초과에 속하는 난초 종류가 그리도 많다는 것을 알게 된 건 나중의 일이었다. 유소년 시절의 우리 집, 양철집 뒤엔 저 난초와 비새가 쌍벽을 이루며 자랐다. 키 재기를 했고 꽃 피워 올리기 경쟁했다. 저 난초를 심는 건 유년시절을 꿈으로 피워 올리는 일이었다. 소중히 심었다. 심을 때 만지는 흙은 부드러웠다.

수선화와 상사화는 난초 아래, 물가에 심었다. 섞어서 심었다. 수선화가 물을 실제로 좋아하는 꽃인지 그건 잘 모르겠다. 하지만, 이름이 물을 가진 걸 보면, 나르시시즘의 애달픈 사연을 보면 물을 좋아할 것 같다. '일곱 송이 수선화'의 노랫말이 하도 애틋해, 애틋한 심정으로 심었다.

수선화와 상사화를 심은 후 차나무 씨앗을 심을 동안 편은 나물을 캤다. 봄나물! 어디서 날라 온 씨앗에서 발아하여 혼자 자란 고들빼기 뿌리의 튼실함에 편은 감탄을 반복하고 있었다. 바구니가 금방 찼다. 쑥은 캘 틈이 없었다. 달롱개(달래)도 알(뿌리)이 튼튼했다. 고들빼기를 캐고는 곧이어 호박을 심었다. 편이 캐고 심는 동안, 나는 계속 차나무 씨앗을 심었다. 한 번에 7~8개씩 약 5cm 깊이로 묻었다. 그렇게 심으라고 차 씨 아저씨는 나에게 가르쳐 주었다. 순이 나야 할 텐데! 나서 잘 자라야 할 텐데….

허리를 펴고 고개를 잠시 들어 오른편을 보니 형제봉이 나를 보고 웃는다. 형제봉은 1,115m 높이의 산이고, 왼편의 깃대봉 높이는 1,250m이다. 뒤에는 시루봉이 있는데 그 높이는 1,133m이다. 악양 깊은 골, 그 골 기슭에 지금 내가 있다. 형제봉의 5월은 철쭉제의 5월이고 햄 글라이더 날개가 날렵하게 펼쳐지는 푸른 하늘의 5월이라고 했다.

캐고 심는 일에 몰두하다 보니 시간 가는 줄도 몰랐다. 사실은 허언, 시간 간 줄 알았다. 2시였다. 싸 온 김밥 다섯 줄 중 석 줄은 차 씨 아저씨와 아주머니, 차밭 일을 할 때 간식으로 자시라고 주었기로 우리 몫은 두 줄이었다. 내가 한 줄 반, 편은 반 줄만 먹었다. 그것도 많단다. 라면 다 끓었으니 어서 오라고 바삐 손짓한다. 원래는 논 가운데의 짚북데기에 앉아 점심을 먹을 예정이었는데 그 논이 멀찌감치 떨어져 있었기로 밭에 앉아 먹었다. 그 맛이란 그리고 커피 향이란.

보리밭이 푸르다. 꽃들이 희다. 누군가가 붓을 들어 밤새 초록 칠해 댄 모양이다. 올 때마다 점점 짙어진다. 연초록은 진초록으로 흰 꽃은 노란 꽃으로 이어 붉은 꽃으로 바뀔 것이다.

들길은 나를 부른다. 존재의 소리가 들린다. 오라고, 걸어 들어오라고 손짓한다. 4시에 하던 일을 마무리했다. 연세 높은 분이 집에 계시므로 해 떨어지기 전에 집으로 돌아가야 했다. 돌아오다 보니 광양으로 건너가는 길이 다리까지 온통 차로 채워져 있다. 광양 매실 마을 축제에 온 사람들이 타고 온 차다. 우리 차도 그 틈에 끼어 하동 나들목까지 오는 데 한참 걸렸다.

동행

매화다. 차밭 바로 아래는 온통 매화꽃이다. 동네 이름도 '동매(冬梅)리'이다. 보이느니 보리밭 또 매화밭이다. 올챙이가 새까맣다. 못은 올챙이 운동장이다. 형제봉의 신선대, 바위 사이의 출렁다리가 아련하게 보인다.

바로 앞의 악양 들판을 보니 길(路))과 천(川)이 함께 걸어간다. 동행이다. 부산에서 다시 내려와 삽을 놓고 땀을 훔치면서 바라 본 전후좌우 풍경이다.

씨앗의 비행

풀씨를 뿌리지 않았다. 그런데도 풀이 많이 났다. 거름을 주지 않았다. 그런데도 풀은 잘 자랐다. '풀과의 전쟁'을 말해 주는 이 많았다. 풀과의 전쟁에서 필연적으로 하게 될 패전에 대해서 또 고초에 대해서 듣고 들었다.

각오했다. 풀을 안 베고 안 뽑을 생각은 아니었다. 그러면서도 한편으로는 풀과의 공존도 생각했다.

뽑았다. 또 베었다. 그러나 일주일 후에 내려가 보면 두 배나 자라 있었다. 그러더니 장마철이 되니 세 배, 네 배로 자랐다.

닷새 머무는 동안 주로 한 바깥일은 풀 베는 일이었다. 그래도 다 못 베었다. 엊그제 일요일 기계가 들어와 나머지를 다 베어 주었다.

베어진 풀을 다 모아 보니 많기도 많다. 대풍이다. 올해 나의 풀 농사는 풍작, 대풍작이다. 보고만 있어도 배가 불러온다.

이제 안 나겠지 하고 물어봤더니, 아니란다. 또 난단다. 그럼 겨울에는 못 나겠지 하고 단호히 말했더니 또 아니, 겨울에 나는 풀이 따로 있단다.

풀을 베면서 감탄한 첫째 것은 날아다니는 풀씨들의 비행, 유영이었다. 밭은 풀 천지, 공중은 풀씨 천지였다. 편도 풀씨의 비행에 감탄을 거듭했다. 나 또한 거듭 맞장구쳤다. 감탄한 둘째 것은 소로의 안목이었다. 『씨앗의 희망』을 읽으면서 그의 관찰력에 감탄했는데 날아다니는 씨앗들을 보면서는 그의 지적 성실성에 고개 숙이고 말았다. 어떻게 그 풀들의 이름을 그리 다 알며 씨앗의 비행을 그리 추적하여 기술(記述)할 수 있단 말인가.

지금 내가 베고 있는 풀의 종류나 이름, 씨앗의 전파 과정에 대해 알고 있는 게 거의 없다. 익히 만나고 있는 풀들인데도 말이다. 바랭이, 개망초, 쑥 등 그 이름을 전혀 모르는 건 물론 아니다.

풀에 졌다는 생각은 안 한다. 패전했다는 생각은 더더구나 안 한다. 풀 농사 한번 거창하게 잘 지었다는 자위는 한다. 내년에 풀을 좀 덜 나게 할 궁리는 한다.

말(언어)로서의 '풀'은 다른 어떤 단어보다 어감이 좋다. '칼'보다는 '풀'이라는 말이 더 유연하게 들린다. 그리고 맺히기보다는 풀리는 기분을 준다. 식물로서의 풀은 질감이 좋다. 풀밭에 앉았을 때의 엉덩이 감촉 그 부드러움은 계속하고 싶은 체험이다. '유행성 출혈열' 공포 때문에 풀밭에 쉽게 앉지 못하는 것은 '엉덩이의 소외'다.

경계와 측량

경계측량을 신청했다. 밭의 전후좌우 선이 분명하지만 그래도 경계를 확실히 하고 싶어서 측량을 신청했다. 목요일로 날이 잡혔다. 마침 목요일은 강의가 비는 날인지라 편과 함께 일찍 내려갔다.

경계와 측량

바로 위, 인접한 밭의 주인은 미리 와서 기다리고 있었다. 서로 인사를 나누었다. 곧 측량 기사들이 왔다. 측량하는 데 걸린 시간은 잠깐이었다. 경계 말뚝을 꽂고는 이내 돌아갔다. 현재 지어져 있는 경계 그대로였다. 다만, 바로 위 밭이 우리 땅을 극히 일부분 물고 있었다.

측량 기사들이 돌아간 이후에도 위 밭의 주인인 박 씨의 인생 이야기를 한참 들었다. 처음 만남인데도 살아온 이야기를 내게 많이 들려주었다.

측량하는 동안, 측량을 마친 후에도 편은 내내 나물을 캤다. 3월 초순이지만 밭의 풀 또 나물들은 겨울을 한참 벗어나 있는 듯 보였다. 고들빼기가 많았다.

측량비용이 많이 들었다. 현상적으로는 밭이지만 내용상으로는 논과 밭으로 되어 있다. 그래서 비용이 배로 들어갔다. 391,600원이면 될 것을 783,200원이나 내야 했다.

경계, 새삼 생각해 본다. 살아가면서 지우게 되는 경계가 너무 많다.

경계를 허물면서 살아야 하는데 더욱 경계를 지우면서 사는 삶을 내가 살고 있지나 않은지 모르겠다. 측량함으로써 땅의 경계를 분명히 알게 된 것은 좋은 일이지만, 삶의 경계를 분명히 짓겠다고 측량기를 들이 댈 수는 없는 노릇이라고 생각해 보기도 했다.

양철집

양철집은 내게 유년의 표상이다. 우리 집은 양철집이었다. 그래서 양철집은 내게 유년의 너울, 그 너울에 디자인된 아련한 그림이다. 중학교를 졸업하고서 나는 양철집을 떠났다. 고등학교에 가려고 집을 떠났기 때문이다. 양철집을 뜯고 나중엔 근대식 집을 다시 지었다.

양철집 생활은 고통이기도 했고 부끄러움이기도 했다. 더위와 추위 앞에선 속수무책인 집이었고 빗소리의 소음을 굉음으로 확대 재생산하는 양철만의 지붕이었다. 그때, 집안에서의 그 추위, 그 더위, 지금 생각해도 치가 떨린다. 전쟁이 막 끝난 후인 그 시절, 덥지 않은 집 없었고 춥지 않았던 집이 없었지만, 그래도 흙으로 지어진 초가집은 사정이 좀 나았을 거라는 생각이 지금 든다.

하지만, 고통의 그 집, 그 옛날 우리 집, 그 양철집은 이제 아련히 그리워지는 집이다. 그래서 어쩌다 보게 되는 양철 지붕의 집, 두어 번 돌아보고 지나치게 된다.

경계 측량을 하는 사이, 야생차 나무 언덕에 서서 양철집을 오래도록 봤다. 양철집을 매화꽃과 바위가 감싸고 있었다. 그 앞뒤는 보리밭이 감싸고 있었고. 양철집이라고는 하지만 작은, 작아도 아주 작은 농기구 창고처럼 보이는 걸 말한다.

거기로 갔다. 양철집 그곳으로 일삼아 내려갔다. 가까이 가서 봐도 멀리서 볼 때처럼 아련한 양철집이었다. 낡았어도 산뜻하게 보였다. 초가지붕 같은 푸근함과는 또 다른 친숙함이었다. 그리고 색상, 양철 지붕은 무슨 색을 칠해도 잘 받는다는 생각을 했다. 그 옆에는 귀농했다는 젊은 분이 집을 짓고 있었다.

그리고 카메라 이야기, 얼마 전에 산 Lumix를 AF와 P에 고정해 셔터 눌렀다. 야생차 나무 언덕에서 바로 앞의 양철집을 들판을 배경으로 늘 볼 수 있게 된 것은 또 하나의 선물이었다.

길, 그 둘

흙길이다. 황톳길이다. 반가워서 걸었다. 양철집에서 올라와 또 위로 걸어 올라갔다. 바람은 불지 않았다. 바람이 불었더라면 황토 먼지를 저주처럼, 축복처럼 뒤집어썼을 것이다.

저주? 너무 심한 표현이다. 유년시절 우리 땅은 온통 황토였다. 마당의 황토는 그지없이 깊었다. 비 오는 날엔 축 담도 신발도 사람도 옷도 온통 황토 칠갑이었다. 빨갱이라 불러도 좋을 만큼 난 황토색을 하고 다녔다. 옷, 씻어봤자 황토색은 바탕색으로 늘 남아 있었다. 유달리 우리 마당, 우리 밭은 짙은 황토색이었다. 다른 집 마당과 밭은 황토가 아니었다.

그것이 축복인 줄은 나중에 알았다. 그 땅에서 자란 우리 형제자매들은 지금껏 병치레하지 않으면서 산다. 그건 나도 그렇다. 황토 덕이 크다는 것을 이제 알아 가고 있다.

차나무 아래 밭고랑은 또 다른 길이었다. 내가 걸을 길이 아니라 식물이 줄지어 설 길이었다. 말하자면 '식물의 길'이다. 짚을 이불처럼 덮은 저 밭이랑에 무엇이 심어져 있는지 궁금했다.

바위의 하늘

하늘을 본다. 위, 여기에 오면 한없이 보게 된다. 봐서 보게 되고 보여서 또 본다. 하늘, 하늘을 보니 하늘은 하늘의 모습이다. 내려 왔다. 지킴이 큰 바위 앞에 왔다. 다시 하늘, 큰 바위 위 하늘이다.

바위를 본다. 여기 오면 올라가면서 또 내려가면서 늘 눈인사 나누게 되는 바위다. 오늘은 새삼 하늘 속의 바위, 하늘 아래 바위라는 생각이 든다. 바위와 하늘은 하나였다. 하나 된 그들을 매화가 감싸고 있었다. 매환, 한없이 피었다. 꽃잎을 원 없이 펼치고 있었다.

지려는 모양이다. 곧 떨어질 것이다. 그러면 낙화. 매화가 지면 겨울의 흔적은 완전히 지워지게 될 것이다. 측량하는 날 오늘, 쑥 캐는 편을 혼자 두고 많이도 걸어 다녔다. 봄 길이었다.

경계 측량하는 날 하루는 이렇게 갔다.

불장난

비가 조금씩 내리고 있었다. 연못을 정비하면서 걷어낸 건초가 눈에 띠었다.

불장난

불을 붙였다. 마른 풀 더미를 태우려고 비가 올 때를 기다리고 있던 차였다. 망설이다가 붙인 불이다. 동네 사람으로부터, 비가 내릴 때는 태워도 괜찮다는 말을 여러 번 들은 후에 결심하였다. 물론 불을 질러도 된다는 말이 마음대로 불장난해도 된다는 말은 아니다. 마른 풀을 모아 태우는 건 재도 마련하고 벌레도 박멸하면서 apt돼지 출몰도 막는 삼중 효과가 있다고 했다. 그래서 붙인 조심스러운 불이다.

건초는 비 내리는 중에도 잘 탔다. 하지만, 불이 번져 옮겨붙는 일이 없도록 준비를 다 하고 나서 태웠다. 우선 물 가까이, 그러니까 연못 가까이서 불을 붙였으며 둘레를 물로 적셨고 그릇에 물을 담아 옆에 두었다.

부추는 밭 위쪽의 돌담, 평평한 곳에 심었다. 평평한 그곳은 또 그위의 돌담이 바람을 막아 주고 있어서 더욱 양지바른 곳이었다. 심고나서 보니 연노랑 부추 새싹이 안쓰럽다. 4월이라고는 하지만, 이제 막 4월이니 아직 바람이 따스하지만은 않다. 얼어 죽지나 않을까 하는 염려가 되었다. 하지만, 그건 지나친 기우, 지금이 언젠가, 4월 아닌가. 곧 진초록으로 변할 것이다. 편이 심었다.

연못 안쪽의 흙이 모인 곳에 심은 수선화는 아무래도 자리를 잘못 잡은 것 같다. 처음엔 그 흙더미를 둑인 줄 알고 심었다. 나중에 자세히 보니 둑이 아니라 연못 바닥에서 긁어낸 흙을 모아둔 곳이었다. 그러니 수선화를 심으려고 팠을 때 물이 많이 고일 수밖에 없었다. 나중에 수선화를 옮겨 심어야겠다.

연못의 물이 흘러내려 가는 관은 밭 아래 땅속에 묻혀 있다. 그래도 겨우내 물이 밭 위쪽의 도랑에서 흐른다. 도랑을 손질했더니 물 흐름이 더 선명하다. 가재도 있다고 했다. 도랑도 치고 가재도 잡는다는데 겨울이어서 그런지 가재는 볼 수 없었다. 도랑 위 둑을 더 보완하여 차나무를 심을 예정이다.

언덕에 서서 악양 벌을 바라보니 전망이 확 트인다. 길이 선명하다. 내게로 오는 길이다. 내가 내려설 길이다. 언덕에 서면 늘 길의 이야기를 듣는다. 길과 말 나눈다. 길 때문에도 이 언덕이 좋다. 불은 바로 꺼졌다. 다 탄 것이다.

열두 살 나이데

지난겨울에 해 둔 나뭇단이다. 내 손으로 했다는 뜻이 아니다. 동매리 마을을 지나다가 빈집, 집터 구석에서 손질하고 일어서는 할머니에게 이것저것 물어보고는 그 할머니 일어서고 디카에 담았다는 뜻이다. 지나가다가 발길 멈추고는 봤고 할머니와 이야기하면서 봤고, 지나쳐 갔다가는 돌아와서 다시 봤다.

차마 돌아보지 못할 풍경이 있다. 눈살 찌푸릴 풍경이라 돌아보면 밥맛 떨어지니 돌아보기 싫은 풍경도 있고, 애달파서 못 돌아보는 정경도 있다. 돌아보고 돌아보는 풍경도 있다. 돌아보다가는 다시 와서 보고 가는 풍경도 있다. 가지런히 쌓아둔 장작더미나 나뭇단의 경우가 그런 경우다.

초등학교 입학하면서 시작된 야산 나무하러 다니기가 중학교 졸업할 때까지 이어졌다. 초등학교 입학하기 전에도 까꾸리(갈퀴)질 하는 것은 자연적으로 이어지는 촌놈 되기, 초동 되기 필수코스였다. 저런 나무는 그때 부러운 나무였다. 가시가 없는 나무는 내가 부러워한 나무였다. 그때 우리 과수원 울타리는 아까시나무였는데, 아까시나무의 가시는 나를 찔렀고 할퀴었다.

그때 우리는 "나무 쪼사라."라는 지시를 받았다. "나무 잘라라." "나무를 토막 내라." "나무를 쪼개라." 라고 하지 않았다. '쪼사라.'의 원어는 무엇일까? '쫓는다?' 아닐 것 같다. 아무래도 '짜개다'에서 유래했을 것 같다. 짜개는 일은 나무를 세로로 반 가르는 일, 말하자면 장작을 패는 일이 그런 일일 것이다. 저건 토막 낸 나무지 짜갠 나무는 아니다. 아무튼, 우리는 '나무 쫀다.' 라고 했다. 가시 달린 나무를 짜개는 것은, 그러니까 도끼로 토막 내기는 쉬운 일이 아니었다. 농부 같은 농부한 명도 없는 집의 도끼날이 얼마나 무디었는지는 그 도끼를 써보지 않은 사람은 모른다. 원시인 돌도끼 날도 그보다는 더 무디지 않았을 것이다. 물론 과장이다.

우리는 나무하면서 컸다. 나무 짜개면서 자랐다. 짜갠 나무로 정지(부엌)에서 불 때면서 사고(思考)했다. 우리들의 열 살, 열한 살, 열두 살은 그렇게 보낸 나이였다.

나의 나무가 있다면 그래서 나의 나무 나이테를 헤집어 볼 수 있다면 열 살, 열한 살, 열두 살의 나이테는 아마 이런 그림이 밑그림일 것이다.

저 나무로 불 땐 방은 따습겠다는 생각이 들었다. 저런 나무로 불 한번 때 봤으면 하는 생각도 들었다. 부지깽이 들고 불장난하기도 좋겠다는 생각도 이어서 났다.

철학자의 나라

논둑을 걷는다. 검은색 논둑이다. 불로 태워서 그렇다. 논의 보리는 하루가 다르게 무성해진다. 무성해질수록 진초록이다. 그 진초록은 곧 또 누런빛으로 바뀌고, 이어 북데기가 되어 불에 타서는 논바닥을 검게 칠할 것이다.

검은 발자국

줄리엣 그레코(Juliette Greco), 검은 옷의 샹송 가수. '파리의 하늘 밑' 그리고 '무랑루주'의 그녀가 60년대 말 아니면 70년대 초에 서울에 와서 공연했다는 생각이 자꾸 든다. 그 공연에 가보지 못했기로 그때 그 공연의 가수 이름이 줄리엣 그레코인지 아닌지는 확인할 길 없지만, 그때 그 공연의 가수가 검은 옷의 샹송 가수임은 틀림없다는 확신이 있다. '검은 옷의 샹송'은 그때부터 쭉 지금까지 내 심중을 떠나지 않고 있기 때문이다.

그레코는 제2차 대전 중 어머니가 레지스탕스 운동에 참여하여 언니와 함께 강제 수용소로 끌려가는 바람에, 15세의 그레코는 혼자 살아가게 되었다고 한다. 전쟁 후에 생-제르맹-데-프레 가(街)의 지하 술집에 출입하는 동안 검은 스웨터와 지저분한 바지가 사람들의 눈을 끌어 '실존주의의 뮤즈'라고 소문이 나면서 그녀의 사진이 신문과 잡지를 장식하기 시작했다고 한다. 그레코의 검은 옷에서, 그리고 반항적이며 자유분방한 소녀 작가인 사강의 가벼운 문체에서 실존주의를 발견했다는 것이다.

검은 옷과 실존주의가 무슨 관계가 있는지 모르겠다. 가벼운 문체와 실존주의는 또 무슨 관련이 있는지 모르겠다. 다만, 지금 나는 불탄 논두렁, 밭두렁 사이를 걷고 있을 따름이다.

"불탄 논두렁 밭두렁으로 바람 뚫고 달리는 아이들 고함 속으로 풀꽃들 지천"(제초제와 봄/이상국)으로 피기 시작하는 악양 들판의 불탄 논두렁을 걷고 있을 따름이다. 논두렁을 걸으면서 불탄 그 흔적을, 타고 남은 재를 "머언 봄을 향해 엎드린 거친 대지 위로 무지한 겨울의 검은 발자국 소리"(나무/이영주)로 느끼고 있을 따름이다.

검은 발자국, 논두렁 밭두렁의 타고 남은 재는 우리들의 '실존'이다. 봄의 숨결이다. 뒷모습 보이는 겨울의 '검은 발자국'이다. 검정 그것은 봄을 부르는 빛깔이기도 하다. 논두렁 검은 재 저 빛이 저리 윤이 난다는 것을 이번에 보고 알았다. 들판의 검은 발자국 그것은 겨울의 발자국이 아니라 알고 보니 봄의 발자국이었다.

철학자의 나라-감자 심으면서 한 생각

첫차로 출발했다. 7시, 4월 9일 일요일. 지난번에 바쁜 걸음을 한 경험이 있으므로 이번에는 여유 있게 나왔다. 도착해서 기다린 출발 시각은 30여 분. 오늘은 좌석을 다 채우고 출발한다. 하동 벚꽃 길에 몰리는 사람으로 말미암아 돌아오는 길이 더딜 것을 짐작하게 하는 대목이다. 옆자리에도 사람이 앉았으므로 배낭을 발아래 두었다. 시외버스 좌석 간격은 앞뒤로 비교적 너른 편이다. 부피 큰 배낭을 놓았어도 별 불편을 느끼지 않았다. 약간 불편했을 뿐.

배낭 속에는 야전삽, 호미, 점심 도시락, 각각 따로 담은 커피잔 두 개, 도마도, 바나나, 보온 물통, 마실 물, 책 한 권 그리고 씨감자 스물여섯 쪽과 도라지 열여섯 뿌리. 카메라 하나는 호주머니에 넣고 하나는 어깨에 멨다. 배낭에 들어가지 않았다.

버스 타고 혼자 가는 길, 두 시간은 몇 장 글 읽고, 차창 밖 바라보다가 또 잠시 졸만도 한 시간이다. 오늘 가지고 가는 책은 『위대한 패배자』다. 책장을 여러 장 넘겼다. 지난번 같은 시간 출발의 버스보다 일찍 도착했다. 지난번에는 동매리 들어가는 9시 반 버스를 갈아탈 수 없었는데 이번에는 9시 10분경에 도착, 바로 갈아탈 수가 있었다. 마을 입구 다리에 내렸다. 동매리 마을 앞을 흐르는 물은 악양천인데, 이에 대해서는 따로 쓸 글이 있다.

곧바로 올라가지 않고 들판과 언덕을 이리저리 빙 돌아갔다. 십오 분이면 도착할 길을 한 시간 넘게 걸어 다닌 것이다. 봄에 취했다. 오전부터 취기, 봄 취기. 일은 언제 하나, 문득 조바심 일었다.

세상에! 수선화가 웃고 있다. 지난번엔 한 송이더니 이번엔 네 송이가 더 피어 다섯 송이다. 더 피었어도 지고 없으려니 생각하고 있었는데 지기는커녕, 방긋, 싱글, 빤히 쳐다보며 웃고 기다린 것이 아닌가. 일곱 송이가 아니지만 다섯은 내가 좋아하는 숫자인지라 다섯 송이 수선화로 말미암은 기쁨은 말할 수 없이 컸다. '다섯'은, 백두산에 갔을 때도 기어코 몰래 주워 온 돌멩이 숫자와 같은 숫자다.

배낭을 풀고 야전삽을 꺼내어 밭을 파기 시작했다. 오늘 해야 할 첫 번째 일은 감자를 심는 일이다. 그리고 도라지를 묻고 나서 밭 가운데의 돌멩이를 골라내어 밭둑을 돋우는 일이다. 땅을 파기엔 야전삽의 크기가 너무 작았지만 이건 처음부터 각오했던 바다. 배낭 메고 올 땐 야전삽과 호미를 지참하고, 차를 가지고 올 땐 물론 삽, 괭이, 갈퀴, 낫을 지참한다. 소로(Thoreau, H. D.)도 가축을 이용하지 않고 자기 손으로 땅을 파고 김을 맨 이야기를 『월든』에서 하고 있다.

소로의 감자 심은 얘기다. 그의 숲속 생활 이야기, 『월든』에는 감자 이야기가 여러 번 나온다. 그중 일부이다. : "집을 채 다 짓기 전에 무슨 정직하고도 기분에 맞는 방법으로 10불이나 12불쯤 벌어 임시비용을 충당할 생각으로 집 근처의 2에이커 반쯤 되는 푸석푸석한 모래 땅에 강낭콩을 심었다. 그리고 그 한쪽에는 감자, 옥수수, 완두콩과 무를 심었다. 어떤 농부는 이 땅을 가리켜 찍찍거리는 다람쥐나 기른다면 몰라도 그 외에는 아무짝에도 쓸모없는 땅이라고 말했다. 나는 그 땅에 비료를 전혀 주지 않았다. 사실 밭 전체에 걸친 일괄적인 김매기 작업 한 번 제대로 못 했다. 다음 해 농사는 더 잘 지었다고 할 수 있다. 그것은 우선 내가 꼭 필요한 만큼의 땅을 나 스스로 파 엎을 수 있었기 때문이다. 다음으론 농업에 관한 수많은 유명한 책들이 있지만, 그 책들이 가르쳐 주지 않는 다음과 같은 사실들을 알아냈기 때문이다. 즉 땅을 가는 데에 소를 사용하는 것보다 손수 삽을 써서 갈아엎는 게 돈이 적게 들며, 묵은 땅에 비료를 주느니보다 그때그때 새 땅을 택하는 것이 비용이 적게 든다는 것이다."

내가 소로의 흉내 내는 건 아니지만, 기계를 들이대지 않고 내 손으로 밭을 파헤치고 심고 덮겠다는 생각을 처음부터 하고 시작한 바다. 그러나 소로의 『월든』은 외우다시피 읽고 또 읽는다. 소로와 대화하며 『월든』에서 가르침 받는다. 숲으로, 들판으로 들어가서 머무는 정신을 말이다.

다시 소로의 이야기다 : "모든 점에서 소박한 생활을 하는 사람들의 나라, 즉 '철학자의 나라'가 있다면 동물의 노동력을 이용하는 것 같은 큰 실수는 절대 범하지 않을 것이다. 물론 철학자들로 이루어진 나라는 과거에 없었다. 또한, 가까운 장래에 생길 것 같지도 않으며, 그런 나라가 있는 게 바람직한지 나 자신도 잘 모르겠다. 그러나 나 같으면 말이나 소를 길들여서 무엇인가 내 일을 거들 수 있도록 하숙생으로 받아들이지는 않겠다. 잘못하면 내가 마부나 목동 신세가 될지도 모르니 말이다."

자유, 내 손으로 하는 삽질이 자유가 아니라면, 돈 받고 불려와 해대는 경운기의 쟁기질이 자유이겠는가? 나는 내 손으로 삽질하지 기계 불러 드리지 않을 참이다. 지금 생각으로는 그렇다. 삽질하고 괭이질할 것이다. 지나가는 사람의 눈에는 미련하게 보이고 '시시포스의 운명'처럼 보일지라도 말이다. 소로가 말하는 '철학자의 나라'를 내가 이 밭에서 이루어 보고 싶은 것이다.

파고, 흙 고르고, 둑 만들고, 고랑치고, 재 뿌리고, 씨감자 놓은 다음 물을 주고, 기다렸다가 흙을 덮었다. 흙은 부드러운 흙. 제대로 심었는지 모르겠다. 도라지도 묻었다. 내 '철학자 나라'의 신민들이다. 다수 신민은 야생차 나무. 차나무 순이 쑥쑥 좀 올라와야 할 텐데. 내내 흐리더니 구름이 표나게 두꺼워진다. 비가 올 모양이다. 하고자 한 다른 일들 부지런히 손발 놀려 하고는 배낭을 챙겼다. 돌아갈 길 165㎞. 수선화에 윙크하는 거 잊지 않았다. 밭 잘 지키라고 있으라고 엄한 척 말했다. 그들은 또 내게 눈웃음쳤다.

어느 봄날

수선화가 다섯 송이로 피어, 생긋 웃으면서 '철학자 나라'를 지키고 있었다. 다섯은 내가 좋아하는 숫자다. 우리 아이들 셋, 그리고 우리 둘, 이래서 그렇다.

땅을 팠다. 나 딴에는 부지런히 팠다. 야전삽 또 내 손바닥, 둘 다 욕봤다. 감자 심을 자리를 야전삽으로 팠다. 돌이 많이 나왔다. 야전삽으로 캐내기엔 무리였다. 삽이 좀 휘었다. 살아남은 어린 차나무가 기지개를 켤 준비를 하고 있다. 어린 차나무는 대부분 지난겨울을 넘기지 못했다. 씨감자, 발아하는 순을 중심으로 잘라서는 재를 묻힌다고 묻혔는데 잘 묻지 않았다. 세어 보니 스물여섯 개, 그러니까 감자 씨를 스물여섯 개 심었다. 심고 나서 도시락을 풀었다.

도라지를 심은 자리로 갔다. 그 옆은 부추밭이다. 부추라고 했지만, 전구지 혹은 '소풀'이라는 이름이 더 친숙하다. 웃자라는 부추 순을 베어내었다. 말하자면 이발시킨 셈이다. 편은 전구지 이발을 내게 과제로 부여했었다. 나중에 전구지 이발 여부를 전화로 확인했다.

캐낸 돌 및 밭에서 주운 돌로 축대를 보완했다. 그런데 별 표가 안 난다. 나 딴에는 낑낑, 했는데도 말이다.

까치가 집 위에서 사색에 잠겨 있다. 집 보고 있나? 어린 시절, 집 많이 봤다. 떼어가라 해도 떼어 갈 집도 아니고 털어갈 것도 없는 집인데 그땐 왜 꼭 집을 봐야 했는지. 나 지금 일 마치고 내 집, 우리 집에 간다. 섬진강 길 차 막혀 제때에 집에 들어갈 수나 있을 것인지.

콩 심은 데 콩 날까

파라솔을 설치했다. 컨테이너 하우스를 하나 갖다 놓을까, 농막을 지을까 아니면 그늘막을, 원두막을 세울까, 텐트를 설치할까 궁리하다가 우선 파라솔을 갖다 놓기로 했다.

파라솔

파라솔을 구하러 자갈치 시장에까지 나갔다. 집에서 먼 길이다. 이걸 들고 지하철 탄다는 것은 좀 무리라고 생각했지만, 에라 모르겠다, 탈 수 있겠지 하는 생각으로 지하철역으로 갔다. 내려가서 보니 과연 무리였다. 그래도 도로 돌아 나올 수는 없어 자갈치역에서 눈 딱 감고 탔다. 사람들이 보건 말건 벽 쪽에 붙어 서 있기로 결심을 단단히 하고 탔다. 정오 무렵이었는지라 다행히 탑승객은 적었다. 양손에 들고 오르내리는 일은 힘깨나 드는 일이었다.

그렇게 구매한 후 한 일주일 동안 차 트렁크에 싣고 다니다가 어저께 내려가 설치했다. 세우고 나니 분위기가 한결 달라진다. 고생고생해서 운반, 설치한 파라솔인지라 만들어 주는 그늘이 더욱 짙어 보였다. 오색 무늬인지 무지개 무늬인지 모르지만, 태양 빛을 받아 더욱 빛나 보였다.

저것이 바람을 타, 날아오를 것에 대한 대비책은 없다. 실제로 설치하는 중에 붕 뜨기도 했다. 시루봉 저 위까지 날아가 버리는 것은 아닌가 하는 생각도 들었지만 바람이 이내 추동력을 상실해 낙하산처럼 파라솔은 얕은 저 물에 빠지고 말았다. 내가 잡고 있을 때 뜬다면? 상상을 이내 중단했다.

누가 가져가 버린다면? 그 누구도 가져가지 않을 것이다. 믿음을 앞세웠다. 혹여 누가 가져가면 또 사서 설치하기로 하고 저 자리에 저대로, 접은 채 두고 다니기로 했다.

파라솔 아래에 앉아서 마시는 커피 맛, 좋다. 신선하다. '자리 하나는 임자 것, 다른 하나는 내 것' 하고 찍었다. 말하자면 우리 둘의 자리라는 뜻이다. 붉은색, 푸른색 의자 중 어느 것을 누구의 것으로 할 것인지는 정하지 않았다. 나팔을 놓아도 탁자 자리로서 알맞았다. 작은 나팔, 소프라노 색소폰 말이다.

파라솔 설치하고는 이내 모란도 심었다. 심은 모란 두 그루, 내 손으로 심은 모란은 두고두고 나로부터 의미를 부여받을 것이다. 모란 심을 뜰을 꿈꾼 세월이 짧지 않았다. 지난주에 심은 감자가 덮은 흙 위로 순을 밀어 올리고 있었고 감나무, 매실나무는 움을 틔우고 있었다. 2월에 심었기로 조바심하고 있던 차여서 반가움은 말할 수 없이 컸다. 더욱 기뻤던 것은 야생차 나무순이 땅을 비집고 하나씩 올라오고 있음을 발견한 점이다. 가져간 가죽나무도 구석에 심었다.

들판은 온통 초록, 초록 보리밭이었다. 바람이 상쾌했다. 들이마시고 또 마셨다. 계속 차밭 풀 뽑는 편보고 "이제 고마(그만) 집에 가자."고 제안했다. 갈 길이 멀기에 해가 있을 때 일어서야 했다. 편이 일어섰다. 그 모습은 '미적미적'이었다.

도라지 자리

파릇파릇 돋는 물가의 풀들 연두색이 여간 다정스런 모습이 아니다. 오랫동안 손질하지 않고 방치되어 있던 못인지라 바닥에 흙이 많이 쌓였다. 긁어내어야 할 바닥의 흙의 양이 아주 많다. 조금씩 긁어내어 언젠가는 원형을 복구하게 될 것이다. 일정한 양의 물이 변함없이 난다. 신기하다. 물속에는 개구리 알 여러 더미가 있다. 곧 올챙이 세상이 될 것이다.

도라지를 돌담 위의 평평한 곳에 심었다. 마음에 드는 자리다. 바닥을 평탄하게 하여 앉거나 서서 관망하는 자리로 만들고 싶은 곳이다. 의자에 앉아 악양 평야를 조망하면서 책을 읽거나 편지를 쓰거나 색소폰을 불고 싶은 자리이다. 이곳을 어떻게 가꿀 것인지는 계속 생각해봐야 한다. 우선 도라지를 심기로 한 것이다. 도라지는 여러 해 자란 것으로 진주 금호지 옆의 큰 집에서 가져왔다. 모란 또한 거기서 옮겨와 심은 것이다. 봉오리 맺은 나무를 옮겨온 것인데 다행히 봉오리가 시들지 않고 정상적으로 만개하여 꽃을 피울 것 같다. 내년엔 여러 그루를 더 옮겨 심을 예정이다.

못 가 돌담 아래 찔레 순이 자라고 있었다. 반가운 찔레다. 잘 기르고 싶은데 어떨는지 모르겠다. 차나무를 심게 되면 찔레를 이대로 둘 수는 없다. 또 다른 긴 둑에는 머구(머위)를 심었다.

2월 하순에 심은 감나무에서 잎이 피려고 한다. 너무 일찍 심은 것 같아 순이 제대로 돋게 될 것인지 알 수 없어 걱정하고 있었는데 연한 순이 얼굴을 내미니 그 반가움은 이루 말할 수 없이 크다. 여러 잎 중에서도 감나무 잎은 더욱 정감이 가는 나뭇잎이다. 호박 구덩이에서도 순이 흙을 깨고 올라온다. 아홉 개의 구덩이에서 순이 다 올라온다. 거름 준비를 하지 못해 밑거름하지 못하고 심었는데 그래도 잘 자라서 호박을 맺게 되는지 궁금하다. 감자 순도 흙의 딱딱한 표면을 뚫고 올라온다. 신기하다. 야전삽으로 흙을 파서 심은 감자인지라 관심이 더 간다. 밭 돌담 아래 구석에 심은 가죽나무에서도 순이 돋는다. 심고 나서 생각하니 너무 구석 자리에 심었다. 내년에는 옮겨 심을 예정이다.

파릇파릇 돋는 순과 밭의 풀들이 정답기만 하다. 차나무 씨앗으로 채워진 밭인지라 풀을 매지 말고 그대로 두라고 했다.

우연과 모눈종이 도트

주초였지만 시간을 낼 수가 있었다. 시간을 낼 수 있었다고는 하지만 쉽게 낸 시간은 아니다. 이리저리 조정하여 마련한 시간인지라 귀하게 쓰려고 마음먹었다. 그렇게 내려간 동매리였다.

첫날, 코피 나게 삽질했다. 땀은 수건을 적셨다. 물론 코피는 나지 않았다. 이것저것 제법 했다. 위 차밭에서는 할머니가 혼자서 찻잎을 따고 있었다. 커피 한잔 함께 마시자고 청을 드렸더니 따던 손 털면서 내려오셨다. 파라솔 아래서 마시니 커피가 더 맛있다고 했다. 부근에서 자고 내일도 온다고 했더니 자기 차밭에서 차를 좀 따 가라고 한다. 그러면서 찻잎 비비는 법을 가르쳐 주었다. 자기들은 찻잎을 덖지 않고 그냥 그늘에서 말려서는 우려 마신다고 했다. 물론 그 사이사이에 손으로 비벼야 한다는 것도 말해 주었다. 지금 따는 차, 첫물은 귀한 차임을 나도 안다. 돈으로 쳐도 젤 비싸게 자리매김 되는 차라는 것을 이곳에 출입하면서 여러 번 들었던 터다.

이튿날 할머니 차밭에서 할머니와 함께 찻잎을 땄다. 물로 나는 아니다. 괭이가 나를 기다리고 있기 때문이다. 펀이 할머니와 함께 참새 혀(세작)를 골라냈다. 말하자면 우전 차다. 우전 차, 곡우 전후에 따는 잎으로 만든 차를 우전 차, 또는 참새 혀를 닮았다 하여 세작이라고 부른다고 한다. 최상품으로 친다고 했다. 곡우를 지나 입하 경에 따는 차를 중작이라 부른다는 것도 지금 알았다. 그렇게 부른다는 걸 읽고 들은 횟수야 부지기수이지만 내가 차나무 기를 일 없고 그리 섬세히 마실 일 없어서 대충 듣고 대충 읽고 넘어갔기 때문에 알아보지 못하고 있었다. 이번엔 아예 종이에 적어 외우리라, 오래 기억하리라 다짐한다.

'우연의 음악'이라는 시가 있다. 시인 유하의 시이다. "꽃 피는 소리, 민들레의 음표들, 브라스 밴드 행렬로 나무를 타고 오르는 나팔꽃, 손가락 사이를 빠져나가는 바람의 종달새 울음. 그리고 내 수만의 몸들을 빠져나와 달려가는 영혼의 바람 소리. 그대가 받은 이 생(生)도 아주 우연한 음악."

우연과 필연의 관계를 생각해 본다. 꽃피는 소리, 나팔꽃 행렬, 민들레 음표들, 종달새 울음, 바람 소리, 生, 이 모든 것이 우연한 음악이라는데, 그렇다면 내가 이리 차밭 출입하게 되는 것도 '우연한 길'이었단 말인가. 그야말로 '우연한 발걸음'이었을까? 우연이 아니었을 거라는 생각도 든다. 그렇다고 '필연의 길', '필연의 발걸음'이라는 확신이 드는 건 더구나 아니다. 내 사전에, 내 운명의 모눈종이에 차밭이라는 도트가 이미 찍혀 있었던 것일까?

따온 귀한 찻잎을 그늘에 말리면서 비벼, 비비면서 말려, 하루 겨우 지나고 우려 마시면서 내내 이 생각을 했다. 차밭 출입이 예정되어 있었다고 말하기엔, 우연히 뗀 발걸음이고, 우연이라고 말하기엔 또 사전에 점지 된 뭔가가 있어 보이는 갸우뚱 이 생각. 차에서는 풋 잎사귀 냄새가 났다. 풋 잎사귀 이 냄새도 마셔보니 좋다.

산기슭 밭은 그야말로 노지(露地)이다. 이런 곳에 세운 파라솔은 오색의 원색 무늬 때문에 낭만 파라솔이다. 그 아래서 마시는 커피나 우리 손으로 비벼 만든 차 풋 맛은 상큼함 그 자체이고.

콩 심은 데 콩 날까

아직 감꽃 필 철은 아닌 것 같다. 꽃이 피지 않았다. 그러니 떨어진 감꽃도 없다. 어릴 땐 감꽃을 셌다. 과수원 나무들 대부분은 감나무 밤나무 풍계 나무였으니 떨어진 감꽃은 실컷 줍고 살았다. 울릉도 사람들이 기차 구경 한번 못해도 비행기 구경은 실컷 구경하고 산다는 것처럼. 김준태의 시, '감꽃' 전문이다. "어릴 적엔 떨어지는 감꽃을 셌지. 전쟁 통엔 죽은 병사들의 머리를 세고. 지금은 엄지에 침 발라 돈을 세지. 그런데 먼 훗날엔 무엇을 셀까 몰라."

윤구병의 『잡초는 없다』에서 한 구절을 또 인용해 본다. 하루는 동네 할머니에게 콩은 언제 심는지 물었다. 할머니의 답변은 교수 출신 농사꾼이 전혀 예상치 못한 것이었다. 왜냐면 그 대답은 책 속의 고정된 지식이 아니라, 살아있는 지혜여서다. 할머니는 이렇게 말했다. "으응, 올콩은 감꽃 필 때 심고, 메주콩은 감꽃이 질 때 심는 거여." 이 책은 철학교수 자리를 내던지고 전라도 변산 땅에서 3년 동안 직접 농사지으면서 겪었던 일들과 떠올랐던 생각들을 정리한 자연주의 에세이 집이다.

콩 심을 때가 언제냐고 차 씨 아저씨에게 서너 번 물어봤다. 차 씨도 아줌마도 그때마다 아직 아니라고 했다. 더울 때 심으라고 했다. 하여 콩 심을 때를 기다리고 있었다. 윤구병의 "감꽃 필 때 올콩 심고 감꽃 질 때 메주콩(늦콩) 심는다."는 말을 잊지 않고 있었던 터라, 메주콩은 늦콩이니 더 기다려야 한다고 생각하고 있었다.

그러다가 다른 시골 동네에 간 김에 그 동네 사람에게 물어봤다. 그는 "요새 날씨에 콩 심을 때가 따로 어디 있느냐고, 늦콩 올콩 심을 철이 따로 어디 있느냐."라고 말하면서, 자기네 밭엔 벌써 콩을 심었다고 했다.

차 씨앗이 심어진 사이에 밭고랑을 다듬어 드디어 나도 콩을 심었다. 심은 콩은 메주콩, 말하자면 늦콩이다. 힘을 많이 들였다. 돌 캐내는데, 캐낸 돌 옮기는데, 밭을 고르는 데 들인 힘이다. 손가락 힘도 많이 들였다. 콩 씨를 손가락으로 홈을 만들어 심었는데, 꼭꼭 찔러 만든 홈이 415개였다. 이렇게 심었다고 편에게 전화했더니 '미련 곰탱이'라고 핀잔한다. 호미 두었다 뭐 하느냐는 거다.

먼저 심은 호박 구덩이에서는 호박순이 났다. 감자 심은 데는 감자순이 났고. 내 눈으로 확인했다. 더덕 씨, 취나물 씨앗 심은 데서 순이 나는 걸 아직 확인하지 못했다. 나팔꽃, 해바라기 심은 데서도 아직 그 순이 나지 않았다. 물론 더덕 순, 취나물 순, 나팔꽃, 해바라기들이 심은 그 자리에서 날 것이다. 말하나 마나다.

그래도 콩 심은 자리는 걱정이 된다. '콩 심은 데 콩 나고 팥 심은 데 팥 난다.'는데 과연 그럴는지 의심이 간다. 콩 심은 데 콩이 안 나면 어쩌지? 나지 않는 것까지는 좋은데, 그건 미련 곰탱이처럼 손가락으로 꼭꼭 찔러 심어 그렇다고 하는 변명거리는 있는데, 만일 콩 심은 데 팥이 나면 어쩌며, 옥수수가 나면 어쩐다지? 하는 기우가 생긴다.

나의 이런 의심이 전혀 근거 없는 건 아니다. 러셀에 의하면 지금까지 아침이면 어김없이 해가 떴고 어제, 오늘 아침에도 해가 떴다고 해서 내일 반드시 해가 뜨라는 법은 없다고 한다. 사람들이 그렇게 생각하는 것은 이른바 '자연의 제일성(齊一性)' 때문이라는 것이다. 지금까지 그랬다고 해서 앞으로도 반드시 그렇게 된다는 법은 없다는 것이다.

　아마 날 것이다. 콩이 날 것이다. 콩 심은 데 콩 안 나고 팥 심은 데 팥 안 난다면 누가 콩 심고 팥 심겠는가. 그렇다면, 미쳤다고 콩 심겠는가? '미쳤다'라는 표현이 좀 심하다. 강조하려고 이렇게 지나친 표현을 써봤을 따름이다.

길고 긴 하루

오늘은 트러스 하우스를 운반해 오는 날이다. 어제까지 비가 많이 내렸기로 땅 사정을 걱정했다. 오늘 트러스 하우스 운반 일이 과연 순조롭게 진행될 수 있을는지.

편과 더불어 일찍 출발했다. 도중에 들려 받침대로 쓸 휠도 가져가야 한다. 휠은 진교 폐차장에서 개당 15,000원, 모두 6개를 샀다. 남해안 고속도로 내내 비가 조금씩 내렸다. 트러스 하우스는 삼천포 그러니까 사천시 송포동에 있는 SK 컨테이너사에 제작 의뢰했다. 240만 원. 방충망과 안팎의 잠금장치 설치를 서비스받았다. 다른 회사보다도 상품의 호감도는 높으면서 비용은 저렴한 편이었다.

악양으로 들어서니 비 내린 흔적이 없었고 면사무소를 지나 조금 갔을 때 햇살이 보였다. 이는 지난번에도 마찬가지였다. 아전인수 격 해석이긴 하지만 이는 서광으로 보였다. 축복의 땅인 것으로 여기게 해주는 햇살이었다.

오후 3시 반경에 출발하겠다고 연락이 왔다. 그 사이 편은 위의 차나무 밭에서 야생 찻잎 따는 일을 거들어 주었다. 중국산 찻잎 수입으로 가격이 폭락한 데다가 일손도 없어서 어려움을 겪고 있었다. 일손을 데려다가 따게 되면 반반으로 나눈다고 했다. 할머니는 그런 것 저런 것 따지지 말고 따가라고 했다. 그러나 편은 조금이라도 일손을 거든다는 의미에서 따 주었다. 물론 마지막 날엔 우리 마실 찻잎을 땄다.

5시경에 되어 악양에 들어섰다고 전화가 왔다. 나는 동매리 입구에 가서 기다렸다가 함께 타고 올라오기로 했다. 트러스 하우스를 실은 차가 온다. 생각했던 것보다 집이 높았고 컸다. 오는 길, 그리고 마을에서 밭까지의 사진을 45여 매 찍어서 미리 보내주었던 터라 길 사정을 다 파악하고 온 줄 알았는데, 물어보니 사진 보지 못하고 왔다고 했다. 그래서 나는 동네 가운데 전봇대 부분과 밭 바로 아래 밤나무 부분이 난코스라고 일러 주었다. 그런데 첫 번째 어려움은 동네 입구에서 기다리고 있었다. 축 처져 있는 전홧줄을 과연 통과할 수 있는지가 문제였다. 내가 내려서 지켜봤다. 조심 운전하여 아슬아슬하게 넘어섰다. 이 난제는 전혀 짐작하지 못한 난제였다.

마을 가운데 전봇대 지점에 왔다. 차를 세웠다. 넘어가기가 어려울 것 같았다. 돌아설 수도 없다. 낭패였다. 기사의 역량이 여기서 발휘되었다. 아슬아슬하게 통과하였다. 난 당황하였다. 이리 아슬아슬하게 넘어서야 할 지점이라고 짐작하지 못했기 때문이다. 차 씨 아저씨가 문제없을 것이라고, 짐을 싣고 충분히 올라올 수 있다고 말했고, 길 사진을 본 제작회사 대표도 문제없을 것 같다고 말했기 때문이다.

어쨌든 내가 제일 염려하였던 곳을 통과하였으니 한 시름 놓았다. 밭 바로 아래까지 왔다. 그런데 정작 어려움은 거기서 기다리고 있었다. 돌담 사이의 밤나무를 통과할 수 없게 된 것이다. 나무를 자르지 않으면 올라갈 수 없는 처지였는데, 설령 나무를 자른다고 해도 내린 비로 말미암아 무거운 집을 실은 대형 트럭이 밭으로 들어설 수 있을는지가 의문시되었다. 일단 나무를 좀 자르자고 마침 밭에 와서 찻잎을 따는 주인 할머니께 여쭈었더니 난색을 보였다. 낭패였다.

문득 K가 생각났다. 그분은 나에게 차밭을 판 분이다. 다행히 집에 있었다. 급하게 뛰어왔다. 트럭 기사에게 적극적인 조언을 해주었다. 우리 밭 바로 아래의 자기 밭에 트러스 하우스를 내려놓도록 허락해 주었을 뿐 아니라 트러스 하우스를 옮기는 일에도 적극적으로 참여해 주었다.

여러 가지로 생각하고 검토한 끝에 사들인 트러스 하우스다. 마을 입구에서 마을을 거쳐 밭에 이르기까지의 길을 검토하도록 제작공장에 45여 장이나 찍어 보내는데도 이런 일이 생겨 난감하였다. 전봇대 지점과 바로 밭 아래의 나무 지점이 마음에 걸리니 답사를 한번 하라고 했는데 그쪽에서는 하지 않아도 되겠다고 하였다. 결국, 고가 장비인 굴착기를 수배하여 집을 들어 올릴 수 있었다.

집을 자리에 앉혔을 때 시간은 밤 9시경이었다. 집을 운반한 트럭, 그 큰 차량도 굴착기가 겨우 들어 올려 무른 흙에 빠져 꼼짝하지 못하는 최악의 상태를 변경시킬 수 있었다. 트럭 기사, 굴착기 기사, K, 그리고 동네 사람, 연락을 받고 달려온 우리 아이들 외삼촌 부부 등 많은 사람이 모두 저녁도 쫄딱 거른 채 난제를 푸는 데 온 힘을 다했다. 세상에 고마운 사람이 한두 사람이 아니고 고마워해야 할 일이 한 두어 가지가 아니다.

'길고 긴 하루'였다. '길고 긴 하루'는 이렇게 갔다. 하루를 지나서야 오줌 색깔이 겨우 제 색으로 돌아왔다. 어젯밤을 어떻게 보냈는지 모르겠다. 전기가 들어오지 않으니 불도 없는 캄캄한 밤이었다. 이곳에 오면 전깃불 없는 밤을 보내게 계속 보내야 된다. 전기 끌어들이는 일에는 당분간 신경을 쓰지 아니할 예정이다.

농막의 첫 날

　오늘 가서 자고 오면 동매리 농막에서 보내는 사실상의 첫날 밤이 된다. 제작사에서 붙인 이름은 트러스 하우스이다. '지붕이 있는 집' 이라는 뜻이라고 했다. 이틀 전에 트러스 하우스, 즉 컨테이너 하우스를 올리느라고 난리를 치르고 난 후 이 집을 뭐라고 부를 것인지에 대한 생각에 골몰하고 있었다.

　처음엔 혼자 가서 잘 계획이었다. 동매리 움막 첫날밤을 혼자서 보낼 계획이었다. 그런데 편이 처음부터 혼자 보내기엔 불안하다고 했다. 멧돼지가 밤에 쳐내려오면 혼자서 어떻게 대적할 거냐고 반문하면서 함께 가는 것이 좋겠다고 했다. 나로서는 함께 가는 것이 백번 좋다. 노모 모시는 편을 함께 가자고 청을 못 넣을 뿐.

　최소한의 준비물을 가지고 갔다. 먼저, 이동식 화장실이다. '포타포티' 란 이름의 네덜란드에서 생산한 USA 제품인데 인터넷을 통하여 18만 5천 원에 샀다. 5,000원은 운송비다. 그리고 등산용 등이다. 메가마켓에 가서 26,000원 정도 주고 샀다. 그 옛날의 초롱처럼 생긴 것이다. 인근 마켓에 가서는 큰 손전등 한 개도 샀다. 그리고 양초도 여러 개 가지고 갔다. 고상과 성서 또 거기서 읽을 책, 야스퍼스와 하이데거를 가지고 갔다. 편은 냄비를 한 개 사고 가스레인지는 우선 쓰던 걸 가지고 가기로 했다. 그리고 침구도 싣고 갔다.

　가다가 하동 읍내 가구점에 들렀다. 4단짜리 작은 책꽂이 하나를 18,000원에 샀다. 면 소재지의 차 씨네 차밭에 들렀다. 차 씨네 집 앞 차밭은 기계화된 차밭이며 대단히 너르다. 준비해간 음료수 상자를 전해 주었다. 일손은 모자라고 차밭은 너르다. 차 씨는 만날 때마다 밝은 표정이다. 농막에 전기 끌어넣는 문제를 의논했더니 바로 알아봐 준다. 월요일쯤 여부를 알려 주겠다는 답을 듣고 내게 바로 말해 주었다.

마을 가까이 왔다. 멀리 마을 뒤의 산기슭, 우리 차나무 언덕이 보인다. 농막과 더불어 지킴이 바위도 보인다. 반가웠다. 옮기면서 예상치 못한 난제를 만나 워낙 고생한 끝에 앉힌 농막인지라 밭 언덕 풍경이 유별하다. 고생을 동반한 결실이 더 소중한 결실임을 새삼 깨닫는다.

농막, 비록 코딱지만 한 농막이지만 내게는 만족스러운 큰 집이다. 서재이고 색소폰 하우스이고 별장이고 또 은둔처이다. 가져온 짐을 부리고는 바로 점심을 먹었다. 악양 골을 내려다보면서 둘이 더불어 먹는 점심은 소풍의 점심이었다.

점심을 먹고는 바로 일을 시작했다. 나는 웅덩이 주위와 움막 주위를 손질하고는 밟고 다닐 길의 선을 그었고 편은 바로 위의 밭에서 찻잎 따는 할머니 일을 거들어 주러 올라갔다. 박 씨 영감님의 찻잎을 따는 내내 쉬지 않고 이야기하는 소리가 내 귀에까지 생생히 들렸다. 살아온 이야기를 쉬임없이 하고 있었다.

농막? 산막?

농막? 농사용이니 농막이 맞다. 하지만, 산기슭에 있으니 산막이라고 부르고 싶은 생각도 든다. 그러나 깊은 산 속에 있는 것은 아니니 그렇게 부를 수는 없겠다는 생각도 든다. 움막이라고 부를 것을 생각해 보기도 했다. 움으로 지은 막이 움막이라고 했다. 움은 땅을 파고 위를 거적 따위로 덮어서 추위나 비바람을 막게 한 곳을 말한다. 흔히, 겨울철에 화초나 채소 따위를 넣어 두는 곳이다. 맞다. 비록 땅을 파지는 않았지만, 추위나 더위나 비바람을 피하면서 감자나 고구마 등을 넣어두곤 할 생각이니 움막이라고 불러도 될 것 같다. 그래서 움막이라고 부르는 것에도 호감이 간다.

농막이라고 부르기로 했다. 이 농막은 내가 잡을 괭이와 삽과 호미의 집이고 정리할 원고의 은신처다. 이 언덕을 '차나무 언덕' 혹은 '길뫼재 언덕' 이라고 부르기로 했으니 집 이름 또한 길뫼재이다. 그러니 농막과 길뫼재를 이 집 이름으로 번갈아 쓰기로 했다. 길뫼는 지인이신 독두 선생이 지어준 내 호다. 길뫼재 언덕, 이곳에 서서 내려다보는 악양골의 길과 뫼의 조화로움에 감탄하고 하는데 이 이름을 내게 주신 분의 헤아림의 깊이에 탄복하곤 한다. 나의 이런 때를 미리 예감이라도 했던 것일까? 길과 뫼의 어울림을 언덕에 서서 하염없이 본다.

여섯 시 경에 하던 일을 멈추고 하동 읍내로 나갈 준비를 하였다. 하동 성당의 미사 시간은 일곱 시 반이었다. 조금 일찍 나가서 페인트 붓, 빗자루, 흰 고무신을 살 예정이었다. 이것들을 하동시장에서 산 후 성당으로 갔다.

미사 마치고 돌아와 캄캄한 밤에 차에서 내리니 동산에 달이 막 솟고 있었다. 안개가 너울처럼 악양 골을 덮고 있고 구름이 동산에서 반쯤 가린 가운데 뜨는 달은 경이로움이었다. 그리고 미지의 땅이 주는 두려움도 경이감에 한몫했다. 농막으로 들어가 불을 켰다. 전깃불이 아니라 촛불 그리고 야외용 전지 등이었다. 저녁 먹기엔 늦은 시각이다. 하지만, 늦게, 희미한 불빛 아래서 먹는 저녁은 집에서 밝은 불 아래서 먹는 저녁과는 맛이 영 달랐다. 아니, 맛은 같았지만 느낌이 달랐다. 소꿉놀이하는 것 같았다. 커피도 마셨다.

농막을 축복하는 기도도 바쳤다. 잠자리에 들 때는 열한 시, 불을 끄니 창밖이 훤하다. 달빛이다. 906m 고지인 칠선봉에 걸린 달은 반달보다 큰 달이다. 달은 엷은 구름을 띠로 두르고 있었다. 사람 사는 흔적인 마을 가로등 불빛이 악양골 마을들에서 간간이 흔들거린다. 들판은 안개를 너울로 덮고 있었다. 밤, 달밤을 새삼 실감했다. 그 속에 잠겼다.

뒤, 북창을 통해 보니 산이 어렴풋이 얼굴을 보여준다. 하늘과 산이 구별된다. 달빛 속의 스카이라인이다. 적요하다. 소리다. 새소리, 밤새 소리다. 소리다. 개구리 소리다. 소리다. 바람 소리다. 또 소리다. 먼 차 소리다. 그건 사람이 움직이는 소리다. 소리, 소리가 멎는다. 이건 '소리의 소리'라는 생각이 든다. 비로소 적요 속에 잠긴다. 농막의 첫날 밤은 이렇게 깊어 갔다. 한적한 적요가 우리를 삼키는 것이 아니라 우리를 품어준다는 생각이 들었다. 우리가 그 품에 안겼다는 생각이 들었다. 이런 은둔, 적요의 밤은 아련히 꾸던 꿈이기도 했다. 꿈이었어도 그것은 실현 여부가 불투명한 어렴풋한 꿈이었었다.

새벽 구름

이튿날, 당연히 일찍 잠을 깨었다. 밖으로 나오니 공기가 신선하다. 하늘을 보니 구름이 조화를 부리고 있었다. 뒷산 구름, 앞 들판 구름, 옆 산 구름 할 것 없이 멋을 부리고 있었다. 뻗은 선과 굽은 선으로 그림 그려내고 있었다. 내 보라는 그림 같았다. 환영 플래카드, 깃발 같았다. 새벽 구름의 조화가 내겐 서기(瑞氣)로 보였다. 이름과 꿈, 그리고 산막 첫날밤이 새벽 구름으로 형상화된 것이었다.

잘 잤다. 어떤 면에서는 잘 잔 잠은 아니었다. 우선 방 안 공기가 쌀쌀했다. 환풍기를 종이로 씌우지 않은 것이 그 원인의 하나였다. 외부 공기가 안으로 유입되는 것이다. 그리고 아무래도 산기슭이니 밤의 공기가 부산 집 그것과는 다를 수밖에 없다. 그리고 그날 일기예보 상으로도 밤에 기온이 많이 내려가는 날이었고 실제로도 내려갔다. 또한, 긴장감도 있었다. 그러나 전체적으로는 잘 잔 잠이었다.

밤에 우는 새 소리만이 정적을 깨트렸고 아홉 시경, 떠오르는 달, 그를 감싼 구름이 어둠을 깨트렸을 뿐 산골 농막은 온통 정적 속에 잠겨 있었다. 우리 둘도 이야기를 평소보다 더 조용조용히 했다. 저 아래의 사람 사는 동네의 불빛들을 생텍쥐페리의 『야간비행』의 시각으로 보았다. 그렇게 보였다. 물론 수직으로 내려 본 불빛은 아니었다. 명멸하는 불빛이었다. 약간 추우니, 두려우니, 요와 이불이 작으니 꽉 붙어 잘 수밖에 없었다. 더욱 붙어 잤다.

바로 위의 차 밭에서는 박 씨 영감님과 할머니가 벌써 찻잎을 따고 있었다. 세수하면서 물의 질이 좋음을 편은 새삼 감탄하고 있었다. 어젯밤에도 씻으면서 한 감탄이다. 해가 뜬다. 반가운 해다. 아침을 지어 먹고 바로 일을 시작했다. 편은 바로 찻잎 따러 가고 나는 농막 주위 정리하는 일을 시작했다.

대문 설치하는 일이 마지막 일이었다. 대문이라고 하지만 막대기 하나 가로로 걸쳐 놓는 일이다. 대문을 걸어 잠그고 돌아섰다. 흙 만지는 일이 시작도 끝도 없는 일임을, 다른 어떤 일 수행보다 덜 바쁘지 않은 일임을 모르고 있었던 건 아니지만, 새삼 실감하고 돌아온 이틀이었다.

풀 길과 대문

월요일, 연구실에 오니 책이 택배로 배달되어 있었다. 『건축, 음악처럼 듣고 미술처럼 보다』라는 책인데 부산 독서아카데미의 6월 토론 책이다.

그 사이 동매리 밭에 심은 나무와 씨앗을 정리해 본다. (1) 나무 : 대봉감나무 다섯 그루. 청 매실나무 세 그루. 석류나무 두 그루. 가죽나무 한 그루. 탱자나무 아홉 그루. 모란 두 그루. (2) 화초 : 난초, 수선화, 상사화. (3) 꽃씨 : 해바라기, 나팔꽃. (4) 채소 : 감자, 콩, 취나물, 더덕. (5) 모종 : 도라지, 취나물, 돌미나리.

그 사이 동매리 밭에서 한 일을 정리해본다. 물론 밭일이란 끝이 없다. (1) 경계측량을 하였다. (2) 못 바닥을 긁어내었고 이 작업은 계속할 것이다. 그리고 웅덩이 둑을 좀 더 낮추어 산책하기 좋은 길로 만들 예정이다. 둑 위를 정비하여 도라지 등을 심었다. 이 정비작업도 계속할 것이다. (3) 밭의 돌을 캐내었다. 다랑논을 정비한 땅인지라 묻혀 있는 돌이 많다. 앞으로 돌을 캐내는 작업이 가장 큰 일이 될 것이다. (4) 트러스 하우스라고 부르는 컨테이너를 앉혔다. 이게 제일 큰일이었다. 무식하면 용감하다고, 비가 온 뒤에, 3×6 크기의 컨테이너를 그것도 크레인이 달린 대형 트럭에 실어, 경사가 심한 마을길로 올라 오게 하는 일이, 예상치 못한 장애물 등장으로 좌절될 수 있음을, 미리 진단하노라고 했지만, 이리 어려울 줄 미처 몰랐었다. 아무튼, 여러 사람의 도움으로 올리긴 올렸다. 지금 생각해도 식은땀이 난다.

풀 길과 대문

출입로 만드는 일이 과제다. 자연스러운 길이 되도록 정비하되 차근 차근 계속할 것이다. 급한 대로 길을 만들었다. 무성히 자라는 풀을 베어 길에 까니 자연히 풀 길이 된다. 긴 풀들이 많이 있어서 풀 길이 아니라 벤 풀을 양탄자처럼 깔아 놓았기로 풀 길이다. 디디는 발의 감 촉이 좋게 느껴졌고, 맡는 코, 냄새가 더욱 향기로웠고 상큼했다. 베고 나서 막 마르기 시작하는 풀 냄새는 독특한 향이다. 풋내는 풋내인데 다른 채소 등, 다른 식물의 그것과는 또 다르다. 하루만 지나면 말라 버리겠지만 머무는 오늘 하루 동안은 내내 풀 냄새를 풍겨줄 것이다. 5월의 햇살이지만 강렬하기에 오후엔 아마 다 말라버릴 것이다.

문을 만들었다. 물론 문이라는 이름이 적절치 않다. 부러진 나뭇가지 를 하나 가로로 걸쳐 놓은 것이기 때문이다. 하지만, 그것이 상징하는 것은 문이다. 비록, 부러진 밤나무 가지를 하나 걸친 대문이지만 문 여 는 기분도 누리게 된다. 들어가는 오른쪽의 돌담 아래엔 수선화, 상사 화도 심었다.

팥 안 났다. 그런데

콩이 났다. 콩 심은 데 팥이 날까 봐 졸인 가슴 이루 다 말할 수 없다. 콩 심은 데 콩 났다. 이로 미루어 보건대 앞으로도 팥을 심은 데는 팥이 날 것이다.

그런데 이런 변이 있나! 돋아난 콩들은 하나같이 머리가 잘려나가고 없었다. 콩들이 모두 사형장 이슬로 사라졌다고 고함쳤더니 위, 밭에서 일하시던 할머니가 차 순을 따다가, "즘생(아마 까치)들이 그랬다."고 말해 준다. 짐승들이 입대는 식물이 있고 입을 대지 않는 식물이 있다고 한다.

고구마는 고라니 등의 산짐승이 입을 대는 식물이지만 감자는 입을 대지 않는 식물이라고 한다. 까치 등 날짐승이 콩에 입을 대지 못하게 하려면 심을 때 무슨 농약을 섞어서 심으면 된다고 한다. 그리고 늦게 심으면 입을 대지 않는 수가 있다고 한다. 그 말을 들은 후 편은, 좀 빨리 심어서 그런 것 같으니 다시 심자고 한다. 난 심는 재미 누렸으니 그만두자고 했다. 그 자리에 열무를 심기로 했다. 야전삽으로 다듬으면서 들인 공과 밑거름으로 뿌린 비료가 아까웠기 때문이다. 이제 막 시작하는 밭일인지라 아직 퇴비는 장만하지 못했다. 다음 주엔 열무 씨를 뿌릴 생각이다. 짐승들이 입을 대지 못하게 농약을 섞어 씨를 뿌릴 생각은 전혀 없다.

올라온 순이 다 손을 탄 것으로 봐서 까치들이 415개 모두를 따 먹은 것 같다. 미처 올라오지 못한 순은 설령 올라온다고 해도 곧바로 까치에 의해 목이 날아가고 말 것이다. 미루어 짐작해 보건대 그렇다. 마침 이번 주 강의실 주제 중의 하나는 '유추'이다.

내 손가락, 415개의 구멍을 일일이 다 판 내 손가락을 쳐다봤다. 감자 심은 자리에 감자 순이 나서, 감자 캘 꿈을 유지할 수 있는 게 그나마 다행이다. 콩 심은 데 콩이 난다는 진리를 내 눈으로 확인한 것은 더 큰 소득이다.

까치들이 서너 마리가 나와는 일정한 거리를 두고 지네들끼리 놀고 있다. 그들은 나를 불청객으로 보고 있지나 않은지 모르겠다. 나에겐 그들이 경계 대상이다. 하지만, 까치들을 쫓아내지 않기로 했다. 나보다는 그들이 먼저 이곳에서 놀고 있었고 또 머무는 시간이 더 많을 것이기 때문이다. 새를 일부러 불러들이는 사람도 있다는데 오는 새를 쫓아서야 되겠는가.

전봇대 세울 궁리

오후에 전화를 받았다. 부산 독서아카데미 회원에게서 온 전화였다. 연이어 두 번을 독서회에 불출석해 궁금해서 전화했다고 했다. 반가웠다. 둘째 주 목요일이 독서회 날인데 두 번 다 악양 동매리 갈 일 때문에 못 나갔었다. 미안했고 고마웠다.

저녁에 차 씨에게 전화하니 전기가설이 가능하다고 했다. 편의 주민등록증을 양면으로 복사한 것과 밭 지번을 보내 달라고 하여 fax로 보냈다. 55만 원을 전기가설업자에게 입금하라고 했다. 차 씨 아저씨는 차나무 언덕 밭을 소개해 주었을 뿐 아니라 동매리 일을 적극적으로 봐주고 있다. 새삼 고맙다. 그의 부인이 입원했다고 했다. 문병을 갈 생각으로 병원을 물어보니 한사코 알려주기를 거절한다. 연구실에서 편에게 전화했더니 노모께서 둘이 함께 주말에 동매리 다녀오라고 하셨다고 했다. 나 혼자 갈 참이었다.

마침 진주의 조카사위가 전선을 감았던 원탁 통을 손질하여 이번 토요일에 운반하겠다고 하는 전화를 했다. 작은 것은 농막 안에 넣어 식탁 겸 조리대로 쓸 것이고 큰 것은 밖에 두어 가든파티 테이블로 삼을 생각이다.

전기 가설 공사비를 정오경에 입금하였다. 구포시장에 가서 열무, 상치, 배추 씨앗을 샀다는 전화가 편에게서 왔다. 비료도 한 되 샀다고 했다. 콩 심었던 자리에 심을 예정이다.

야외에 설치할 테이블 덮개를 무엇을 할지 생각 중이다. 비닐을 구해 덮개로 사용할까 하고 있다. 무엇으로 덮지 않으면 금방 손상될 것 같아서다. 힘들게 구했는데 오래 사용할 수 있도록 잘 관리하고 싶다.

편이, 씨앗 상회 할머니가 "밭이 큰 모양"이라고 했다고 한다. 씨앗 값이 아주 비싸더라는 말도 했다.

통시

버스에서 내려 걸어 올라가고 있다. 트러스 하우스가 있는 우리 밭이 저기 위에 보인다. 우리 밭 아래 전망 좋은 논에 짓고 있는 집 가까이 왔다. 평촌 마을 보건지소 앞에서 내려, 논길을 이리저리 걸어서 집 짓는 곳 여기까지 온 것이다. 마을에서 보면 뒤이고 우리 밭에서 보면 아래다. 유럽식 건축법인데 한국에는 막 도입되는 공법이라고 했다. 종이로 찍은 것이라고 하던가, 흰색 큰 벽돌이지만 물에 뜨며 가볍다고 했다. 건축비도 많이 절감된다고 했다. ALC 블록을 말한다.

내가 갔을 땐 정화조를 묻고 있었다. 문득 그 옛날 통시가 생각났다. 더웠고 추웠고 냄새가 코를 찔렀고, 모기나 거미, 파리 등의 천국이었고, 외졌기로 무섭기로 말하면 결코 2등으로 뒤처질 수 없는 곳이 통시였다. 그러면서도 앉아서 볼일 보면 '통' 소리로 반응했고 서서 볼일 보면 '시'하고 맞장구 쳐주던 통시였다.

통시, 똥을 누면 아래서 '통' 하고 소리가 울리고, 오줌을 누면 또 '시~' 하는 소리로 반향 하므로 뒷간을 '통시'라고 부른다고 하는 통시! 그럴 듯한 해석이다. 물론 국어사전적 정의는 아니다.

난 통시를 다녔다. 자랄 때 우리가 뒷간을 지칭한 말은 통시였다.

그러다가 또 '변소'라는 말이 일반화되었다. 더러는 '토일렛'이라고 부르기도 했는데 나중엔 '화장실'이라는 용어로 통일되다시피 했다. 요샌 화장실이라고 부르지 변소라거나 뒷간, 통시라고 하는 사람은 없는 것 같다.

그 옛날의 통시, 무서웠고, 냄새났고, 더러웠지만 지금 생각하면 그것 또한 내 유소년을 이루는 주요 부분일 뿐 아니라 아련한 지평에 가물가물 떠오르는 풍경이기도 하다. 그 통시 옆 가죽나무도 또 그 위 타작 마당의 늙은 기양 감(고염) 나무도!

짓고 있는 집을 돌아 우리 농막에 도달했다. 배낭을 벗어 챙겨온 것들을 풀어놓고는 바로 일 시작이다. 전봇대를 언제 세워 주려나. 그게 세워지면 우리 농막에 불이 밝혀진다. 불이 밝혀지면 밤에 무엇을 할 시간이 더 늘어난다.

긴장의 밤

　4단 서가를 하나 사 싣고 간다. 가스레인지도 소형으로 샀다. 큰 것보다 오히려 값은 비쌌다고 했다. 소프라노 색소폰도 가지고 간다. 참깨, 들깨, 열무, 배추 씨앗과 비료 한 되도 가지고 간다. 하동 시장에서는 플라스틱 작은 의자 여섯 개를 샀다.

　동매리에 막 도착할 즈음 조카사위에게서 곧 출발하겠다는 전화가 왔다. 실내용 및 야외용 테이블을 싣고 오게 된다. 한국통신의 전선 감은 통이다. 진주 대곡 마을에서 큰 통을 싣고 국도로 오는지라 늦을 줄 알았는데 뜻밖에 빨리 왔다. 잘 다듬은 야외용 테이블을 설치하게 되어 기뻤다. 잘 손질하여 가지고 온 성의가 고마웠다. 준비해 간 도시락을 함께 먹었다. 우리는 곧바로 일에 착수했다.

　편은 감자밭 북을 치는 일을 시작했다. 심은 씨알 스물여섯 개가 다 살아 잘 자라고 있다. 비료는 지금 하는 것이 아니라는 씨앗 상회 주인의 말을 듣고 북만 쳤다. 편은 호미를 들고 감자 순을 하나하나 헤아리더니 다 살았다고 즐거워하였다. 나의 기쁨도 마찬가지. 지난번에 나 혼자 와서 심은 건데 심은 보람과 자라는 것을 관찰하는 기쁨이 둘 다 겹친 것이다. 그리고 편은 곧이어 콩 심었던 두둑을 손질하고는 배추, 열무, 참깨, 들깨 씨앗을 심었다. 흙을 다시 손질하느라고 땀을 많이 흘렸다. 오늘은 지금까지의 5월 중 제일 더운 날이다.

　난 돌들을 주워 옥외 테이블 아래 까는 일을 하였다. 트러스 하우스 주위를 돌로 깔 작정이다. 이 일도 땀을 많이 요구하는 일이었다. 그리고 또 나는 밭 끝의 물 빠지는 지점 손질을 하였다. 못 물의 대부분은 관을 통해서 흘러내려 가지만, 일부는 관 아래로 흘러 내려온다. 또 웅덩이 밖의 돌담 아래로도 제법 물이 흐른다. 이 물줄기의 끝부분을 돌로 덮어 두었는데 비가 많이 올 때 물이 넘친 흔적을 발견, 손질할 필요성을 느낀 것이다. 덮은 돌들을 들어내고 도랑을 더 깊이 팠다. 물이 잘 흐른다. 그런데 끝까지 다 파야 할는지의 여부는 좀 더 두고 보기로 하였다. 도랑의 둑에는 지난번에 심은 머위가 잘 자라고 있었다. 아주까리도 잘 자라고 있었으나 이상하게도 탱자나무는 살 것 같지가 않다. 아홉 그루 중 몇 그루가 살아남았는지 다음번에 확인해 볼 참이다.

은근히 긴장

오후 일곱 시가 지났는데도 어둡지 않다. 씻고는 저녁을 지어 먹었다. 농기구도 씻었다. 밖에 그냥 두기에는 좀 불안해 다 안으로 넣었다. 저녁을 먹을 때까지 커피 한 잔 마실 틈도, 사진 한 장 찍을 틈도 갖지 못했다. 흙일이라는 게 그랬다. 부지런히 해도 표가 잘 나지 않을 뿐 아니라 쉴 틈도 없었다. 농부들의 하루를 조금이나마 짐작할 수 있는 단서를 얻은 셈이다. 농막 안에서 문을 열고 악양 골 풍경을 바라보면서 먹는 저녁 맛이란. 형제봉 오른편으로 넘어가는 해를 유심히 봤다.

등불을 켰다. 촛불도 켰다. 저녁 기도를 둘이서 함께 바쳤다. 안이 점점 밝아진다. 밖이 그만큼 어두워진다는 말이다. 누웠다. 합판 한 장이 침대다. 피곤하니 잠이 금방 들 것 같다. 그때 밖에서 두런두런 사람 소리가 났다. 제법 왁자지껄하다. 사람 다닐 길이 아니고 사람 다닐 시간이 아닌데, 웬 사람? 긴장되었다. 둘이서 일어나 창밖을 봤다. 달이 없고 불이 없으니 보이지 않는다. 좀 있으니 보인다. 흐릿하게 보이는 사람 수를 세어보니 네댓 명이 내려간다. 하산객일까? 듣기로는 등산로가 아니어서 산행 인이라면 이리로 내려올 리가 없는데.

시계를 보니 아홉 시경이었다. 잠을 청하는데 또 소리가 났다. 이번엔 남자소리다. 산으로 올라가는 소리다. 술주정 같기도 하고 외국어를 하는 것 같기도 했다. 이번에는 더욱 긴장되었다. 뒷산으로 가는 것을 확인했는데 기다려도 내려오는 소리가 나지 않는 것이다. 긴장 속에 기다리다가 잠이 들었다. 깊이 든 잠도 아니지만 그렇다고 설친 잠도 아닌 그런 잠을 잤다.

한참 후에 소리가 또 난다. 내려가는 소리다. 마을 뒤편이기는 하지만 마을과는 거리가 먼 외진 곳에 무엇하러 올라왔다가 내려가는 사람들일까. 아무래도 술을 마신 사람들 같았다. 그리운 게 사람 소리지만 사람을 긴장시키는 게 또 사람 소리라는 것을 실감했다. 날이 밝으면 동네 사람에게 물어볼 생각을 했다. 이 길에 밤에도 다니는 사람이 있는지를, 저 위에 암자라도 있는지를 말이다.

새벽 청소

새벽이다. 시계를 보니 네 시 반. 그러니까 네 시경에 여명이 오기 시작했고 잠이 깨었다는 말이다. 일어나 창밖을 보니 악양골이 희멀거니 밝아온다. 조금씩. 아주 조금씩. 왼편을 보니 달이 떠 있었다. 짧은 손톱 달이 아니라 긴 손톱 달이었다. 바로 밖으로 나가 일을 하고 싶었지만, 너무 빠른 것 같아 좀 참았다.

밝아오는 새벽이 좋은 것임을 어젯밤의 그 소란을 통해 새삼 실감하게 되었다. 나는 못 들었는데 편은 들었다고 했다. 한참 후에 그들이 내려오는 듯한 소리를 말이다. 편은, 전깃불이 들어오기 전에는 혼자 와서 자지 않는 것이 좋겠다고 했다. 난 전깃불 없이 촛불을 켜고 지내는 산기슭, 외진 곳의 밤을 보내고 싶어 오겠다고 말하고 싶었지만, 그렇게 하겠다고 동의했다. 다섯 시경에 밖으로 나왔다.

빗자루를 들고 길로 나가 길을 쓸었다. 몇 년 만인지. 아침 청소를 해본 지가 몇 년 만인지. 길이 깨끗해졌다. 올 때마다, 와서 잘 때마다 새벽에 일어나 청소를 하겠다고 결심했다. 그 옛날 초중등 학교 다닐 때의 '조기 청소'가 문득 생각난다.

편이, 씻고 아침밥 먹자고 한다. 씻었다. 아침에 세수하는 일, 손 씻는 일이야 늘 하는 일이지만, 여기 와서 해 보니 새삼스럽다. 지금 이 말을 하는 것은 밖에서 물 떠다가, 하늘을 이고 바람을 맞으면서 들판을 보면서 하는 얼굴 씻음과 손 씻음의 동작이 새삼스러워서이다. 아침밥을 뜨는 해 보면서 맛있게 먹었다. 초등학생 그때 기분으로 돌아가 해 본 조기 청소, 참 오래간만에 해본 청소다. 새벽 청소라는 말이 더 맞을 것이다.

마을의 연세 지긋한 남자 한 분이 올라가면서 인사를 한다. 나 또한 반갑게 인사를 하였다. 서로 초면인지라 하던 일과 올라가던 발걸음을 멈추고 이런 저런 얘기를 잠시 나누었다. 이야기 끝에 나는 어젯밤의 그 소란 사태에 관해서 물어보았다. 마을 사람들도 잠을 설쳤다는 것이었다. 동네 뒤에, 그러니까 우리 밭 한참 아래에 민박집이 있는데 주인이 상주하지 않는 민박집에 여러 명의 젊은이가 허락 없이 들어와서 피운 소란이라는 것이었다. 조용하기 그지없는 동네인지라 조금만 소란을 피워도 시끄러운데 밤늦게까지 밖에서 술 마시면서 떠들었다는 것이었다. 이 길은 등산길이 아니므로 앞으로도 발길이 뜸할 것이라고 했다. 소란의 원인이 밝혀져서 안심되었다. 외진 이곳에 나 혼자 와서 밤을 지낼 일이 많은데 왜 그랬는지 모르고 돌아갔더라면 다음에 내려올 때 불안감은 더 컸을 것이기 때문이다.

빗자루를 놓고는 곧바로 삽과 괭이를 손에 잡았다. 밭 출입구 보수 작업을 시작했다. 지난번 트러스 하우스 설치작업 때 밭이 좀 내려앉았다. 그러니까 아직 흙이 덜 다져진 곳인지라 움푹 파인 곳이 많다는 뜻이다. 그런 곳을 메우면서 입구에 돌을 까는 작업을 하였다. 돌은 주위에 많다. 제주도 다음으로 돌이 많은 지역이 하동이라는 생각이 들 정도로 돌이 널려 있다. 이렇게 해서 입구 쪽에 최소한의 주차공간을 마련하기로 했다.

편은 밭이랑 사이의 돌들을 주워 옥외 테이블 주변에 까는 일을 하였다. 밭의 풀은 일단 그대로 두기로 하였다. 차나무에는 돌밭이 더 좋다고 한다. 그래서 밭의 돌을 그대로 둘까 말까를 망설이다가 일단 돌을 가려내기로 하였다. 차나무 순이 나기 전에 풀을 손대지 말라는 말을 여러 사람이 했다.

간간이 차나무 순을 발견한다. 하지만, 대부분은 아직 나지 않고 있다. 7월 장마 후에나 날 것이라고 했다. 차나무 순을 확인하려고 밭을 파 보았다. 심겨진 씨앗을 가려내 살펴보니 순이 돋을 듯 말듯하고 있었다. 그리고 너무 깊이 심었음이 확인되었다. 어저께 한 삽질이나 오늘 하는 돌 나르는 일 등, 둘 다 편에게 힘에 부치는 일이었다. 그래도 편은 쉬지 않고 돌들을 주워 날랐다. 난 또 맞은편의 묻혀 있는 큰 돌들을 가려내어 여름에 앉아 쉴 그늘의 쉼터를 만들었다.

책을 좀 읽고 색소폰을 연습하였다. 연습교본을 가지고 왔다. 그리고 찔레꽃 옆에서 이연실의 '찔레꽃'과 장사익의 '찔레꽃'을 불었다. 그리고 잠시 눈을 부쳤다. 오래 붙이려고 했는데 금방 눈이 떠졌다.

챙겨 출발할 때 시계를 보니 오후 3시경이었다. 하동읍내로 곧장 나가지 않고 회남재 쪽으로 올라갔다. 더 높은 반대편 지역에서 우리 차밭을 감상하기 위해서다. 형제봉에서 뜬 패러글라이더가 하늘을 오색으로 수놓고 있다. 회남재 가는 고개 중턱에서 우리 밭을 보니 농막 즉 길뫼재가 선명히 보인다. 볼수록 밭의 앉은 지점이 좋다.

오들개

고목 감나무에 순이 돋았다. 볼 때마다 죽은 나무라고 생각했던 나무다. 나무 주위를 청소할 생각이다. 미쳐 여기까지 손이 미치지 못하고 있지만, 봐주는 사람 별로 없는 곳에서 긴 세월 비바람 맞으며 살아온 고목 감나무의 연륜이 짐작되어, 요담에 오면 이 나무에 시선을 먼저 주어야겠다는 생각을 해본다.

마을의 초입, 악양 보건소 동매 지소 부근의 밭들이 누런색으로 변하고 있다. 이른바 황금색이다. 보리가 익어가고 있다는 뜻이다. 가을 들판의 황금색하고는 또 다른 분위기다. 길이 선명히 드러나 보인다. 논은 층층 계단식 논이다. 이른 바 다랑논.

못, 내 사색의 자리에 옮겨 심은 난초가 꽃을 피웠다. 두 송이 꽃을 피우고는 기다리고 있었다. 지난주에 핀 모란은 보지 못했다. 가니 다 지고 없었다. 떨어진 꽃잎이 말라붙어, 푸른 하늘 아래 누워 있었다. 빨리 핀 모란 송이는 주인의 눈길 한번 받아 보지 못하고 시들어 간 것이다. 두 그루 모란이 잘 자라고 있다.

찔레도 꽃을 피웠다. 못 가의 찔레다. 못을 뽕나무와 찔레나무가 지키고 있다. 하얀 꽃 찔레꽃이다. 일하는데 정신이 팔려서 그렇지 핀 찔레꽃 보고 해낼 상상이 많다. 그걸 붙들어 글로 만들 시간이 모자랄 따름이다.

뽕나무에 열매가 달렸다. 이번엔 뽕잎 따서 뽕잎 차 만드는 일을 포기했다. 내년엔 뽕잎 따서 뽕잎 차 만들어 마실 예정이다. 오들개가 달렸다. 오들개는 우리가 쓴 사투리다. 오디가 맞는 말이다. 뽕나무를 볼 때마다 떠오르는 영상이 있다.

유년시절, 우리 집과 먼 거리에 있는 운계 들판의 논에 갈 때 지나게 되는 작은 못 옆의 밭둑에 늘어서 있던 뽕나무들이다. 작은 못은 큰 못 다음에 있었다. 거기서 따먹은 진한 먹빛 오들개가, 그 나무가 항상 먼저 떠오른다. 그리고 오버랩 된다. 그때 뽕나무엔 쐐기가 유달리 많았다. 쐐기에 대한 두려움을 동반한 오들개의 그 단맛! 유년시절 맛의 추억, 장난의 추억, 들길의 추억은 귀한 추억이다. 돈 주고도 다시 못사는 보석 같은 추억이다.

연못가 파라솔 내 사색의 자리를 이렇게 뽕나무, 찔레나무, 모란 그리고 난초가 지키고 있다. 그 자리에 앉아서 나팔도 불고 망중한도 즐기면서 글 몇 줄 읽을 생각도 해본다.

입구, 특히 밟을 길 입구를 넓혔다. 돌담 아래를 작은 돌로 채워 차 세울 곳으로 만들 예정이다. 장마 시작되기 전에 돌을 깐 후 다질 예정이다. 최소한의 주차공간을 마련할 생각을 이번에 하게 되었다. 여러 가지를 생각한 끝에 차를 먼 곳 저 아래에 세워두기보다는 가까이 세워 두어야 한다는 판단을 하게 되었다. 그리고 대문, 대문은 꺾인 밤나무 가지를 가로질러 두는 것으로 대신하기로 했다. 대문을 걸어 놓고 돌아서는 심정은 든든하기 이를 데 없다. 빗장을 걸어 잠갔다.

다음에 오면 내려가는 길을 밤나무 아래까지 쓸어낼 예정이다. 잔돌들이 많은데 다 주워 모아서는 움막 주변에 깔 예정이다. 지금 나에게 돌의 쓰임새는 크다. 주위 돌들을 다 주워 모을 참이다. 한그루 저 밤나무가 주는 의미는 크다. 시선에서 한 자리를 차지하는 나무다.

옥외 원탁 테이블 덮개를 어떻게, 어디서 맞출까를 궁리하다가 인터넷을 뒤져, 내 연구실과 그리 멀지 않은 천막집을 찾아내었다. '경남 천막' 이라는 곳이 바로 가까이 있었는데 전화를 하니 제작해 준다고 하였다. 가니 바로 그 자리에서 제작해 준다. 45,000원이었다. 야외 파라솔을 꽂아서 세울 받침대도 제작해 주느냐고 물었더니 가능하다고 한다. 자동차 포일로 만들었는데 15,000원을 달라고 했다. 오랫동안 찾던 것을 단번에 해결해 버렸다.

양파와 신

양파와 자아

　최춘희 시인이 내게 책을 보냈다. 책 이름은 『정표』다. 유심히 살펴보니 '정신과 표현'의 준말이다. 격월간으로 나오는 문학 잡지인데 값이 비교적 비싼 책이었다. 최춘희 시인의 특집이 가운데 떡하니 크게 자리하고 있는 책이었다.

　고맙게 받았다. 시인은 내게 그의 시집, 『소리 깊은 집』, 『종이꽃』, 『늑대의 발톱』을 이미 보내 주었었다. 『소리 깊은 집』은 시인이 직접 보내준 것이 아니라 그의 지인인 이유경 사진작가가 보내주었고 이를 인연으로 나는 시인의 시집을 차례대로 받게 되었다. 받을 때마다 소중했다. 나는 받기만 하고 아직 주어보지 못했다. 그의 시는 아픈 시, '아픔'의 시였다. '정표'에서의 최 시인 시 가운데 '양파'는 내 시선을 오래 붙들었다.

　옮겨 본다. "너의 실체는 여기에 없다. 껍질 벗겨 낼수록 점점 사라지는 물증을 봐라. 속내 겹겹이 숨겨두고 눈물만 쏟게 한 매운맛을 반성한다."

양파와 신

　"신이라는 말을 제발 하지 마세요. 짜증이 나게 하고 실감도 없는 말이에요. 나에게는 실체가 없는 것이에요. 대학 시절부터 외국인 신부들이 사용하는 신이라는 말은 나와는 인연이 없어요."

"미안합니다. 그 말이 싫으시다면 다른 이름으로 바꾸어도 좋아요. 토마토라도 좋고요. 양파라도 좋아요."

"그래 당신에게 있어서 양파가 대체 뭐예요? 옛날에는 자기도 잘 모르겠다고 해놓고. 신은 존재하는가 하고 누가 당신에게 물었을 때 말이에요."

"미안합니다. 정직하게 말해서 그때는 잘 몰랐어요. 하지만, 지금은 나 나름대로는 알고 있습니다."

"하면…."

"신은 존재한다기보다 작용하고 있습니다. 양파는 사랑이 작용하는 덩어리이지요. 양파는 어떤 장소에서 버림받은 나를 어떤 순간엔가 다른 장소에서 살게 해주었습니다."

"소년 시절부터 어머니를 통해서 내가 단지 믿을 수 있었던 것은 어머니의 따스함이었습니다. 어머니와 손을 잡았을 때의 따스함, 안아 주었을 때의 따스함, 형제들과 비교하면 특히 모자랐던 나를 돌보아 주시던 따스함! 어머니는 나에게 당신이 말하는 양파 이야기를 언제나 해주셨습니다. 그때 어머니께서 양파란 이 따스함보다 한층 강한 응어리 즉, 사랑 그 자체라고 가르쳐 주셨습니다. 어머니가 돌아가셨을 때, 어머니의 따스함의 근원에 있었던 것도 양파의 한 부분이라는 느낌이 들었습니다. 그리고 결국 내가 구하려 한 것도 오직 양파의 사랑뿐으로 이런바 교회에서 말하는 많은 교리가 아닙니다."

"구라파적 사고, 구라파적 신학에 길들지 못하는 제가 혼자 외로울 때 제 곁에서 저의 고통을 속속들이 알고 있는 양파가 미소 짓고 계시는 느낌마저 듭니다. 마치 엠마오로 떠나는 제자들 곁에서 양파가 함께 걸어갔던 성서의 이야기처럼. '자, 내가 함께 있어 주지.' 하시며."

(엔도 슈사쿠 저, 이성순 역, 고려원 『깊은 강』에서 발췌.)

양파 회상

그 옛날 우리 집에선 양파 농사를 비교적 크게 지었다. 양파를 많이 만지고 살았다. 둥글둥글 양파를 까먹기도 했다. 먹다가 콧물 눈물도 흘렸다. 양파의 둥긂은 지금도 좋다. 편안하다. 직선보다는 곡선이, 각 보다는 원이 그렇다. 양파가 생각난다.

촌논 누이 분 냄새

방치된 못이었다. 긴 세월 동안 돌보는 손길 한번 받아보지 못한 못이었다. 밭을 사면 이 못은 누구 것이 되느냐고 물었다. 이 차밭을 내 앞으로 이전하게 되면 못을 내 것처럼 써도 되느냐고 물었다. 그렇다고 했다. 써도 되는 정도가 아니라 아예 가져도 된다고 했다. 이 말은 귀를 솔깃하게 한 세 번째 말이었다. 나를 끌고 들어간 말이었다. 나중에 알고 보니 가져도 되는 정도가 아니라 아예 우리 거였다.

마른 풀을 걷어냈다. 걷어내니 인물(연못의 모양)이 나온다. 반달 모양의 못은 부끄러운 듯 미소 지으면서 내게 제 얼굴을 보여 주었다. 옹달샘처럼 물로 보조개 켜고 있었다. 한겨울인데도 물은 얼지 않았다. 제법 나고 있었다. 겨울에 이 정도 물은 콸콸 나는 물이다. 땅도 분도기 모양인데 작은 못 또한 그러하다.

봄이 왔다. 풀이 난다. 물가의 풀은 더 빠르다. 파릇파릇 풀이었고 반짝반짝 물이었다. 하늘과 물은 서로 반향을 일으키고 있었다. 구름이 자기 거기 있음을 알리려 애썼다. 물에서는 구름이 보였다.

파라솔을 쳤다. 여름 파라솔을 초봄에 쳤다. 수선화를 심었다. 상사화도 심었다. 모란도 심었고 나팔꽃도 뿌렸다. 해바라기도 심었는데 금잔화는 심지 않았다.

돌담 아래, 숨죽이고 있던 찔레가 순을 피우고 있다. 죽은 듯 표정 없이 가지로만 있던 뽕나무도 잎을 매달고 있고. 찔레는 쑥쑥 자라서는 위로 오르고 뽕은 순식간에 잎으로 면적을 넓힌다.

가지를 쳤다. 찔레를 쳤다. 죽은 듯 숨죽이고 있는 뽕나무 가지를 쳤고, 팔 벌린 찔레를 쳤다. 끊었다. 끊어냈다. 끊어도 끊어내도 찔레는 길들지 않을 것인 줄 알면서 그랬다. 끊어내고 보니, 잘라 내고서 헤아리니, 너무 많이 자르고 너무 많이 끊었다는 생각이 들기도 했다. 그러나 찔레는 곧 그만큼 자랄 줄을 알고 있었다. 찔레는 늘 순을 웃자라 올린다.

며칠 후 5월, 왔던 5월도 이제 간다. 찔레꽃 지천이다. 내 물가 그곳에도 찔레는 꽃 피웠다. 찔레, 찔레꽃? "엄마 일, 가는 길의 하얀 찔레꽃"이다. 일하러 왔다. 편도 동행했다. 일을 마치고 나팔을 불었다. 크게 불었다. 이연실을 불었다. "하얀 꽃 찔레꽃, 순박하고, 별처럼 슬프고 달처럼 서러운 꽃"이라는 장사익도 불었다. 크게 악쓰면서 불어 버렸다. 일어섰다. 앉았다 일어서니, 앉아 불고 일어서니, 나팔 놓고 일어서니 향기가 운다. 찔레꽃 그 향기, 냄새는 촌논 누이 분 냄새였다.

우리 길뫼재 차밭 언덕을 다른 각도에서 조망하려고 회남재 고개 아래로 올라갔다. 회남재와 형제봉 사이에 있는 활공장에서 날아 내려온 패러 글라이더들이 눈 아래로 내려가는 모습은 노랑나비 같다. 패러 글라이더들이 하늘에 떠서 나는 걸 보니 『갈매기의 꿈』이 생각났다.
"그럼 같이 해봐요."하고 조나단이 말했다.
"땅에서 나하고 같이 날아오르는 거야. 그것부터 시작하지."
"당신은 모르시는군요. 이 날개 말입니다. 이걸 움직일 수 없어요."
"메이나드, 너는 지금 이 자리에서 진정한 너 자신으로 돌아갈 자유를 얻은 거야. 본래의 너답게 행동할 수 있는 자유를. 어떤 것도 너를 방해할 수 없어. 그것은 '위대한 갈매기'의 법칙, 실재하는 참다운 법칙이야."

"내가 날 수 있다고 말하는 겁니까?"

"너는 자유롭다고 말했어."

그 말을 듣고 나더니, 곧 유순하게 또 신속하게 커크메이나드는 힘 안 들이고 날개를 폈다. 그리고 어두운 밤하늘로 떠올랐다. 갈매기 떼는 150m 상공에서 목청껏 큰소리로 외치는 그의 목소리에 잠을 깼다.

"날 수 있다! 어이! 나는 하늘을 날 수 있다!"

"그것부터 시작하지." 내게 들려주는 말 같다. 내가 못 할 일을 저들은 하고 있고, 내가 꾸지 못하는 꿈을 저들은 꾸고 있다고 생각했다. 하늘을 나는 저들의 자유와 땅을 기는 나의 자유를 비교해 봤다. 나의 자유도 하늘을 나는 저들의 자유만큼 자유로울 수 있다는 생각이 들었다. 분 냄새 향기로운 찔레꽃이 봄이 다 가기 전에 해야 할 일이 여럿 있다. 시작해야지!

유년의 고개

논이 물로 가득 차더니, 경운기의 써레질로 평평해지더니, 여린 모가 심어져 물 위로 목을 내밀던 지난 주말엔 연두색으로 변해가고 있었다.

그 한 주일 후에는 심어진 모가 땅 냄새를 맡았는지 연두에서 초록으로 바뀌고 있었다. 거울처럼 반사하는 모가 심어진 논의 수면이 하늘과 구름을 연초록 모들 사이로 선명히 반사하고 있었다. 논의 그런 정경은 '수색(水色)의 왈츠'였다. 수색의 왈츠는 내가 잊지 못하는 노래 제목이다.

미처 옮겨지지 못한 모판의 모들도 있었다. 옮겨 심는 손길을 기다리는 모들이다. 심어진 모들은 서로 떨어졌지만 기다리는 모들은 엉켜 한 덩어리다. '망고 내 생각'이긴 하지만, 기다리는 모들의 애원이 절실해 보였다. 그 옆의 한 줌 황토에서는 괭이가 코를 박고서는, 거두어 줄 주인의 손길을 기다리고 있었다. 쓸 땐 밀착이었는데 쓴 후엔 이탈이다. 더 급한 일로 인해 미처 못 챙겼을 것이라고 짐작되긴 하지만, 그래도 저건 괭이를 소외시키는 모습이라는 생각이 든다. 사람과 사물

사이의 적절한 거리, 도 사람과 사람 사이의 적절한 거리를 생각해 보게 한다.

다음에 내려가면 거기부터 먼저 가볼 참이다. 모가 거기서 그대로 몸 붙이고 기다리고 있는지, 갈 논으로 가서 자리 잡으려고 흩어져 떠났는지. 꽹이도 소외를 벗어났는지도 눈여겨볼 참이다.

있어도 애틋하고 갔어도 섭섭할 것 같다. 기다림은 기다림대로 만남은 또 만남대로 보는 이에게 슬픔을 주는 일인 것 같다. 섬진강 들판, 모심기도 거의 끝나가는 5월이 다 간다. 논과 들판의 물빛(水色)은 싱그러움을 더해 갈 것이다. 바람은?

연두색 여린 모가 땅 냄새를 맡고 초록으로 바뀔 무렵 보리도 다 익는다. 보리밭은 온통 누런색 황칠이다. 보리가 익으면 고개, 보릿고개가 생각난다. 햇보리가 나오기 전의 배고픈 나날들도 보릿고개이지만, 팬 보리가 바람에 일렁이는 밭 사이의 고개도 보릿고개다. 보릿고개가 그립다. 유소년의 고개들을 헤아려 본다.

자실 고개

먼저 '자실 고개' 다. 집에서 초등학교에 갈 때 하동이라는 동네를 거쳐 가는 길이 있고 원동이라는 동네로 둘러서 가는 길이 있다. 첫번째 길은 주로 논길이고 두 번째 길은 달구지가 다니는 제법 넓은 길이다. 부역하는 길은 아니어도 차가 가끔 지나가기도 하는 길이었다. 주로 논길을 따라 학교를 다녔지만 가끔 이 길을 통해 집으로 오기도 했다. 자실 고갯길로 말이다.

그때 우리는 학교를 '핵교' 라고 했다. '학죠' 라고 하는 애들도 있었고.

자실 고개 아래엔 상엿집이 있어 낮에도 지나칠 때면 으스스 소름이 끼쳤다. 그래서 혼자서는 잘 넘지 않는 길이었다. 그러면서 이 고개는 우리 가족의 생명을 지켜준 고갯길이기도 하다. 육이오 때 우리 과수원이 격전지였는데, 한번은 UN군이, 또 한 번은 인민군이 진을 쳤다고 했다. 나중에 양 진영이 우리 과수원을 사이에 두고 격전을 하게 되었을 때, 동네 소개령이 내려졌는데, 외딴집인지라 그 연락을 받지 못한 상태에서 우리 집을 사이에 두고 교전이 벌어져, 울 아버지는 엉겁결에 온 식구를 데리고 자실 고개로 가서는 막 심은 모가 자라는, 거머리가 우글거리는 논에 전부 눕게 하셨다고 했다. 우리는 아버지의 지혜 때문에 모두 살 수가 있었다. 그러니 자실 고개는 우리에게 생명의 고개다. 육이오 그때 내 아래엔 젖먹이 동생이 있었다.

자실 고개는 그런 고개다. 인민군이 죽어 누워 있기도 한 고개, 앳된 얼굴의 인민군, 눈알 빠진 인민군이, 빠진 눈알 좀 밀어 넣어 달라고 지나가는 사람 붙들고 애원하기도 했다는 고개다. 애원 받은 사람은 하나같이 겁먹고 도망갔다고 했다. 그 길 좌우로는 전부 논이고 밭이었다. 이때쯤 그 밭은 보리밭, 보리 문둥이의 밭이기도 했다. 이래저래 이 고개는 두려움을 주던 고개였다. 두려움과 더불어 넘던 고개다.

드무 고개

다음은 '드무 고개'다. 읍내에 가려면 그 초입의 드무 고개를 지나야 했다. 중학교 3년은 이 고개의 세월이다. 물론 그 이전에도 철들자 안 빠지고 다닌 성당 새벽 미사 길 고개였다. 다반사로 하던 중학교 지각 길의 이 고개는 높기만 한 고개였고 새벽 미사에 혼자 가는 초등학생 나에게는 이 고개가 또한 공포의 고갯길이기도 했다. 겨울에 얼어 죽은 주검 위의 거무틱틱한 거적 위로 내린 서리가 그날따라 희게만 보이던 것도 이 고개 초입에서였다.

박하사탕, 건빵, 눈깔사탕을 담은 유리 항아리의 색이, 비록 먼지가 뿌옇게 끼었어도 그 항아리를 '끝없는 투명이 가까운 블루'로 보이게 하던 점방이, 고개 아래 푹 꺼진 곳에 코를 박고 있던 곳이 드무 고개였다. 오면서 가면서 들여다봤어도 사는 경우는 드물었다. 돈이 없으니 살수가 있겠는가. 어쩌다 산 건빵, 쥐고 또 쥐었고, 주머니 안에서 손가락 꼬무락거리면서 만지고 또 만지며 내려가던 고개였다. 헐레벌떡 가쁜 숨으로 넘던 고개이기도 했다.

말 고개

그리고 '말 고개'다. 진주 옥봉에서 장재실로 넘어갈 때 말 고개를 넘어갔다. 감이나 밤을 따던 추석 무렵의 가을에도, 산딸기 고무딸기 제철이던 유월 무렵에도 아버지는 우릴 데리고 이 고개를 넘어가셨다. 우리를 데리고 간 곳은 장재실 마을 뒤의 깊숙한 곳 할아버지, 큰이모 산소가 있는 공동묘지, 뻐꾸기 울음이 유달리 반향 하던 양지바른 공동묘지였다. 그리고 아버지 친구네 집, 지금 생각하니 아버지 친구네 집은 남인수 묘소 가는 길목의 어느 곳이라고 생각된다. 초등학교 시절 얘기다.

그때 아버지는 어디서 불렀는지 타고 넘어갈 트럭을 구해 오셨다. 직접 운전했다는 말이 아니다. 우리를 태우고 넘어갔다는 말을 하는 것이다. 하지만, 넘어올 때는 걸은 적이 있다. 말 고개는 두려움을, 무서움을 주는 고개가 아니었다. 대신 아련한 그리움을, 기다림을 주던 고개였다. 중학교에 입학한 후로는 아버지 따라 그 고개를 넘어보지 못했다. 실직하셨기 때문이다. 군복무 3년의 땀과 한이 어린 고개도 강원도 대성산 옆의 말 고개다.

고개, 내 유년의 고개들을 지금 다시 보면 고개 같은 고개는 하나도 없다. 하지만, 유년의 내게는 큰 고개들이었다. 고개는 또 머슴을 떠올린다. 머슴들은 나무도 잘하고 풀도 잘 베었다. 딸린 입들도 많았다. 자실 고개 너머로 지게 지고 나무하러 먼 산 간 일이 나에게도 여러 번 있다. 그 고개 넘던, 지게 지고 넘던 분들이 생각난다. 나뭇짐 지게 내려놓고 땀 훔치던 그분들이 생각난다. 그분들 지게 옆에 내 지게를 공군 적도(세운 적도) 몇 번 있었다.
그때 머슴 그분들 중에 '붙들이'라는 성함의 머슴도 있었다. 어느 한 집에 속한 머슴이 아니라 오라는 집에 가서 품팔이 하는 분이었다. 순한 분이었다. 꾸역꾸역 일만 하는 분이었다. 그분은 우리 집 밭일도 많이 했다. 일해 달라고 부르면 혼자 오는 것이 아니라 아주머니와 아이들을 데리고 왔다. 그러니까 일은 혼자서 하고 밥은 식구대로 먹는 것이었다. 물론 함께 온 아주머니가 일을 거들기도 했다. 그분의 자녀가 잘되었다는 말을 풍문으로 들었다.

전화를 걸었다. 보리가 익었다고, 아카시아 다 진 것 같다고, 이제 봄날은 끝장인 것 같다고 걸으면서 편에게 말했다. 동매리 마을 길의 청매실이 쪼락쪼락(주렁주렁) 달렸더냐고 편은 물었다. 보는 대로 말하겠다고 대답하면서 끊었다. 올라가면서 보니 열린 모습이 과연 '쪼락쪼락'이었다. 성냥 알이더니 어느 틈에 메추리알 크기였다.
보리밭, 연두더니, 초록이더니 이제 황금색이다. 이리 봐도 보리밭, 저리 봐도 보리밭이다. 고개가 보인다. 회남재다. 배고픈 빨치산들이 밤이면 보리 식량 구하려 넘어오고 넘어오던 고개라고 했다. 더러는 살아서 넘어가지 못하기도 했다고 차 씨 아저씨는 말했다. 참, 차 씨 아저씨도 철들면서부터 하기 시작한 머슴일 이야기를 여러 번 했다. 회남재를 보니, 익은 보리를 보니 보릿고개가 생각났고 유년의 고개들이 생각났다. 바위 고개도 생각났다.

    제작 주문했던 덮개와 파라솔 받침대를 가지고 내려왔다. 씌우니 딱 맞다. 전선 통에다 씌우니 원탁 테이블이 된다. 저 테이블 속에는 낫 등 농기구들이 들어 있다. 세로 나무토막 너덧 개를 뜯어내고는 그 안에다 농기구를 보관한다. 삽도 들어가고 괭이도 들어간다. 다만, 괭이자루는 약간 길어 조금 잘라 내었다.
    파라솔을 받침대에다 꽂아서 세우니 안정감이 있다. 5월 하순, 날씨가 더워지기 시작한다. 파라솔은 운치도 있고 그늘도 준다. 바람이 불면 날아오를 가능성이 있으므로 큰 돌을 몇 개 받침대 위에다가 얹었다.

셋, 여름

어느 틈에 성큼 숲
고목에 달린 주렁주렁 매실
닭똥과 여러 생각
그 이름 핸드 트럭
빨랫줄 깃발 상상
소분지 애씨
깐 콩 그 이름은 '본디'
밤나무와 전봇대
폭우와 왼손잡이 정체성
나의 샹그릴라
본래 자리 지금 자리
드디어 빛
울음
참깨 털어 하산

어느 틈에 성큼 숲

6월이다. 비록 며칠 상관이지만 5월과 6월은 보여주는 계절의 풍광
이 다르다. 녹음도 더 짙어지고 논의 모들이 성큼 성숙했다. 그리고
슬슬 여름의 위력을 나타내기 시작한다.

개망초들이 본격적으로 키를 높이기 시작한다. 출발 선상에서는 나
란했지만, 중간을 돌 무렵에는 앞서고 처지는 선수들이 확연히 구분
되는 백 미터 단거리 경주 혹은 수영대회장을 보는 것 같다. 풀들의
키가 확연히 구분되기 시작하는 것이다.

밭의 풀은 본격적으로 손대지 않았다. 차 씨앗이 심어져 있으니 풀
을 뽑지 말라고 여러 사람이 말했다. 비록 아직 순이 돋지 않았지만,
차나무 순이 돌아나면 순은 풀들 사이에서 경쟁하듯 자라는 성질이
있으니 풀을 그대로 두라고 했다. 씨의 발아 여부가 의심스러웠다.
지금이 벌써 6월 아닌가. 반신반의하면서도 이래저래 밭의 풀은 손대
지 못했다. 대신 구내의 길과 마당 풀은 뽑느라고 뽑았다.

오늘은 처음으로 밭의 분할 구획 정리를 시도하는 날이다. 구획정
리라고 하니 말이 좀 딱딱하다. 무슨 행정적인 일을 하는 것 같다.
하지만, 그게 아니다. 밭 사이사이에 작은 둑을 내겠다는 의미이다.
지금은 365평이 하나의 밭으로 되어 있는데 이를 작은 밭 여러 개로
나누겠다는 뜻이다.

줄자로 가로 세로를 재고는 줄을 쳤다. 그리고 삽으로 밭을 팠다.

차 씨앗이 발아하지 않으리라는 판단으로 일단 길뙤재 바로 앞부분을 파서 뒤엎기 시작한 것이다. 멀리 보리밭이 완전 황금색으로 변했다. 수확기로 접어든 보리밭 풍경이다.

감자 꽃이 피었다. 흰 꽃이니 흰 감자가 뿌리에 달릴 것이다. 지난 4월에 야전삽으로 골을 쳐서 심은 감자다. 거름이 없어서 밑거름을 하지 못하고 심은 감자다. 그리고 다른 밭에서는 감자 순이 제법 크고 난 다음에 심은 감자다. 아주 늦게 심었다는 뜻이다. 감회가 새롭다. 내 손으로 땅을 파서 심었지만, 심고 나서도 싹이나 제대로 돋을는지 자신을 못 가졌던 감자 파종이었다.

눈을 들어 덕기 마을을 바라보니 밭 여기저기서 연기가 오르고 있다. 덕기 마을 뒤는 청학이 골이고 그 위는 형제봉이다.

보리밭의 황금색은 논의 벼 황금색과는 좀 다르다. 보리밭 황금색은 약간 더 어두운 금색이다. 황금 보리 들판, 이미 보리를 벤 밭에서는 저렇게 연기가 오르는 것이다. 오르는 연기를 보니 보리밭 시절도 끝났다는 생각이 든다. 그 말은 여름이 성큼 침범해 들어왔다는 말도 된다.

전깃불 없이 혼자 자는 밤은 내가 큰 소리 뺑뺑 쳐도 긴장이 동반되는 밤이다. 물론 약간의 긴장이다. 캠핑용 전지 등과 초를 함께 켜니 실내 분위기가 환상적이다. 불을 끄고 창밖을 내다보면 천지가 고요하다. 그리고 드문드문 마을들이 평화롭게 잠들어 가고 있다.

지속해서 하는 손질 때문에 못의 모습이 나날이 달라진다. 둑의 흙을 많이 긁어 내었다. 둑이 좀 높은 것 같아 더 낮출 생각이다. 못 둑의 안쪽 부분을 더 긁어낼 참이다. 물론 바닥의 흙도 더 긁어내어야 한다. 못을 손질하는 재미도 보통 재미가 아니다. 지속해서 손질하여 자연스러운 모습을 살려낼 참이다.

호박도 늦게 심었다. 밑거름하지 않고 심어서 그런지 부실해 보인다. 하지만, 커가는 잎을 보는 것만도 즐겁다. 줄기 식물이니 곧 뻗어나가기 시작할 것이다. 그런데 아직은 발동을 걸지 않고 있다. 개망초가 슬슬 꽃 피기 시작한다.

비록 꽃은 피고 있지만, 감자밭은 빈약했다. 무성하지도 않았고 키가 크지도 않았다. 허약한 대에 매달려 있는 꽃을 보면 안쓰럽기까지하다. 비가 그리 많이 내리지 않아서 땅조차 메말라 있다.

밤나무가 숲을 이룬다. 짙다. 주위는 어느 틈에 성큼 숲이다. 밤꽃향은 성숙한 여름의 향이다. 주변은 온통 밤밭이다. 여기는 차나무밭과 밤 밭이 주로 형성되어 있다. 물론 저 아래에는 배 밭도 있고 매실 밭도 있다. 하지만, 좀 높은 이곳에는 밤 밭이 주를 이룬다. 저 위로는 소나무 숲이지만 길뫼재 바로 위는 밤 숲이라는 뜻이다.

고목에 달린 주렁주렁 매실

 오늘은 현충일이면서 지방자치단체장 선거일이다. 편은 악양면 투표소에 가서 투표해야 한다. 그래서 투표도 할 겸 밭일도 할 겸해서 일찍 내려갔다.

 밭 아래의 한 그루 밤나무 있는 곳에서 우리 밭에 이르는 길을, 지난번에 새벽 청소 겸, 운동 겸해서 쓸었더니, 오늘 올라 기분이 더 상쾌했다. 길이 깨끗했기 때문이다. 한 그루 밤나무가 주는 운치가 참 좋다.

 악양면 소재지의 투표소에서 투표했다. K는 자기 차밭 머리에 있는 매실나무에서 매실을 따가라고 부탁을 한다. 그 매실나무는 오래된 나무이며 또한 아주 큰 나무이기도 했다. 봄에 화사한 매화꽃으로 말미암아 감탄을 자아낸 바로 그 나무였다.

 K의 차밭 머리로 매실을 따러 가는 길, 계곡 다리를 건너 조금 올라가면 주렁주렁 매실이 우리를 기다리고 있다. 가다가 문득 돌아보니 지킴이 바위 뒤로 우리 농막이 하얀 집으로 앉아 있다. 여섯 평저 집은 내게 좋은 서재이고 음악실이고 별장이다. 물론 농막이지만 안온한 휴식처이다.

 6월의 더위를 푹푹 지는 더위라고 말할 수 있는지 모르겠다만, 이 날 무척 더웠다. 벌레들은 기승을 부리고 있었고 바람도 그리 많이 불지 않았다. 경사진 곳에 서 있는 나무인지라 따기가 그리 쉽지 않았다. 그래서 나무에 올라갔다. 매실을 따야 한다는 일념이 나뭇가지에 올라선다는 두려움을 압도했다. 편은 나무에 올라가 부지런히 매실을 땄다.

이전에도 우리에게 6월 6일은 매실 따러 가는 날이었다. 온천이 있는 부곡 부근으로 우리 일행은 두어 해 매실 여행을 하였다. 우리는 지금 여기서 매실을 다지만 그 일행은 지금 이 시각에 부곡에서 매실을 따고 있을 것이다. 동매리 여기로 와야 하므로 우리는 그 매실 여행에 합류하지 못한 것이다.

나무 아래에 서니 매실나무의 키가 매우 크다. 봄에 유달리 화사하던 매화나무였다. 이번엔 풍성한 매실나무로 우리를 기다리고 있는 것이다.

매실을 딸 만큼 땄다. 이번엔 바로 그 곁의 차밭에서 차 순을 땄다. '우전', '세작', '중작'을 다 딴 후인지라 차나무 잎은 무성히 자라 있었다. 하지만, 지금 따는 이 찻잎도 나중에 좋은 맛을 우리에게 선사할 것이다.

매실과 찻잎을 따서 돌아오는 길, 지킴이 바위 앞에 오니 언덕 위의 하얀 집이 우리를 기다리고 있다. 동매리 차밭 언덕의 우리 보금자리다. 하얀 집을 바라보는 바위의 뒷모습도 웅장하다. 우리 집을 지켜보고 있음이 뒷모습을 통해서도 드러난다. 6월의 숲은 짙은 녹색과 더불어 울창하다.

주위는 온통 밤나무 숲이다. 밤꽃 향이 천지를 감싸고 있다. 저기서 나는 꿈을 이룰 것이다. 소박한 꿈이다. 사색하며 일하며 책을 읽으며 연주하는 꿈이다.

하얀 집으로 올라가는 편을 지킴이 바위 옆에서 줌(zoom)으로 끌어당겨 잡았다. 매실 따고 찻잎 따느라고 땀을 많이 흘린 편은 지친 모습으로 걷고 있다. 아니면 무아지경의 걸음걸이 자태.

하얀 집 언덕에 서서 건너편 평촌 마을의 보건소 지소 쪽을 바라보니, 길 양편의 말리기 위해 펼쳐져 있는 보리들이 또 하나의 길을 이루고 있다. 시골에서 아스팔트 도로는 곡물을 말리는 좋은 장소다. 가을엔 나락을 말리고 초여름에는 이렇게 보리가 길가에 널려진다. 동매리 여기를 출입하면서 보니, 토란 줄기도 길가에 널어 말리고 있었다. 보리가 베어지고 나면 곧 물을 대어 모를 심을 준비한다. 보리가 베어진 저 자리는 잠시 저렇게 누런색을 띠고 있다. 곧 연초록으로 들판은 변해갈 것이다.

닭똥과 여러 생각

S 신부에게서 전화가 왔다. 악양 성두리의 A네 밭에 함께 가지 않겠느냐는 것이었다. 동매리의 하얀 집, 우리 농막도 구경하고 싶다고 했다.

우리 밭을 함께 구경한 다음 평촌 마을 보건소 지소 앞에서 함께 점심을 먹고 청학사 아래 이곳으로 함께 올라왔다. 이곳은 A 부부 지인의 별장이다. 노전 마을에서 청학사로 가는 길은 숲에 둘러싸여 있는 좁은 길인데, 그 길 따라와서 아래로 내려서니 뜻밖에 전망이 이리 확 트인 곳이 기다리고 있었다.

계단을 올라 잔디가 가꾸어진 마당으로 들어서니 평상 같은 바위가 도 하나의 마당이 되어 있었다. 대패로 깎아도 그리 못 깎을 만큼 평평하고 너른 바위였다. 저 자리에 있던 바위임이 틀림없는데, 그러니까 너무 커서 옮겨온 바위로는 보이지 않는 바위 평상이었다. 편이 덜렁 앉는다. 가부좌하고 앉으니 금방 도통(道通)할 사람 같다.

집은 스틸 하우스였는데 자그만 한 것이 주말에 내려와 은둔하기에는 그만인 크기였다. 계단을 장미가 지키고 있었다. 다른 꽃들도 많이 피어 집을 아름답게 호위하고 있었다. 이 집 여자 주인은 한번 내려오면 여러 날 파묻힌다고 했다.

바로 위가 청학사였다. 절 가까이에 있다는 점에서는 그리 외진 곳이 아니지만 청학사 절 자체가 외진 곳에 있다. 올라오는 길이 좁아서 차량 출입이 제한된다. 등산객들의 발길이 주말에는 이어지는 것이지만, 참 한적한 계곡에 바위들 틈에 자리한 작은 집이었다. 함께 성두리의 A네 논으로 갔다. 집을 지을 곳이고 벼를 심지 않은 채 비워두고 있었지만, 그 땅은 뚜렷한 논의 형태를 갖추고 있었다.

함께 구경하고 난 다음 헤어져 우리는 동매리 언덕 위의 하얀 집으로 왔다. 하얀 집은 우리 농막, 별장을 말한다. 이름을 무엇으로 할는지 계속 생각 중이다. 아직 전기가 들어오지 않았기 때문에 작은 아이스박스에 반찬을 넣어 들고 왔다.

편은 노란 냄비에다 바로 밥을 지었다. 밭머리에서 지어 먹는 밥이란 한 맛이 아니라 두 맛, 세 맛 더 나는 밥이다. 노란 냄비, 성장기의 우리에게 친숙한 냄비다. 냄비의 노란 색은 냄비 그 속에 아무것이 담겨 있지 않아도 풍요하게 보이게 하던 색이었다. 노란색이란 흙색에 가까운 노란색을 말한다. 흙색은 내게 참 친숙감을 주는 색이다.

풀을 뽑고 밭을 매다 보니 해지는 줄도 몰랐다. 전기 없는 밤을 보내게 된다. 호롱불을 켜지는 않았지만, 캠핑용 전지 등이 호롱불처럼 생겼으니 호롱불 초여름 밤이라고 불러도 틀린 말을 아니다. 초를 세 자루 곁들여 켠다. 실내가 제법 밝다. 호롱불, 촛불 켜고 하는 저녁 기도와 독서는 지금 우리가 즐기는 낭만이고 운치이다.

이튿날 닭똥이 왔다. 돈을 주고 산 거름이다. 한 포대 2,200원, 50 포대이니까 11만 원어치다. 비료 포대에 넣어 파는 농협 공급의 퇴비보다 더 크고 값도 몇백 원 저렴하다.

닭똥, '닭똥 같은 눈물'도 생각나고 '닭똥집'도 생각난다. 눈물, 그것도 닭똥 같은 눈물을 흘려 본 지가 언제인지, 닭똥 거름을 산 김에 헤아려보니 까마득하다. 가만있자, 크게 울어본 지가 언제이더라? 마지막으로 흘린 눈물은 또 언제? 닭똥집 먹어본 지는? 그것도 오랜 기억이다. 마시던 술 끊은 지 25년이 지났으니까 닭똥집 먹어본 지도 한 30년 된 것 같다.

닭똥, 좋은 거름이다. 저걸 무슨 작물 밑거름으로 사용하게 되는지는 미지수다. 미리 장만한 점에서는 잘한 일이지만 저 거름을 다 쓸 정도의 경작을 할 시간이 내게는 없다. 그런 점에서 보면 무리수다.

그래도 즐겁다. 마음은 부자다. 가득 채운 포대들로 한 차나 부려놨으니 부러울 게 없다. 싣고 온 사람이 명함을 준다. '영호남 닭똥 거름' 대표였다. 다 부리고서 그는 조금씩 뿌리라고 내게 당부한다. 표정이 밝은 젊은 사람이었다. 농도가 짙으니 밑거름으로 뿌릴 때 아주 조금씩 뿌리라고 거듭 말했다. 부산 생활 20년을 접고 내려와 하는 이 일이 참 바쁘고 즐겁다고 했다.

보는 나 또한 즐거웠다. 냄새도 괜찮았다. 닭똥 냄새, 남의 밭에서 나는 닭똥 냄새는 역겹더니 내 밭에서 나는 닭똥 냄새는 왜 이리 그런대로 맡을만한 냄새이냐는 생각도 들었다. 비록 향기는 아니더라도 역겹지는 않다. 편도 그렇다고 했다.

닭똥 거름 포대를 보고 있으려니 슬그머니 엉뚱한 생각이 든다. '따라 장 간다.'라는 생각이 뜻밖에 든다. 따라 장에 가봐? 하동 장에 가서 어슬렁거려봐? 그것도 거름 지게 지고? 하릴없는 사람이 볼일 없이 장에 간다는데, 할 일도 볼일도 없는 사람이 거름 지게 지고 남 따라 장에 간다는데, 지금 나 별 할 일도 없고 장에 가서 볼일도 없지만 그래도 볼일 없지 않은 척하기 위해 닭똥 거름 한 포대 지고 하동 장까지 걸어서 가봐?

그러려면 한 삼사 십 리를 걸어야 한다. 또 지게를 빌려야 한다. 진주 시내에 들러서 부산으로 가야 하니 갈 길이 바쁘다고 독촉한다. 하던 일 마무리하고, 괭이 호미 삽, 챙겨 넣고 어서 빨리 손, 발, 머리, 얼굴 씻으라고 거듭 재촉한다.

백일몽이었다. 하마터면 닭똥 거름 한 포대 지고 하동 장에 갈 뻔했다. 혼몽한 의식을 깨워준 편이 고맙다. 그래, 우리는 이래서 한 편이다. 백일몽이었는지는 몰라도 일장춘몽은 아니었다. 닭똥 거름 50포대가 내 앞에 현실로 딱 버티고 앉아 있으니 말이다.

닭똥 거름 포대 반대, 밭 끝자락 둑에서는 오동나무 세 그루 순이 쑥쑥 자라고 있었다. 벽오동인지 모르겠다. 아름드리 오동나무를 베어낸 자리라고 한다. 누가 심었던 나무인지는 내가 모른다. 무슨 의미로 심은 나무인지도 모른다. 벽오동 심은 뜻을 내 알지 못한다.

하지만, 새순 돋아남의 의미는 모르지 않을 것 같다. 그쪽이 좀 허전하기로 무슨 나무를 심을까 생각하는 중에 보게 된 나무다. 그것도 울타리 역할 족히 하게 일정한 간격으로 나는 나무다. 그 뜻을 내 알 것도 같다. 허전한 공간 울타리 되어 주려? 험한 세상 다리가 되어 주듯.

그 이름 핸드 트럭

품명을 많이 아는 것 같아도 구체적인 물품의 정확한 이름을 부르려고 생각했을 땐 몰라서 부르지 못하는 수가 대부분이다.

이번도 그랬다. 밭에서 일할 때 골라낸 무거운 돌도 운반하고, 땅 정지 작업할 때 흙도 실어 나르며 또한 거름포대를 옮기는 데 쓰기 위해 수레를 하나 살 작정을 진작부터 하고 있었다. 그런데 그 물건, 그 운반 도구의 이름을 모르겠다. 그래서 편의상 수레라 부른다.

그러던 중에 하동읍 시가지를 지날 때 저 수레를 세워둔 상점이 눈에 띄었다. 차를 바로 세워 후행, 값을 물어보니 35,000원이라고 한다. 좀 깎아 줄 수 있느냐고 했더니 현금으로 주면 2,000원 깎아 주겠다고 한다. 현금 영수증은 끊어준다고 했다. 알루미늄으로 만든 저것이 80,000원 줄 이미 알고 있었던 터라 사고 말았다. 그것도 얼른!

냅다 차에 실었다. 기계화 영농 1단계로 진입하는 순간이다. 호미, 삽, 괭이 등의 도구화 농업경영에서 진일보 나아가는 순간이다. 어쩐지 생산성이 더 오를 것만 같다. 내, 농사를 위해 파는 품이 두어 단계 금방 승급되는 것 같다. 이상처럼, 이상의 '날개'처럼, 겨드랑이에 비늘이라도 돋을 것만 같다.

하지만, 가만 생각해보니 수레 하나 사고서 기계화 영농 단계로 진일보했다는 말을 하는 것은 아무래도 허풍이라는 생각이 든다. 저걸 기계로 볼 수 없다는 생각이 든다. 도구이지 기계는 아니다.

닭똥 거름 포대 옮기는 일 시작이다. 의기양양하게, 보무도 당당하게 저걸 끌고 거름포대 더미로 갔다. 편은 뒤에서 따라오고. 아무렴 힘쓰는 일에는 남자가 앞에 서야지. 아녀자는 뒤에서 따라와야지. 남자가 앞에 서야 하고말고. 입(口)을 열 개(十) 정도는 메워 줄 힘(力)을 가져야 남(男)자라고 하지 않았던가.

저걸 턱 하니 세우고는 포대를 옮길 참이다. 들어 올리려고 포대에 손을 대니 편도 따라 댄다. "어허, 남정네가 힘 좀 쓰려고 하는데, 여인네가 감히 끼어들긴! 여기가 어디라고, 이게 무슨 일이라고, 감히 약한 여자가 끼어들려고 해. 비록 닭똥이긴 하지만 똥 아닌가. 닭똥 거름 포대 드는 일 아닌가. 어서 그 내민 손 거두어 드리지 못할까. 이 일이 어떤 일이라고 감히!" 이런 생각을 하면서 불호령을 내렸다. 불호령까지는 아니었더라도 소리는 내었다. "이거 무겁다. 내가 들어 옮길 게." 고래고래 고함은 아니어도 소리는 소리다. "그래? 두고 보자!" 라는 듯이 편은 손을 거두어들였다.

그런데 이것 봐라. 보기보다 무겁다. 저기 싣기 위해 바짝 들다가 다 못 들고 비실거린다. 내 다리가, 믿었던 내 팔이 이리 힘을 못 쓰다니…. 비실거리다가 거름포대를 무릎에 대고 말았다. 순식간에 무릎은 닭똥 칠갑! 그것도 엑기스로! 그러고는 땅에다 퍽 도로 놓고 말았다.

"거들지 않아도 되겠소? 혼자 들 수 있겠소? 나도 들까요? 같이 듭시다."라고 한다. 같이 들었다. 더불어 드니 들린다.

생각이 바뀐다. 순식간에 바뀐다. "어허, 여기가 어디라고 감히!" 하던 생각이, "조심하심이. 손에, 옷에 포대 대이지 않게 조심하심이."라는 생각으로 급속히 바뀐다.

더 큰 문제는 그다음에 기다리고 있었다. 처음엔 4포대를 포개어 운반할 예정이었는데 2포대를 싣고 운반했다. 겨우 두 포대를 실었으니 혼자 끌고 가도 될 것 같아 손대지 말라고 큰소리 또 치고서는 끌기 시작했는데 또 이것 봐라, 움직이지 않는다. 힘이 포대의 간에, 수레의 바퀴의 심장에 기별도 안 가는 모양이다. "고집부리지 마소. 내가 밀 것소." 하고 뒤에서 미니 조금 움직인다.

'끙끙' 밀고 끌었다. 땀은 '뻘뻘'이었다. 우선 발통(바퀴)이 너무 작고, 그것도 작은 것 두 개니 더 불편하고 밭의 흙이 단단하지 못하고 푸석푸석했을 뿐 아니라 노면이 고르지 못했다. 그러니 움직일 리 없었다. 두 번 왕복하고는 지쳤다. 둘 다!

때는 바야흐로 한여름이고 시간은 오후 두 시 경이었다. 머리 위 태양은 열을 불처럼 발산하고 있었다. 바람도 쉬고 있었고.

저걸 이용하여 기계화 영농으로 진입하려던 꿈은 이렇게 장애를 만나게 되었다. 물론 좌절은 아니다. 오해를 피하고자 여기서 미리 밝혀 두어야 할 것은 기계화할 생각은 전혀 없다는 점이다. 난 『월든』 저자인 소로의 기계화 영농을 거부하는 맨손 정신을 좋아한다. 그냥 말을 하다 보니 기계화라는 말이 나왔을 따름이다.

저걸로 운반할 생각을 포기하고 둘이서 손으로 들어 옮겼다. 고생? 물어보지 않는 게 좋다. 저것으로 운반하거나 손으로 옮겨 가거나 간에 다 끝냈을 때 지치기의 정도는 마찬가지였을 것이다. 헉헉했다. 둘 다 식겁 잔치했다.

일 끝내고 나서 이삼일 후까지 몸살 할 때, 그전에는 무리해도 안 아팠던 신체 부위가 왜 그리 지끈거리는지 그 이유를 추적해 보니 저 것 끈다고, 끌기 위해서는 눌러야 했는데 누른다고, 누르면서 끌기 위해 지금까지 쓰지 않던 근육을 쓰기 위해서 용을 썼기 때문에 그렇다는 것을 알게 되었다. 그렇게 추정했다.

저 수레 대신에 바퀴가 하나인 것을 사들여야겠다는 생각을 굳혔다. 바퀴가 하나인 그것, 이름을 물으니 편이 모르겠다고 한다. 나도 모른다. 모르면 찾아야지. 찾아보니 '일륜 카'라고 되어 있다. 그럼 저것은? 내가 그걸 수레라고 불렀지만, 수레는 아니다.

생각 또 생각, 생각을 거듭해도 혼자 머리로는 알아내지 못하겠다. 그렇다면 남의 머리를 빌려야 한다. 모르는 게 참 많다. 알고 있어야 할 사람의 이름도 너무 많이 모르고 인지해서 사용해야 할 품명에 대해서도 너무 무지하다. 나무 이름, 풀의 이름을 더욱 인지하겠다고 결심한 지가 언제인데 그 이후에 새로 알아낸 식물 이름도 거의 없는 실정이다.

아무튼, 수레라고 부른 저것의 이름을 나중에 찾아보니 '핸드 트럭' 혹은 '드럼 카'라고 되어 있었다. 물건 모양으로 봐서는 핸드 트럭이 더 가까운 이름이었다. 그 이름 '핸드 트럭', 비록 좀 후엔 '일륜 카'와 바꿔치기 될 이름이지만 이번에 내가 새로 알게 된 이름이다. 저 이름이 뭔지 사람들에게 물어봐서, 그들이 모른다고 하면 그들 앞에서 내 콧대 세워 뻐기게 해 줄 이름이다.

핸드 트럭과 일륜 카. 이번에 닭똥 거름포대를 계기로 알게 된 이름이다. 닭똥 거름은 우리에게 몸살을 주었지만, 아무리 남자라도 힘을 혼자 쓰기보다는 여자와 더불어 둘이 쓰면 더 큰 힘이 된다는 것을 깨우쳐 주었고 이렇게 새로운 이름도 인지시켜 주었다.

바짓가랑이를 걷고 묻은 닭똥 거름 액을 지우니, 편이 옆에서 그렇게 지워서는 백날 지우고 서 있어도 안 지워지겠다고 말하고서는 걸레를 빼앗아 자기가 지워 준다. 지워졌다. 깨끗이 지워졌다.

졌다. 이번에도 내가 지고 말았다. 나는 늘, 내가 지보다 잘하는 게 더 많은 줄 생각하고 있는데 막상 붙어보면 내가 더 자주 더 못함을 발견하게 된다. 잘난 체할 건더기가 점점 줄어들어만 감을 보게 된다.

빨랫줄 깃발 상상

이제 몸이 어느 정도 정상으로 돌아왔다. 지난 금요일에 내려가서 토요일까지 한 일의 양과 무게가 몸에 큰 무리를 주었었다.

먼저 차나무 새 순이 날 때까지 뽑지 않고 그대로 두었던 풀을 다 뽑는 일이 무리였다. 이틀 만에 다 뽑으려니 한낮 뙤약볕과 대결을 겸할 수밖에 없었다. 또한, 비 맞은 거름 포대를 말리기 위해 풀어헤치는 것도 무리였다. 분산해서 쌓기 위해 밭 끝으로 운반해 가는 일은 안 쓰던 근육들에 충격을 주었다. 35,000원 달라고 하는 운반용 수레를 32,000원 주고 산 것까지는 좋았는데 저기에 포대를 담아 끌고 미는 일은 울퉁불퉁한 밭길과 더불어 사람을 반쯤 잡는 일이었다.

수건의 자리

수레를 끄는 나나 미는 편, 둘 다 식겁을 곱으로 했다. 하지만, 둘의 차이는, 나는 연방 수건을 얼굴로 가져갔지만, 편은 수건을 찾지 않은 점이었다. 난 수건 없이는 못 살아도 편은 수건 없이도 살 사람이다. 난 땀을 많이 흘리고 그는 땀을 별로 안 흘리기 때문이다. 난 연방 물을 마시고 그는 1년 내내 거의 물을 마시지 않는다. 물론 밭일을 함께하면서 그토록 마시지 않던 물을 마시는 것을 보게 된다.

나는 수건을 자꾸 바꾸어 쓰고 편은 수건을 연방 빨았다. 수건을 다시 본다. 한 번도 다정스럽지 않은 적이 없었고 선물로 받아서 기쁘지 아니한 적이 한 번도 없는 게 수건이지만, 요새 수건의 헌신을 다시 보게 된다. 반기룡의 시, '수건'에서 말하는 것처럼, 수건은 "아무리 비틀어도 투정 한 번 부리지 않고" 또 "습관처럼 다닥다닥 붙어 있어 언제나 넉넉한 마음처럼" 보인다. 어디 그뿐인가. 수건은 "짤 테면 짜봐라, 비틀려면 비틀어봐라." 하는 자세로 당당히 버틴다. 걸린 하얀 수건 한 장으로도 방은 온통 환해진다.

수건이 널리는 자리를 좋은 곳에 배당했다. 내가 잡아준 수건의 자리다. 나 딴에는 하늘과 더 가까운 곳에, 바람이 더 시원한 곳에, 전망이 더 좋은 곳에 수건 건조대를 배치했다. 편이 처음엔 웃더니만 이제 안 웃는다. 건조대가 바닥에 있으면 저기 얹으라고 한다.

수건의 몸살을 이제야 내 좀 알겠다. 빨고서 비틀 때도 살살 비틀어야지. 수건의 너른 마음, 넓은 품 더욱 알겠다. 나도 베풀어야 할 텐데…. 탈이 났던 위장, 뭉쳤던 근육이 정상으로 돌아오니 살맛이 난다. 무리하지 말아야지. 더욱 정다운 수건이다.

빨랫줄 깃발 상상

빨래 건조대가 있으니 사람 사는 곳 같다. 상주하지 않고 머물 곳이지만 건조대가 있으니 하늘이 더 푸르게 보인다. 하늘을 배경으로 펄럭이던 빨랫줄의 깃발, 흰 깃발들의 신선한 펄럭거림이 눈에 보이는 듯하다. 빨랫줄 깃발 상상이다. 그러고 보니 뒤 시루봉 끝자락 옆의 봉우리 이름이 깃대봉이다. 그 봉우리에 올라 볼 꿈을 아직 못 꾸고 있다. 맞은편의 형제봉도 가을에나 오를 예정이다.

차나무의 심근성과 직근성

인근 밭주인 M은 자기 차밭의 군데군데 이 빠진 부분을 차나무 이식을 통해 메울 예정이라고 한다. 장마 전날 옮겨 심을 예정인데 심고 남은 나무를 줄 테니 밭에다 심으라고 한다. 옮겨 심을 나무는 약 10년생 전후의 나무라고 했다.

그 사이 공부한 내 짧은 차나무 상식으로는, 차나무의 뿌리는 잔가지가 적고 주근(主根)이 2~4m까지 깊게 뿌리를 내리는 심근성(深根性)이어서 이식이 어렵다는 것이었다. 반신반의하면서 물어봤더니, 이식법이 개발되어 옮겨 심어도 산다고 했다.

우선 가지와 뿌리를 짧게 자르고서 약 1센티 정도만 노출 시키고 꼭꼭 묻고서 단단히 밟아주라고 했다. 그리고 물을 충분히 주어야 한다는 것이었다. 장마 전날 심는 이유가 여기 있다고 했다.

가지와 뿌리를 자르고 넘겨주지만 다 자르지 못했으니 더 짧게 자르라고 하면서 차나무 뿌리와 도끼를 함께 가지고 왔다.

도끼질하면서 보니, 어디가 뿌리이고 어디가 가지인지 구분이 안 되었다. 물론 아래는 뿌리이고 위는 가지임을 모른 바 아니다. 위, 아래가 구분 안 된다는 의미이다.

차나무 뿌리는 직근성(直根性) 이라는 것을 처음으로 눈으로 확인하는 순간이다. 제대로 된 차나무는 잔가지가 위에 없고 곧게 뻗어만 있는 것이다. 아래로 깊이 직선으로 뻗어 내려가는 게 차나무 뿌리의 성질이다.

이런 이유로 차는 절개의 상징이기도 했던 모양이다. 옛 선인들은 자녀가 결혼할 때 차를 다른 예물과 더불어 주고받았고, 특히 여인들은 시집을 갈 때 반드시 차를 가지고 가서 정성스레 다려 사당에 올렸는데 이는 단순히 한 잔의 차를 올리는 행위가 아니고 차나무가 지닌 성정을 받들겠다는 결의가 담긴 것이었다고 보면 되겠다.

차나무의 늘 푸른 잎과 같이 언제나 마음을 변함없이 가질 것이며 직근성, 심근성이어서 옮겨 심으면 곧잘 죽어 버리는 차나무처럼 그 집에 뿌리를 내려 가문을 번창시키며 오래도록 지킬 것을 약조하는 의미를 내포하고 있겠다.

다 심은 후 헤아려 보니 103그루였다. 다 큰 나무로 100여 그루를 심었으니 다 살려낸다면 내년부터 내가 기른 차나무에서 잎을 딸 수가 있겠다.

M은 차나무 씨도 많이 주었다. 여름에 심는 게 좋다고 권유하기로, 다음 주중에 내려가서는 이 또한 심을 예정이다. 봄에 심은 씨앗은 다 발아했고, 지난해 여름에 심었다는, 이미 심어져 있는 씨앗은 발아 중이다. 봄에 심은 것은 다 발아하고 그 이전 여름에 심은 것은 발아가 늦다. 7월 장마가 지나봐야 완전 발아 여부를 알 수 있다고 했다. 씨앗에 따라서는 3년이 걸리는 수도 있다고 한다.

첫 수확 감자

봄에 심은 감자를 이날 수확했다. 감자 뿌리를 캤다. 감자를 먼저 캔 후 차나무 뿌리를 심었다. 아주 늦게 심은 26개 감자 씨 중 25개가 살아, 감자를 결실로 보았다. 다 캔 후 담아 보니 딸기 담는 그릇 두 개 분량이었다. 되었다. 늦게 심은 데 비해서는 너무 빨리 캤다. 꽃이 진 후 한 2주일 후에 캐는 거라고 했는데 꽃도 다 지기 전에 캔 것이다. 장마 전에 캔다고 그랬다. 캔 감자를 그 자리에서 삶아, 여러 사람과 나누어 먹었다. 파라솔 그늘에서, 빨랫줄 깃발을 상상하면서 먹는 첫 수확 삶은 감자의 파삭한 식감이란….

6월 23일 금요일, 이렇게 차나무 심고 감자 삶아 먹은 후 심은 차나무 옆에서 하룻밤을 둘이서 보내고는, 그다음 날 산청 어느 골짜기로 갔다. 거기서 또 여럿과 밤을 한 번 더 지내고서 집으로 돌아왔다. 이틀을 밖에서 자고 들어서는 집은 더욱 반가운 공간이었다. 산청 골짜기에서는 오래간만에 낙숫물 소리를 들었고 낙숫물 떨어지는 처마 아래서 지인들과 긴 시간 담소했다.

소분지 애씨

버스에서 내려 배낭을 메고 터벅터벅 걷는다. 걸으면서 여기저기 살필 참이다. 악양 천의 물은 동매교 아래로 변함없이 흐른다. 제법 힘차게. 다리 아래에 넓게 깔린 반석도 여전히 희다.,

그냥

길뫼재 오르는 길 논둑, 삘기가 꽃으로 솟았다. 바람과 수작한다. 학이다. 저만큼 먼 곳, 누구의 무덤인가, 무덤 하나가 있다. 거기서 삘기는 흰 손수건이다.

둘남이가 보고 싶다. 그냥. 섧다. 삘기를 우리는 삐삐라 부르면서 뽑아, 까먹었다.

나팔처럼 생긴 꽃

나팔꽃, 성주의 흑심 때문에 갇힌 아내가 보고 싶어 결국 미쳐버린

화공이 온 힘을 다해 그린 그림이란다. 화공은 그 그림을 가지고 부인이 갇혀 있는 성으로 달려갔다고 한다. 미쳐, 미친 듯이 달려간 그는 그 그림을 성 밑에 파묻고 아내가 갇힌, 높은 성벽만 바라보다가 그 자리에 쓰러져 죽고 말았단다.

갇힌 아내가 꿈을 꾸었다. 꿈속에서 미친 화공 남편은 "꿈속에서나 당신을 만날 수 있는데, 매번 찾아오면 아침이 되어 당신은 잠에서 깨어 있다. 그래서 아무리 올라가도 다 오르기 전에 당신의 잠이 깨어 늘 못 만난다."라고 말했단다.

아내가 아침, 부인은 창문 밖으로 고개를 내밀고 둘러보았다. 성벽을 타고 나팔처럼 생긴 꽃이 올라오고 있었다. 아내가 그리워, 미쳐 죽은 남편이 꽃이 되어 아내를 찾아 올라오고 있었던 것. 그렇다면 나팔꽃은 눈물 속에 피는 꽃.

인터넷 공간에서 주워 읽은 이야기이다. 동매리의 내 길뫼재로 올라가는 길의 혼자 사는 할머니의 담을 나팔꽃이 덮고 있다. 혼자 사는 할머니 집이 연이어 세 채나 더 있다. 나팔꽃의 영어 이름은 morning glory였다.

소분지 애씨

부산 서부 버스터미널에서 7시에 출발하면 2시간 후인 9시경에 하동 합동 주차장에 닿는다. 여기서 30분을 기다리면 악양 동매 마을로 들어가는 완행버스를 타게 된다. 이 버스의 종착지는 천수장인데 버스가 천수장까지는 가지 않는 것 같았다. 종점이라고 내린 곳이 평촌이었기 때문이다.

버스를 몇 번 타다 보니 핸들 잡는 기사들의 얼굴을 대개 익히게 되었다. 지금까지 타는 동안 핸들 잡는 분의 얼굴이 네 번 바뀐 것 같다. 맨 처음 익힌 얼굴은 연세가 높은 분으로 머리를 새까맣게 염색했고 알이 크고 두꺼운 안경을 썼으며 표정이 굳어 있는 분이다. 두 번째 얼굴은 역시 연세가 높은 분인데 무표정할 뿐 아니라 묻는 말에 최소한의 대답도 하지 않는 분이었다. 그리고 다른 두 명은 젊은 기사다.

동매 마을 행 완행버스를 처음 탄 날이다. 두꺼운 안경의 표정이 굳은 첫 번째 기사는 내리는 승객들의 연세 높음을 덜 고려하는 듯했다. 내리는 사람이 대부분이었고 도중에 타는 사람은 별로 없었다. 첫차 타고 하동 아침 장에 농산물을 팔거나 넘기고 가는 고령의 할머니가 대부분이었다. '좀 더 천천히 세웠으면', '좀 더 천천히 출발했으면' 하는 조바심이 매번 일었다. 하지만, 그분이 난폭 운전한다는 의미는 아니다.

하동에서 출발한 버스가 악양면사무소 소재지를 지날 땐 거의 텅텅 빈다. 처음 버스를 탔을 때 나 혼자 남았다. 뒷자리에 있던 나는 앞으로 가, 기사에게 말을 걸었다. 운전석 위에 달린 백미러로 나를 흘낏 보더니 술술 말을 풀어낸다. 그분 이야기 듣다가 동매 마을을 지나 종점인 중기마을까지 가게 되었다. 거기서 내려 배낭을 들쳐 메고는 차나무 언덕까지 걸어내려 왔다. 제법 먼 길이었다. 운전기사의 이야기 덕분에 종점까지 가, 악양천이 발원하는 샘도 보게 되었다. 샘이라기보다는 너른 웅덩이였다.

면 소재지를 지나 종점에 도착하는 약 15분 동안 그분이 털어놓는 이야기는 정치에 대한 불만, 섬진강 이용과 관련한 ○○단체 처사의 못마땅함 등이었다. 막무가내식의 불만을 털어놓았다기보다는 나름의 관점에서 하는 불만들이었다.

5시 반, 하동읍으로 나가는 버스를 타니 아침의 그 기사다. 하동읍까지 오는 내내 승객은 나 혼자뿐이었다. 그분은 아침에 그가 한 이야기를 연이어 했다. 말하자면 아침 이야기의 후속편이었다. 집중적으로 한 그의 이야기는, 생산시설이 거의 없는 하동군의 실정에 비추어볼 때 섬진강 모래를 채취하지 못하게 하는 그 단체들의 처사는 발전을 가로막는 장애 요인이라는 것이다. 환경도 좋고 백사장도 좋지만, 모래나 골재 팔아 하동도 좀 수입을 올려야 하지 않느냐 하는 거였다. 모래는 금방 또 쌓이는 거니 적절히 채취하면 섬진강 자연환경을 하나도 손상 안 시킬 수 있다는 거였다. 하동 쪽으로 싸인 백사장은 하동군이 관리하고 반대편의 모래는 광양시가 관리한다고 했다. 그러면서 하동군 쪽의 모래는 광양시 쪽의 모래에 비하면 그 양이 '소문지 애씨'라고 했다.

소문지 애씨? 귀가 번쩍 뜨였다. 맞다. 저 말, 자라면서 많이도 듣고 또 많이도 썼던 표현이다. 듣고 나서 헤아려 보니 잊고 지낸 세월이 아주 길다. 무슨 뜻일까? 뉘앙스로는 짐작하겠는데, 정확한 의미나 어원은 모르겠다. 짐작건대 '…에 비하면 턱도 아니다,' '어림없다,' '… 근처에도 못 간다.'라는 의미일 것 같다. 말에 대한 반가움이 그리 클 수가 없었다.

하동을 출입하면서 보니 독특한 사투리가 많아, 잊은 사투리를 들을 기회가 많아 완행버스를 탈 땐 수첩과 볼펜을 퍼뜩 꺼낼 태세가 되어 있는데, 이때에도 잽싸게 꺼내 빨리 적었다. 그 기사에게서 들은 말을 적은 것은 이날 두 마디였다. 그 하나가 '소분지 애씨'이고 다른 하나는 '간이 들어서'라는 표현이었다.

'간이 들다.'라는 표현과 '소문지 애씨'의 두 번째 사용은 부정적 용법이었다. 그가 보는, 이 나라 ○○단체의 바람직하지 못한 행태를 비

꼬면서 쓴 표현이다. '이것들이 간이 들어서' 라고 했는데 이 말의 의미는 '이 사람들이 돈맛을 봐서' 라는 뉘앙스의 말이었던 것 같다. 이 'ㅇㅇ단체의 부정에 비하면 저 ㅇㅇ단체의 부정은 소문지 애씨' 라고 말하기도 했다.

이야기를 듣는 중에 하동읍에 도착했다. 시계를 봤다. 25분이나 걸렸다. 하지만, 동매리에서 하동읍까지의 완행버스 25분은 하동에서 부산까지의 2시간에 비하면 소분지 애씨라고 생각했다.

깐 콩 그 이름은 '본디'

구름이 부리는 조화인지 산이 부리는 조화인지 모르겠다만, 저 조화의 경이로움을, 내가 먹은 감동을 어떻게 표현해야 할는지 모르겠다. 둘이 앉아서 콩을 깐 밤 10시까지는 빗소리가 들리지 않았다.

3일, 월요일에 내려와 낮에는 핀 호박꽃 살피고, 참깨 들깨 옮겨 심고, 밭도랑치고 농막 둘레의 물도랑 쳤다. 밤에 마주 앉아 둘이 묵주신공 드리고 나서 밤 10시까지 콩을 깠다. 한 두어 개 까본 적은 있어도 10kg을 앞에 놓고 까보기는 내 평생 처음이다.

악양골 농막으로 가는 길에 아이들 외가에 들려 10kg의 콩을 사서는 싣고서 갔다. 그냥 가져가라는 걸 편은, 애써 지은 농산물을 그냥 가져올 수는 없다면서 값을 치렀다. 쳐주었다고 해도 그 값은 부산서 사는 값에다 비하면 값도 아니었다. 그저 값 비슷한 값이었다.

강낭콩, 고등학교 국어 시간에 "강낭콩보다 더 푸른…." 하는 시를 암기하는 공부할 때 그 이름이 강낭콩인 줄 알았지, 우리네 어머니들 입에서 그 이름은 '본디'였기로 그때까지 그 콩이 강낭콩인 줄 몰랐다. 우린 강낭콩을 '본디'라 부르면서 자란 것이다. 강낭콩은 '진주 남강 푸른 물'의 강낭콩이기도 했다.

그런데 지난겨울, 이곳 악양 차 씨네 내외는 농작물 이야기하는 중에, 이 콩을 '두불(벌)콩'이라고 말했다. 강낭콩을 두벌 콩이라고 부른다는 것을 난 또 이때 처음 알았다. 편은, 자기 동네에서는 '유월 본디'라 부른다고 했다. '본디', 이 또한 처음 듣는 강낭콩의 다른 이름.

촛불 3개와 캠프 등이 연출하는 조명 아래서 머리 맞대고 까는 두벌콩의 밤은 너울이 한 겹 두 겹 쌓여만 간다. 정적을 깨고 편이, 아는 노래 불러달라고 말한다. 그것도 이어서. 하여, 내 팔자라는 사전 어느 페이지에 '노래 부르면서 촛불 조명 아래의 콩 까는 그림'이 그려져 있었는지는 모르지만, 아무튼 나는 노래 몇 개를 이어 불렀다. 그러면서 콩을 깠다. 칭찬 들으려고 죽을 둥 살 둥 모르고 깠다. '숨어 우는 바람 소리'와 '애심'을 부를 때는 편도 따라 불렀다. 노래 '애심'은 편에게 나를 이어준 인연 줄의 하나이기도 하다. 그렇게 10시가 되었을 때 10kg의 콩은 껍질이 다 벗겨졌다. 다 깠을 때 편은 칭찬했다. 잘 깠단다. 불량 콩알을 제치는 지혜를 발휘하지 못한 점 말고는 말이다.

새벽 네 시 경부터 폭우가 쏟아지기 시작했다. 그렇게 내리기 시작한 비는 4일 화요일, 밤 9시 반경에 부산 집에 도착할 때까지 쉼 없이 내렸다. 새벽 4시 반경부터 밖으로 나와, 거의 하루 내내 청학이 골 저 곳의 운무에 도취하여 있었다. 앞 계곡, 악양천 위에서는 어김없이 학이 날고 있었다. 운무를 배경으로 한 우중의 학 날갯짓은 근심 걱정, 세상 먼지를 다 날려 보내는 망중한의 부채질이었다.

잠시 잠시를 제외하고는 거의 온종일, 나는 오른편의 청학이 골에서 피어오르는 구름에 정신 팔며 보냈다. 김승옥이 무진 기행에서 묘사하는 '적군처럼 밀려오는 안개군단'이라는 표현을 비로소 두 눈으로 실감하기도 했다. 구름산을 새벽부터 어두워질 때까지 이처럼 쳐다보면서 보낸 경험은 처음 하는 경험이다.

지리산의 이상향이라는 청학골(동) 이름을 왜 이곳이 가졌는지 알 것만 같다. 도인촌의 청학동은 나중, 70년대에 형성된 마을이라는 것을 글로써 확인하게 된 건 내가 이곳과 인연을 맺은 후였다. 이곳은 처음부터 '청학(이)골'이라는 이름을 가지고 있었고 또 청학사라는 이름의 절도 가진 곳이다. 저 구름 산골의 청학사 절 소리는 은은히 들었어도 정작 그곳에 가보진 못했는데 다음에 악양 가면 열 일 제치고 저 골의 청학사부터 다녀올 참이다.

　부산 집으로 돌아와서는, 강낭콩을 본디라고 부르게 된 사투리 연유를 찾았는데 이 시각까지 못 찾고 있다. 아침밥과 싸준 도시락밥에는 동매리 농막에서 밤늦도록 지랑 내랑 함께 깐 본디가 쌀인 듯 들어 있었다.

밤나무와 전봇대

40여 년 만에 초등학교 동창생들과 연락이 닿았다. 5년 전의 일이다. 난 모임에 통 나가지 않았다. 뚜렷한 이유가 있는 건 아니었다. 이리저리 살다 보니 초등학교 모임에는 한 번도 아니 나갔고 중학교 동창의 부산 모임에는 서너 번 나갔으나 고등학교 모임에도 나간 적이 없다. 이는 평소 계 모임 같은 것도 가져본 적이 없는 등, 구속력 있는 조직적 모임 같은 것에의 근거리 접근을 불편해하는 내 생리적 성향과 무관하지 않다.

그해 8월, 연락이 왔다. 도대체 어디서 살았기에 소재지를 그리 알수가 없었느냐고, 초등학교 동기 중에서 마지막까지 소재지가 파악 안된 서너 명 가운데 한 명이 바로 너라고 전화를 해준 친구는 흥분해서 말했다. 추궁의 흥분이라기보다는 반가움의 흥분인 것 같았다.

그렇게 해서 나는 그들을 만났다. 진주 초입인 개양에서 문산역으로 가는 길가의 음식점이었다. 나도 그들을 잘 못 알아보고 그들도 나를 잘 못 알아봤다. 다 변했지만, 그들은 지속해서 만나는 사이인지라 변화에 익숙해 있었고 나는 처음 대면인 데다가 머리카락 색까지 희어 있었으니 서로 못 알아보는 건 당연한 일이었다.

　서먹한 순간은 잠시, 금방 서로 알아보게 되었다. 코 흘리던 얼굴, 남의 주우가랭이(바짓가랑이) 잘 끄집어 내리던 손, 고무줄 자르고 잽싸게 도망가던 뒷모습 등이 하나하나 살아났다. 특히 여자 동기생 중에는 나이가 나보다 3살 그 이상 많은 이가 있다는 것을 이때 알았다. 참고로, 그때 우리는 바지를 '즈봉' 혹은 '쓰봉'이라고 불렀다. 지금 찾아보니 즈봉은 양복바지를 뜻하는 프랑스 말(jupon)인데, 이게 어린 시절의 우리 언어 속으로 어떻게 들어왔는지 모르겠다. 구태여 말하자면 '즈봉가랑이'라고 해야 맞는데, 이게 또 '주우가랭이'로 변한 것이다. 프랑스어의 서부 경남 사투리 화라고 할 수 있을는지.

　음식을 들면서 빠진 길은 유소년의 길이었다. 배고팠고 추웠던 일을 너 나 할 것 없이 신나게 이야기했다. 유소년시절로 곧바로 돌아갔다. 초등학교 시절은 그리움 그 자체라는 걸 그때 깨달았다. 그들을 통해 나는 잊고 있던 유소년시절 이야기를 많이 들을 수 있었다. 어찌하다 보니 나에겐 과거의 사진기록이 별로 없다. 고교 이전 시절의 것은 졸업 앨범조차 분실했다. 우리 집 밤나무, 감나무, 풍계 나무 이야기를 그들을 통해 들으니 눈물겹게 기쁘기도 했다.

　밤꽃이 지고 어린 밤송이들이 생겨날 때면 숲은 최고로 무성해져 그늘을 만드는데 그 그늘에서 놀던 이야기며, 여름 풀냄새 이야기며, 놀다가는 채 여물지도 않은 어린 밤송이를 몰래 털어서 줄행랑을 친 이야기며 그들은 우리 집 과수원을 배경으로 한 이야기를 내게 많이 들려주었다. 내가 모르던 밤 서리, 감 서리도 많았다는 것을 이때 알았다. 우리 산(과수원)에 얽힌 유년 시절의 추억이, 비록 나만큼은 아니지만 가까운 동네였던 그들에게도 얽혀 있음을 이때 보았다. 나의 것으로 생각하는 것이 결코 전적으로 나만의 것일 수 없음을 이때 배웠다.

밤이 귀하던 시절에 반질반질 윤이 나는 작 익은 밤은 누구나 줍고 싶은 것이었다. 그러나 나는 지켜야 했다. 공격수가 아니라 수비수의 위치가 그때 내 입장이었다. 밤이 익을 때면 몰려오는 너희의 침입을 막으려고 보초 서던 얘기며, 지키느라 지켰지만 너희의 틈입(闖入)을 막지 못하여 아버지 앞에서 벌섰던 얘기들 하며, 과수원집 아이로서의 겪었던 애환을 나는 그때 그들 앞에서 신나게 했다. 그리고 우리는 웃었다. 모처럼 나누는 정담이었다. 그들의 유소년시절 추억 마당에 우리 집 나무들이 함께 서 있다는 사실에 나의 가슴은 뿌듯해지기도 했다.

떨어진 알밤을 졸린 눈 비비며 새벽이슬을 밟고 달려가 주워 본 적이 있는가? 젖은 알밤을 줍는 감촉을 회상해 낼 수 있는가? 젖게 한 것은 이슬, 새벽이슬이다. 세상의 어떤 보물이 그때 그보다 더 소중했을까. 그런 기억이 있다면 그때는 알밤이 보석이더라는 것에 동의할 수 있겠다.

그때로 다시 돌아가고 싶다고 했다. 돌아가, 자기들의 나무에 오르고 싶다고 했다. 나도 그렇게 말하면서 맞장구쳤다. 일어나면서 아이들은 다시 오르고 싶다고들 했다. 그 그늘에서 다시 놀아보고 싶다고들 했다. 돌아와 회상에 빠져 며칠을 보냈다.

나의 유소년 시절 나무는 밤나무, 감나무다. 감나무, 또 '기양 감'이라고 불렀던 과수원 속 타작 마당의 늙은 감나무는 내 마음의 지주, 내 마음의 쉼터다. '기양 감'은 고욤나무 열매를 말하는 사투리다. 지역에 따라서는 '기앙 감'으로 불리기도 한다. 기양 감, 이 말을 알아들을 사람이 지금 몇이나 될까?

살다가 고독하면, 피곤하면 나는 그 나무 그늘로 간다. 못생긴 감(고욤)을 익기도 전에 거의 떨어트리다시피 하던 나무, 그 나무가 이리도 그리울 줄을 예전엔 미처 몰랐었다. 또 한 그루의 나무, 밤나무는 탱자나무 울타리 옆에 있었다. 나무 아래에는 평행봉이 있었고, 덕석이 여름 가을엔 펼쳐져 있었다.

우리 밭 바로 아래 올라오는 길에 유독 한그루 밤나무가 있다. 처음 그곳에 갔을 때는 나의 눈을 크게 뜨도록 만든 나무다. 그곳과 지속적 인연 맺기로 하게 한데는 이 나무의 역할도 있었다. 선연(善緣)이라고 생각했다. 그 나무는 나를 유소년의 밤나무 그 그늘로 인도하는 나무이기도 했다. 동네에서 좀 떨어진 곳에도 또한 한그루의 감나무를 볼 때도 내 머리에서는 섬광이 번쩍 스치고 지나갔다. 그 나무 또한 나를 유소년의 감나무에 오르게 하는 나무였던 것이다. 기양 감나무 이야기는 다음에 다시 하기로 하자.

어제, 태풍 에위니아의 뒤끝이 걱정스러워 동매리 우리 밭에 갔다. 버스가 동매리 마을 직전의 언덕에 언덕길에 오르면 농막이 뚜렷이 보인다. 농막은 그대로의 모습을 내게 보여주고 있었다. 일단 안도, 에위니아가 농막을 뒤엎지 않았네!

그런데 안 보이던, 그전에 없던 사물이 눈에 들어왔다. 전봇대였다. 신청한 전기, 전봇대가 내 모르는 사이에 거기 자리를 잡은 것이다. 밤나무 곁에 나란히 서 있는 전봇대는 시야를 불편하게 하는 사물이 아니었다. 밤나무와 전봇대는 나에게 이리저리 유소년의 길을 더듬게 하는 그리움의 표상이었다. 전봇대, 그 시절의 나무 전봇대 애자를 향해 돌멩이 던지던 이야기를 따로 할 기회가 있을 거라는 짐작을 하면서 버스에서 내렸다. 그리고 급히 걸었다.

폭우와 왼손잡이 정체성

둘째가 받은 식수

쎄울에서 직장에 다니고 있는 둘째가 어젯밤에 내려왔다. 7월 15일 토요일 오늘, 둘째와 막내를 데리고 악양으로 급히 내려왔다. 하는 일이 바쁜 둘째는 악양에 우리 터를 마련한 지 반년이 다 되도록 아직 와보지 못하고 있던 터였다.

여름이 무르익고 있는 지금, 풀과 벌레는 자기들 세상 만난 듯 무성하고 왕성하다. 도시에서 태어나 성장한 아이들에게 풀이 무성한 밭은 두려움과 호기심의 대상이다. 주말에 내려와 아무리 부지런히 움직여도 밭은 농작물의 밭이 아니라 풀의 밭이다. 그 풀밭을 장화 신고 들어가서는 개망초를 꺾어 밀짚모자에 꽂고는 좋아하면서 사진을 찍는다. 오늘따라 청개구리가 트러스 하우스라고 부르는 컨테이너 벽에 딱 붙어 우리를 쳐다보고 있다. 쓰러진 해바라기는 하늘을 향해 안간힘을 쓰고 있고.

연못의 돌담 사이로 흘러내리는 물을 받아 식수로 쓴다. 둘째와 막내는 그 물을 통에 받아 담느라 시간 가는 줄 모른다. 받은 물로 점심을 해먹고는 화개장터로 갔다.

화개장터에서 이리저리 둘러보고 나오는 길에 재첩국을 이른 저녁으로 먹고 부산으로 돌아왔다.

에위니아의 폭우

에위니아는 '폭풍의 신'이라는 의미가 있는 이름이라고 한다. 에위니아는 이 땅에 상륙했다가 강원도 홍천 부근에서 온대성 저기압으로 변질, 소멸하였다.

폭풍 끝이어서 그랬는지 이날도 비는 폭우였다. 챙겨서 출발하는 나를 식구들은 크게 걱정했다. 폭우주의보가 경보로 바뀐 날 아침에, 그것도 진행 중인 폭우 중에, 남들은 철수하는데 비록 기슭이긴 하지만 지리산 근방으로 가겠다고 나서는 가장이 편과 아이의 눈에는 그리고 노모의 눈에는 무모해도 한참 무모한 행동이었을 것이다.

부산에서 출발해서 하동 나들목까지 남해고속도로의 드문드문 폭우는 대단했다. 섬진강을 따라가는 길도 내내 비였다. 빗줄기는 조금 전보다는 가늘었다. 그러다가 악양면 사무소를 거쳐 청학등을 지날 때 비는 거의 잦아들었고 들판은 환히 눈에 들어왔다. 청학등을 지날 때 하게 되는 이런 체험은 거의 반복적이다. 편도 이 등(嶝)을 지날 땐 환해짐을 보게 된다고 말하고 그건 동네 사람도 몇 번 이야기 한 바이며, 부산 사람으로서 청학등 위의 형제봉을 두서너 번 등반한 적이 있는 사람도 이 경험을 나에게 먼저 이야기한 적이 있다.

하지만, 그것도 잠시 농막에 짐을 풀었을 때는 폭우가 다시 쏟아졌다. 우중이라 낮 내내 농막 안에서만 머물렀다.

해가 지는 모양이다. 어두워지기 시작한다. 평소에도 사람 구경을 거의 할 수 없는 곳이긴 하지만 비가 많이 내려서 그런지 마을도 들판도 길도 미세한 움직임도 하나 보이지 않는다. 어쩌다 보이는 자동차 불빛은 먼 불빛이긴 하지만 그리 반가울 수가 없다.

저녁밥을 짓는다. 미리 떠 놓은 물로 농막 안에서 쌀을 씻어 냄비에다 앉혔다. 한여름이긴 하지만 지금의 밥 짓는 불은 실내를 말리는 효과도 있다. 밥을 푼다. 주걱이 불편하다. 생활도구를 무심 집어 사용해도 별로 불편을 못 느꼈는데 이번에는 도통 손에 익지 않는다. 유심히 보니 나무 주걱은 한쪽이 많이 닳아 왼손잡이인 내가 쓰기엔 확실히 불편해진 상태였다. 난 비로소 내가 왼손잡이임을 느꼈다. 오른손잡이인 편의 손에 익숙한 주걱을 농막으로 가지고 온 것이다. 그사이, 잊은 나의 정체성 중의 하나인 왼손잡이 의식이 꿈틀거리며 살아나는 순간이었다.

밤 9시, 또 10시를 지날 때쯤엔 겁이 슬슬 나기 시작했다. 이러다가 산사태 당하는 것 아닌가, 무모한 행동 할 나이가 아닌데 내가 너무한 것 아닌가, 하는 생각이 나기도 했다. 하지만, 비 난리 통의 촛불은 더욱 정다운 빛을 발했다. 밤이 깊을 때까지 가지고 간 박이문의 『길』이라는 책을 끝까지 다 읽었다. 물론 이 책은 이전에 읽었던 책이어서 속도는 잘 나갈 수밖에 없었다.

날이 밝는다. 새벽 4시경에 눈을 떴는데 4시 반경부터 여명이 가늘게 비치더니 곧 악양 벌판의 풍경이 보인다. 안갯속이다. 비는 멎었다. 다른 때 같으면 편과 벌써 교신했는데 이날 아침엔 밖으로 나와 일하는 데 너무 치중해 전화하는 것도 잊고 말았다.

아침 9시경, 차 소리가 나더니 누가 헐레벌떡 안으로 들어온다. 찾아올 사람이 없는데? "전화를 받지 않는데, 무슨 일이 생겼는지 급히 좀 가보라고 해서 달려왔다." 말하는 사람 얼굴을 보니 한 시간 거리에 사는 우리 아이들 외삼촌이다. 여기까지 달려온 것이다. 내 손전화기가 꺼져 있었던 것이다. 편에게 전화했더니, 6시부터 전화를 해도 받지 않아 무슨 일이 난 줄 알았단다. 10년도 더 된 내 손전화기는 이때부터 예고 없이 꺼지기 시작하더니 이 글을 쓰는 지금, 확인하니 완전히 갔다. 별세했다.

아침밥을 다시 짓는다. 오른손잡이용 주걱을 오른손에 쥐고 밥을 푸려니 영 불편하다. 다시 한번 나의 정체성을 확인하는 순간이다. 나는 왼손잡이다. 왼손잡이였고 앞으로도 왼손잡이일 것이다.

왼손잡이 정체성 확인

돌아와서 『왼손잡이의 역사』를 꺼내 들었다. 책상과는 좀 떨어진 서가에 꽂아두었던 책인데 이번엔 아예 책상 위 손 닿는 데다 놓았다.

폭우와 왼손 정체성, 이 둘은 서로 간에 별로 관련이 없는 주제다. 그러나 나에겐 폭우를 매개로 하여 친분 맺게 된 주제다. 폭우와의 조율을 통해 왼손잡이로서의 내 정체성과 조율이 다시 시작된 것이다. 내가 오른손잡이가 아님을 다시 한번 단단히 확인하게 된 것이다.

밭둑, 돌담 아래 심었던 해바라기가 잘 자랐었다. 에위니아는 해바라기를 쓰러트렸다. 꽃은 꺾이지 않았다. 그는 꿈을 꺾지 않은 것이다. 해바라기는 하늘과 조율했다. 난 나의 왼손 정체성과 조율했다. 색소폰 합주할 때 악기들을 서로 조율한다. 하늘과 땅도 이렇게 조율했으면!

나의 샹그릴라

8월 1일, 고속도로 차 밀릴 일이 걱정되어, 일찍 출발하기로 했다. 평소 나는 4시경에 일어나 거실로 나오는 수가 많다. 이날도 일어나니 4시, 나 딴에는 조용히 일어난다고 일어났는데 편도 따라 일어난다. 편은 나 때문에 잠을 많이 방해받는 편이다. 아무리 일찍 출발해도 아침밥을 정식으로 안 먹고 떠나는 법이 없는 나의 식생활 습관도 편의 안면을 방해하는 요소 중의 하나다. 동매리 출입이 시작된 이후로 이것저것 챙기는 일 때문에 출발하는 날의 새벽은 더욱 잠을 설치게 된다.

함께 오고 싶었지만, 연세 높은 노모를 돌보는 일 때문에 함께 나만 다녀오기로 했다. 대신 들깻잎, 호박잎은 내가 따오기로 했다.

하동읍을 지나 악양으로 들어설 때 시계는 6시 40분을 가리키고 있었다. 해가 산 위로 얼굴을 내밀기 직전이었다. 섬진강을 따라오게 되는 악양 초입까지의 길도 기분을 상쾌하게 하지만, 들어선 악양 길은 기분을 더욱 고무시킨다. 평사리 들판은 언제 봐도 너르다. 악양천 방둑은 시원히 뻗어 있다. 그리고 멀리 길 왼쪽 끝자락, 왼편 시루봉과 오른편 깃대봉은 V자를 이루어 내 시선을 붙든다. 깃대봉 그 아래 나의 선경 도원, 이니스프리, 샹그릴라(Shangrila)가 있기 때문이다.

오늘따라 그곳을 구름이 너울 되어 살짝 가리고 있다. 산 위의 하늘 구름을 말하는 것이 아니라 V자 아래의 한 조각, 구름을 말한다. 내 눈에는 경이롭게 보인다. 물론 '아전인수'다. '내 눈의 안경'이다.

약수장으로 곧장 갔다. 처음 가는 약수장 길이다. 어딘지를 몰라 궁금해했던 약수장의 위치를 드디어 알아낸 것이다. 하동 버스터미널의 안내표에도 또 버스 안 안내판에도 악양 행 종점을 '약수장'이라고 표기하고 있다. 처음엔 종점의 지명이 약수장인 줄 알고 그곳에 내렸다. 그런데 내린 종점의 안내판에서는 '중기'로 되어 있다. 즉 중기 마을이었다. 여기 약수장이 어디냐고 기사와 동네 사람에게 물어봤더니 모른다고 했다. 나중에 하동 터미널 관계자에게 물어봐도 모른다고 했다.

그런데 얼마 전에 동네사람에게서 정확한 사실을 들을 수 있었다. 약수장은 형제봉(청학사) 오르는 길 초입에 있는, 아주 오래된 약수터 이름이라는 것이었다. 그 지점은 악양의 중간쯤이다. 그런데도 악양 행 버스 종점을 왜 약수장이라고 표기하느냐고 했더니, 처음엔 도로가 약수장까지만 나 있었다고 한다. 그러니 종점은 당연히 약수장까지 만이었다고 했다. 지금은 도로가 약수장을 지나 악양골 맨 안쪽인 등촌리의 중기 마을까지 이어져 있다. 버스 터미널의 종점을 '중기'로 바꾸어야 하는데 지금까지 '약수장'으로 그대로 쓰고 있다는 것이다. 정작 약수장의 위치는 모르면서 말이다.

약수장에서 물을 떴다. 나의 샹그릴라 생활에 신비의 약수장 물까지 더해졌으니, 남이 알아주건 안 알아주건 나는 더욱 선(仙)이 되어 간다고 생각했다. 차나무 언덕 그곳에 머무를 때 눈 아래 악양천 위로 날아 오르는 학의 날갯짓과, '청학이 골' 구름의 유영은 나에게 그런 착각에 영락없이 빠져들게 한다. 약수장의 물맛, 좋았다. 이 물로 밥도 짓고 차도 커피도 타게 된다.

출발할 때 편이 신신당부를 했다. "한여름이니 불볕더위와 맞설 생각하지 마소. 나팔 불고 책 보며 놀다 오소. 바캉스 떠나왔다고 생각하고 유유자적하소. 호박잎 깻잎은 좀 따왔으면 좋겠소. 다시 당부하노니, 제발 일한다고 설치지 말고 놀다 오소." 하는 거였다.

나도 그럴 생각이었다. 파라솔을 펼치고 나서 그 아래 테이블에다 김밥 도시락을 펼쳤다. 아침식사다. 긴 장마 끝인지라 그러잖아도 청정한 공기는 더욱 청명하다. 멀리 평사리 들판 너머로 구례 가는 섬진강 길의 차량들도 아련히 보인다. 유리창에 반사되는 햇살이 번쩍인다는 뜻이다.

같이 왔으면 더 좋았을 것을 하는 말과 함께 콩, 호박, 들깨, 참깨, 파 등의 생장상태를 전화로 보고 했다. 무엇보다 주렁주렁 달린, 파릇한 여승의 머리만큼이나 애틋한 주렁주렁 호박에 대해서 말했더니, 올 때 하나 따오라고 했다. 숙제가 하나 더 늘었다. 아니, 파 뽑아 오라는 숙제도 추가되었다. 아침밥이 맛있었다. 물론 밥맛이 나를 소외시킨 적은 없다.

휴식을 취겠다고 생각하면서 한 도착이지만 막상 아침을 먹고 나니 생각이 바로 달라졌다. 봄에 심은 차나무 순을 가린 풀을 뽑기 시작했다. 지금쯤 풀을 뽑아 주어야 순이 튼튼하게 자란다는 말을 들었기 때문이다. 그것 뽑는 사이 반나절이 다 갔다. 11시쯤이었다. 땀은 비 오듯 흘렀다. 60여 구덕, 나무 숫자로 말할 것 같으면 나중에 솎아내어 이식할 것까지 합치면 200여 그루다. 겨울에 얼어 죽지 않도록 잘 관리 하는 게 남은 과제다.

오전 일을 이것으로 끝낼까 하고 생각했지만 그럴 수는 없었다. 곧이어 얼마 전 심은 100여 그루의 5~10년생 차나무를 살폈다. 수북이 덮은 풀을 걷어내고 순이 나는지 안 나는지를 살폈다. 말하자면 왕성히 자란 풀을 뽑기도 하고 낫으로 베기도 했다. 12시경이 되니 지친다. 더는 할 수 없을 것 같다. 남은 50여 그루는 좀 시원해지면 살피기로 하고 하던 일을 중단했다. 새벽에 출발, 도착하고서 아침을 먹고 한 일은 세 가지였다. 흙을 농막 앞으로 옮겨 땅을 평평하게 고른 일, 봄에 심은 차나무 순 살핀 일, 그리고 옮겨 심은 차나무 보살핀 일 등. 편에 게 전화했더니 난리굿을 친다. 당장 하던 일 집어치우고 놀지 못하겠 느냐는 거였다.

낫을 놓고 물을 끼얹었다. 시원하다. 그래도 몸의 열을 덜 식었다. 파라솔 아래 앉아 가만히 있었다. 열이 식는다. 점심을 먹었다. 여기 와서는 웬만하면 낮잠은 자지 않겠다는 원칙을 정해 두었기로 눈은 안 부쳤다. 이젠 놀아야지. 논다. 상대 없는 놀이다. 그래서 우선 책부터 들었다. 야스퍼스에 관한 책인데 이미 읽었던 책이지만 파라솔 아래서 학의 비상을 내려보면서, 구름의 조화를 바라보면서, 청산(靑山) 형제 봉을 올려 보면서 보는 야스퍼스는 또 다른 모습이다. 그 철학자의 삶 이 좋아 나는 야스퍼스를 하이데거와 비교하면서 자주 읽는다.

소프라노 색소폰에 익숙하지 못해 애를 좀 먹었는데 오늘은 색소폰 소리도 잘 난다. 이곳 샹그릴라에 와서 좋은 점은, 색소폰 연습을 충분 히 할 수 있다는 점이다. 여기서 불려고 반주기도 주문해 두었다. 오늘 은 교본 연습 후 '한계령', '수색의 왈츠', '에레스 투', '태양은 가득히', '로망스'를 불었다.

청학이 골, 구름과 햇빛이 이루는 조화가 오묘하다. 경이롭다. 책 덮 고 나팔 놓고 바라봤다. 뉘엿뉘엿 구름이 산 뒤로 얼굴 감추기 직전까 지 망연(茫然)하게 바라봤다. 보는 중에 자실(自失)해진다.

밤이다. 불을 껐다. 여느 때처럼 면벽했다. 지난번 면벽과 다른 점은 창 막을 제치고 악양골의 어둠을 응시했다는 점이다. 초승달이다. 어둠 은 고요와 더불어 춤을 춘다. 왈츠 같기도 하다. 난리 브루스는 아니 다. 어쩌다 등장하는 움직이는 불빛, 곧 명멸한다. 두어 시간이 지났다.

손전화가 울린다. '잘 주무시라'라는 편의 메시지였다. 곧 전화가 다시 온다. 둘째였다. 며칠 후 팔라우로 출장 간다는 말을 했다. 그러면서 우리 아빠는 못 말린다고, 거기가 그렇게 좋으냐고, 옴마 보다 더 좋으냐고 웃으면서 말했다. 자주 당하는 힐문이다.

일어나니 네 시, 커튼을 열어젖히고 여느 새벽처럼 그렇게 자리에 앉았다. 오는 새벽을 놓칠 수 없어서다. 여명, 그와 마주하고 싶었다. 요즘 밤에는 우는 새가 없었다. 개구리도 울기를 멈추었다. 참, 웅덩이의 올챙이는 언제 개구리로 되는지, 보는 나는 초조했지만, 개구리와 더불어 노는 올챙이는 그런 걸 아는지 모르는지 신나게 놀고 있었다.

5시, 밖으로 나왔다. 어슴푸레 하다. 빙 둘러 걸었다. 경운기 발동 거는 소리가 서서히 들린다. 멀리서 들리는 그 소리는 귀를 하나도 안 불편하게 한다.

어제 오후에 따다 만 들깻잎, 호박잎을 마저 땄다. 호박도 하나 땄다. 호박 농사는 대성공이다. 이런 추세로 나가면 나중에 누렁텅이 호박을 싣고 가기 위해 트럭을 불러야 할지도 모르겠다. 허풍이다. 이슬이 깨기 전인지라 풀들은 이슬을 구슬로 달고 있다. 잉잉거리는 벌 소리, 그들도 더워서 그런지 날 새자마자 출장 온 것 같았다. 벌들은 참깨 꽃, 호박꽃 사이를 부지런히 헤집고 다녔다.

아침밥을 늦게 해 먹었다. 농기구 챙기고 뒷정리하는 데 보낸 시간도 본격적인 일을 하는 데 보내는 시간 못지않게 길다.

웅덩이로 갔다. 상사화, 지지 않고 기다려 준 상사화에게 집에 간다는 인사를 하기 위해서였다. 어제 웅덩이 물가에서 홀로 피어 있는 상사화를 처음 보았을 때 그 반가움은 눈부신 반가움이었다. 사실 상사화는 슬픔을 부르는 꽃이다. 애절한 꽃이다. 하지만, 이번의 상사화는 내게 환희의 꽃이었다. 작별인사를 했다. 꽃은 담담히 나의 인사를 받아 주었다. '이별은 나의 일'이라고 말하는 듯했다.

바캉스를 끝내고 돌아가는 사람들의 차량 때문에 도로가 막힐 것이 짐작된다. 빨리 출발한다고 했지만 정오다. 하동을 벗어나기 전인데 졸음이 온다. 주유소 구석에 차를 세웠다. 에어컨을 켜 둔 채(창문을 열고) 잠 졸았다. 가뿐하다. 고속도로로 들어섰다.

잎들을 잘 땄다고 칭찬 들었다. 몇 점 주겠느냐고 물었더니 90점 준다고 했다. 다음엔 호박잎을 좀 더 여린 것으로 따라는 지시를 받았다. 호박잎 깻잎을 이렇게 긴 시간 투자해서 딴 일은 이전의 내 사전엔 없던 일이었다. 사람은, 나이가 들어갈 수록 이전에 하지 않던 짓을 해야 한다는 건 일찍부터 형성한 내 지론이다. 다음엔 깻잎에 양념 바르는 일도 내가 하겠다고 나서 봐야겠다.

본래 자리 지금 자리

아침을 싸 들고 가 동매리 농막에서 먹었다. 농막을 이제부터 길뫼재라고 부르려고 한다. 하지만, 아직은 잠정적인 이름이다. 부산서 길뫼재 가는 데 걸리는 시간은 넉넉잡아 두 시간이다. 물론 평일의 새벽길이 그렇다. 7시 반에 도착, 파라솔 그늘에 펼친 보리밥은 올라올 때 약수 장에서 떠온 찬물과 찹쌀 궁합을 이룬다. 오늘은 호미, 낫을 손에 안 잡기로 둘이서 다짐, 다짐하면서 숟가락을 놓았다.

밤나무 그늘에 자리를 깔았다. 밤나무 바로 아래는 피했다. 비록 떨어지는 밤을 줍기 위해 그 주인이 예취기로 풀을 다 제거해둔 상태이긴 하지만, 그래도 자리를 깔고 앉을 수 있도록 정리된 상태는 아니었기 때문이다. 그래서 밤나무가 그늘 지워주는 길 가운데에 앉은 것이다. 이 길은 우리와 위의 밭 주인 말고는 올라올 사람이 거의 없는 길이어서 여름에 자리 깔기는 안성맞춤이다. 길이라고 했지만 길뫼재 출입구를 말한다.

편도 나도 책을 막 폈다. 나의 시선은 책 반 풍경 반이었다. 풍경을 보고 있는데 차밭 돌담길, 큰 바위 아래 논둑길에서 아주 느린 사람의 동작이 보였다. 밀짚모자는 멀리서 봐도 아주 낡은 것임이 한눈에 들어왔다. 내가 쓰는 밀짚모자도 계속되는 된더위의 시달림에 지쳐 풀이 많이 죽은 상태다.

아주 느린 걸음으로 올라오는데 보니, 우리 앉은 자리 바로 아래의 돌담 차밭 주인 할아버지, 박덕○옹이시다. 일어서서 반갑게 인사드리고 함께 앉기를 권유했다. 할아버지는 한사코 사양했다. 앉기는 앉는데 우리가 편 자리에 앉으시지 않고 맨땅에 앉으셨다. 한사코 그렇게 하셨다.

82세 할아버지가 걸어서 올라오시기엔 언덕이 높고 길이 좀 멀다. 그런데도 할아버지는 밭(돌담 차밭)과 논을 둘러보러 하루에 두 번은 올라오신다. 자신이 그렇게 말씀하셨다. 말하자면 운동하시는 셈이었다.

뵐 때마다 곱게 늙으신 분이라는 생각이 드는 분이다. 동매리서 태어나서 자라고 살았는데, 82세 지금은 자기가 젤 연장자라고 했다. 조용조용 말씀하시고 다정하게 바라보신다. 노인이 주는 미(美)를 이분에게서 나는 본다. 천천히 걷고 천천히 말씀하시고 천천히 드셨다. 느림의 미학, 절제의 미학을 그분은 또 내게 보여주신다. 사람이 어떻게 늙어야 하는지를 모습으로 보여준다. 물론 나는 이 할아버지의 삶의 여정을 전혀 모른다. 그래도 그런 생각이 든다.

바위를 보면서, 저 바위가 10년 전의 폭우 때 굴러 내려와 저 자리에 저렇게 앉아 있는 것이라고 말하면 누가 믿겠느냐고 말씀하신다. 그것도 굴러 내려오기 전의 본래 자리에서의 형상 그대로 지금 앉아 있는 것이라고 말하면 믿어줄 사람 있겠느냐고 들릴락 말락 말씀하신다. 작은 음성이라는 뜻이 아니다. 듣기에 편안한 톤으로 말씀하셨다는 표현을 나는 지금 이렇게 하고 있다. 저 바위의 자리는 본래 자리 그대로 지금 자리라는 것이었다.

　나는 할아버지께 반문했다. 그러냐고, 정말 그러냐고. 그랬더니 그렇다고 하셨다. 아이일 때 초군일 때 저 바위 등에 올라타고 논 기억이 엊그제라고 했다. 초군? 처음 듣는 단어다. 초군은 초군(樵軍)일 것으로 생각했다. 등에 올라타고 놀던 형상 그대로 지금 앉아 있는 모습이라고 했다. 본래 자리와 지금 자리가 지점은 다르지만 앉은 형상은 같다고 했다. 하지만, 나게는 저 자리가 바위의 본래 자리로 여겨진다. 바위는 나(우리)를 보고 있다.

　저 바위가 지리산 대참사를 빚은 1998년 7월 31일의 게릴라성 폭우 때 굴러 내려와 저렇게 저 자리에 앉지 않았더라면 동네는 흔적도 없이 물에 쓸려버렸을 것이라고 했다. 자고 나니 없던 바위가 떡 하니 버티고 앉아 있는 모습, 그 모습을 보는 동네 사람들의 심중을 한번 짐작해보라는 취지의 말씀도 하셨다.

　드린 음료수는 말씀이 끝날 때까지도 손에 들고 계셨다. 체온이 음료수 안까지 스며들었겠다는 생각을 했다. 천천히 일어서시더니 낫을 집는다. 이번에는 지팡이를 안 들고 오셨다. 백중날인지라 동네 사람 모여 함께 드는 점심 자리에 할멈은 미리 가 있다고(계신다고) 했다. 백중, 일찍 가신 선친의 생신날이기도 하다. 아버지 생각이 많이 난다. 낡은 밀짚모자의 할아버지는 바위 아래로 서서히 사라졌다. 본래 자리로 가시는 셈이었다.

드디어 빛

덥다. 더운 정도가 아니다. 아직 전기가 안 들어 왔기로 산막 안에서 선풍기나 에어컨 바람으로 더위를 피할 순 없다. 그래서 한낮엔 밤나무 그늘의 신세를 졌다. 하지만, 밤나무 아래서 더위를 피하는 데도 한계가 있다. 벌레가 많고 그 아래가 정돈되지 않아서 앉을 수가 없다.

점심 먹고 편과 둘이서 악양천이 시작하는 덕기 마을, 등촌교 위의 계곡으로 갔다. 발만 담그고 몸은 담그지 않았다. 삶아서 가지고 간 고구마 껍질 벗겨 먹었다. 고구마는 껍질 벗기기도 쉽다. 발 담그고서 읽는 폼 좀 잡아 보려고 작은 책도 하나 가지고 갔다. 생각이 그래서 그런지 사실은 잘 읽히지 않았다. 워낙 한적한 곳인지라 아예 사람이 없었다. 그래도 물가에서 책 읽는 폼은 한번 잘 잡았다.

거기서 놀다가 다시 아래로 내려와 이번엔 다리 밑으로 갔다. 이보다 더 좋은 곳이 있을 수 없는, 여름 피서지로는 최적의 장소를 발견한 셈이었다. 물 깨끗하고, 조용하고, 앉을 자리 넓고, 인적이 없는 곳. 시루봉에서 내려오는 물이고 청학이 골 바로 아래이며, 동매리 차밭 언덕에서 보면 늘 학이 나는 곳이니 이보다 더 좋을 수 없는 곳이다. 편과 나는 신선놀음을 한 셈이었다. 살다 보니 이런 날도 있다는 말을 둘이서 주고받았다.

오늘은 막내가 시외버스 타고 내려오는 날이다. 하동 시외버스 터미널에 시간 맞추어 마중 나갔다. 하지만, 시간이 제법 남아, 한 바퀴 빙 돌기로 하였다. 하동에서 진주로 가는 국도를 따라가다가 청학동 도인촌으로 가는 길과 갈라지는 횡천 다리까지 갔다가 차를 돌려 읍내로 왔다. 시외버스 터미널에서 막내를 태우고 동매리 산막으로 돌아왔다. 셋이서 어제 갔던 악양천 시루봉 아래의 우리 피서지에 다시 갔다. 막내도 아주 좋아하였다.

오후, 산막 자물쇠를 채우고 부산으로 출발, 저만치 가는데 차 씨에게서 전화가 왔다. 오늘 전선 연결하러 전공이 갈 거라는 거였다. 급히 차를 돌려 돌아 왔다. 전기기사 두 명이 왔다. 좀 후에 차 씨도 왔다.

전기 기사들이 선을 대는 일을 뻘뻘 땀 흘리면서 한 후 스위치를 올리니 불이 켜진다. 우리 산막 전신주 세우는 김에 다른 전신주를 여러 개 더 큰 거로 교체하는 작업을 병행해서 하는 통에 결과적으로는 여름 거의 다 갈 무렵에 이렇게 전선을 연결하게 되었다고 한다. 한더위에 이들이 하는 수고는 대단했다. 물론 전봇대 오르내리는 시간은 얼마 안 걸렸다. 하지만, 지금이 어느 때인가. 한더위 아닌가. 지붕에 올라가서 작업할 때에는 보기가 민망할 정도로 땀을 많이 흘렸다.

스위치를 올리니 불이 들어온다. 드디어 빛이 들어온 것이다. 이제부터 우리는 여기서 빛나는 생활을 하게 된 것이다. 빛! 드디어 빛이다.

오늘은 늦었다. 일단 부산 집으로 갔다가 다시 내려와서 선풍기, 냉장고, 전기밥솥을 준비해야겠다고 둘이서 말 나누었다. 그리고 주 중에 대마도를 1박 2일로 다녀오고서 한 닷새간 산막에서 혼자 틀어박힐 생각이다. 정리하는 원고 최종 손질을 이때 다할 생각이다. 그래도 부채질하고 촛불 아래 책 펼쳤던 바로 얼마 전까지의 무명(無明) 시절이 좋았다고, 잊지 말라고 옆에서 말한다. 물론 안 잊어야 하고말고. 막내도 덩달아 웃는다. 8월 16일 오늘은 길뫼재에 빛이 들어온 역사 적인 날이다.

울음

꽃과 울음

"혼령은 여자이면서 남자였고, 남자이면서 여자였다. 그의 내부가 여자로 가득 찼을 때 집을 잃은 남자가 애처롭게 울었고, 그의 내부가 남자로 가득 찼을 때 집을 잃은 여자가 애처롭게 울었다. 울음은 꿈속으로까지 흘러들어와 그가 한 존재로만 머무는 것을 불가능하게 했다. 그가 여자였을 때 애처롭게 우는 남자를 찾아다녔고, 그가 남자였을 때 애처롭게 우는 여자를 찾아다녔다. 그에게 사랑이란 울음을 찾아다니는 행위였다."

"나에게 사랑이란 자유의 문제였어. 내가 사랑을 갈망한 것은 울음으로부터 자유로워지고 싶었기 때문이야. 내가 여자였을 때 남자의 울음으로부터 자유로워지고 싶었고, 내가 남자였을 때 여자의 울음으로부터 자유로워지고 싶었어. 그런데 이상했어. 내가 남자의 울음으로부터 자유로워졌을 때 여자의 울음소리가 들리기 시작했어. 내가 여자의 울음으로부터 자유로워졌을 때 남자의 울음소리가 들리는 거야. 나는 평생 떠돈 유랑자였어. 울음을 찾아다니는. 작은 꽃 한 송이를 들고서."
(정찬, 『희고 둥근 달』 '꽃 한 송이 들고서'에서 인용)

새와 울음

"(…) 넝쿨에/ 작은 새 / 가슴이 붉은 새 / 와서 운다 / 와서 울고 간다. / 이름도 못 불러본 사이 / 울고 / 갈 것은 무엇인가. (…) (문태준의 '누가 울고 간다' 일부)

로렌의 울음

영화 '해바라기'에서 소피아 로렌은 기다림과 용서를 보여준다. 그리고 울음도 보여준다. 우는 사람도 봤고. 우는 영화도 봤지만 '해바라기'에서의 소피아 로렌의 기차 칸 울음만큼 내 뇌리에 박힌 울음도 또한 없는 것 같다. 꾹꾹 토하는 소피아 로렌의 울음 뒤에서 'Loss of Love'가 애잔하게 흘렀던 것 같다. 물론 남편 찾아 헤매는 우크라이나 해바라기 평원에서도 이 음악은 흘렀던 것 같고. 영화 '해바라기' 본지가 언제인데 로렌의 울음을 아직도 못 잊고 있다. 내가 말이다.

해바라기 울음

해바라기, 변치 않는 사랑을 의미한다고 한다. 아폴론을 사모하던 미천한 님프 클리티에의 소망을 안고서 해바라기는 떠서 질 때까지 내내 태양을 향해 얼굴을 돌렸다고 한다. 고개 숙인 해바라기는 비록 고통일지언정 변함없는 태양 사모가 자신의 변함없는 기쁨임을 아프게 말해주는 것 같다.

　동매리 차밭 언덕의 두 그루 해바라기는 심은 나의 판단 실수로 자리 잘못 잡게 되어, 벅찬 바람 안고 악전고투 겨우 서더니, 채 제대로 서기도 전에 태풍 만나 뿌리 뽑히고는 태양 향해 고개 한번 변변히 들어보지 못하고 길고 긴 폭우 속에서 물렁물렁 녹아내리다가 사라져 갔다. 노병처럼. 벨 때 고개 못 든 해바라기가 울고 있는 것으로 보였다.

　울음, 울음을 삼킬 때가 있다.

참깨 털어 하산

오니 잊고 있던 상사화가 웃으면서 기다리고 있었다. 옮기고 나서 다 죽은 줄 알고 있던 상사화다. 못에 연을 갖다 넣었다. 홍련이다. 진주시 예하리라고 하는 곳에 한 1,000년 역사를 가진 연못 강주 못에서 구하여 넣은 연이다. 열 개로 분리해 다시 심었는데 좀 시들해진 것을 보고 돌아왔기로 걱정이다.

악양에서는 밤 수확이 시작되었다. 지나가던 동네 사람들이 밤을 조금씩 주고 내려갔는데 모으니 제법 된다. 올해에 저는 아주 빨리 햇밤을 맛보게 되었다. 멧돼지가 알밤을 다 주워 먹는다고, 해 저물 때 불을 좀 피워달라고 뒷밭 주인은 두 번이나 내게 부탁했다. 사람 흔적(냄새)이 나면 멧돼지가 내려오지 않는다고 한다. 그래서 모깃불 겸해서 불을 피웠다. 불장난 재미가 보통이 아니다. 물론 재미로 불장난 하면 안 된다.

심은 차나무 자라는 것을 보는 기쁨, 말로 다 못하겠다. 봄에 심은 차나무 씨앗들이 순으로 자란 것을 이제 많이 발견하게 된다. 닷새 내내 풀을 베었는데 풀 속에서 차나무 순들이 잘 자라고 있었다.

참깨를 베어서 털었다. 호박을 땄다. 김장 배추 무는 그곳의 지인이 자기 밭에서 잘 길러 줄 테니 심지 말라고 해, 심을 준비하고 있다가 생각을 거두었다. 입산하여 세상모르고 닷새를 잘 보낸 다음 8월 31일 어제 턴 참깨를 가지고 하산했다.

9월이 오는 소리가 밤새 들렸다. 막상 8월이 떠나고 나니, 정든 8월이 눈에 아른거려 서러운 마음이다. 가고 나니 섧다. 나로서는 8월에 흘린 땀의 양이 엄청나게 많다. 8월과 이리 정에 빠지기는 처음인 것 같다. 물론 싫어한 8월도 없긴 없다만. 다녀온 대마도 이야기는 할 틈이 없다.

넷. 가을

번지와 편지

주민세를 내달라는 전화를 악양면 사무소로부터 받았다. 주민세 문제를 깜박 잊고 있었다. 면 사무소로 내려가서 내고는 주소를 만들었다. 영수증을 어디로 보내주면 되겠느냐고 묻기에 지금 만들어지는 동매리 농막 주소로 보내 달라고 했다. 집배원이 알아볼 수 있도록 문패를 만들어 걸라고 직원이 권유했다.

마침 회전 광고 대를 인터넷으로 주문해둔 차였다. 외부 전등 걸이로 쓸 참이었다. 합판 조각에다 주소를 적어 코팅, 붙였다. '배○진 · 최숙○, 처음 달아보는 우리 문패다. 세우고는 이리 보고 저리 봤다. 앉아서 보고 돌아서 봤다. 울로도 봤고 아래로도 봤다. 이리 봐도 우리 문패, 저리 봐도 우리 번지다.

번지

번지를 받고 나니 번지에 대한 이런저런 생각이 떠오른다.

먼저, 진주시 장재동 000번지, 이것은 성장과정에서 자주 제출하던 서류 양식의 본적란을 메우면서 외운 번지다. 유아 때 떠났기로 그 후 다시 그 번지에 찾아 갔을 때, 저 집이 내가 태어났고 유아 때 죽을 뻔했다는 집임을 말로 들어 확인할 뿐, 우리 집이었다는 실감이 나지 않았다. 그래도 내 뇌리에 한자리 떡 하니 차지하고 있는 최초의 번지이다. 나의 '나 의식' 형성의 기초가 되는 번지이다.

경남 사천군 축동면 길평리 하동 000번지는 외딴집, 우리 집 주소이다. 지금은 사천 골프장으로 변했다. 유소년기를 보낸 이 번지의 땅을 잊을 수 없다. 이 번지의 풍토가 나의 정체성 형성 바탕이 된다. 우리 과수원도, 우리 동네도 옆 동네, 앞 동네도 텅 비었다. 깡그리 강제 이주를 당했다. 사천군은 지금 시로 승격되었다.

그리고 지금 이곳 경남 하동군 악양면 동매리 000번지. 땅의 지목이 대지가 아니어서 처음엔 정식 번지 내는 일을 어렵게 생각했다. 반신반의 하면서 면사무소에 가, 이곳으로 주소를 옮기겠다고 했더니 그리하라고 쉽게 말한다. 농막만 있고 집이 없는데 주소가 나올 수 있느냐고 했더니 번지는 내면 되는 것 아니냐는 취지로 말한다. 지번으로 번지를 내어준다는 것이었다. 이렇게 번지를 획득했다.

지금껏 나는 이미 있는 번지에서 태어났고 살았고 이사 들었다. 없는 번지를 만들어 보기는 처음이다. 별 경험을 다 한다. 새로운 경험이다. 이 번지들 말고도 지금 사는 부산 집 번지와, 아주 오래 머물렀던 서울의 번지도 있다.

울주군 상북면 소호리 그리고 경주 기림사 앞 골목길의 우편함이 생각난다. 빨간 우편함이었다. 구례 산동의 산수유 마을의 흰 집 우편함을 더욱 잊을 수 없다. 우편함 속은 항아리였다. 언젠가 저런 우편함 나도 한번 만들어 봐야지 하고 다짐하게 하던 모양이었다.

우편함을 세울 기회가 왔다. 정작 만들려니 재주가 없다. 사려고 인터넷을 뒤지니 너무 비싸다. 그런데 막내 책상 아래 구석에서 두터운 투명 비닐 백을 발견했다. 그걸 우편함으로 만들었다. 비를 조금이라도 가려줄 우산은 배달 온 생선회 용기를 쓰기로 했다.

편지

토요일에 내려가니 편지가 와 있었다. 발신인 악양면장, 주민세 ○○○원을 영수했다는 증명서였다. 자크 즉 지퍼가 잘 잠겨 있었다. "말없이 건네주고 달아난 차가운 손" 이 아니라 편지를 우편함에 정성껏 밀어 넣은 손이었다. 내린 비가 편지와 함께 우편함 안에 들어 있었다. 회 그릇이 모자(우산) 노릇을 못한 모양이다. 집배원을 이리 높은 데까지 올라오도록 하는 게 맘에 걸린다. 아이들에게 이 주소로 지네들 엄마를 수취인으로 하여 몰래 엽서 보내라고 말한다는 걸 깜빡 잊고 있었다. 내일은 말해야지.

풍경과 외등

풍경을 달았다. 그런데 소리를 내지 않는다. 성철스님의 생가터, 겁외사에서 산 것인데 작아서 그런지 웬만큼 바람 불어도 종 불알이 종을 때리지 않는다. 이번 태풍 때 소리를 내었는지 모르겠다. 지나치면서 내 손으로 한 번씩 흔들어 소리를 내어 본다.

컨테이너 하우스 양쪽에 등을 하나씩 더 달았다. 우리 아이들 막내 이모부가 내려와서 달아 주었는데 이번엔 제대로 단 외등이다. 지난번에 내가 내건 이동용 외등은 방수처리가 되지 않은 것인지라, 비를 맞으면 큰일이 날 수 있다고 했다. 엉터리 외등이었던 셈이다.

동매리 이곳 차밭 언덕의 산막은 밤이면 적막강산이다. 그래서 불의 빛이 더욱 돋보인다. 그리고 의지도 많이 된다. 드문드문 서 있는 마을의 가로등, 맞은 편 청학이 골의 한 채 집의 외등, 그리고 어쩌다 비치는 자동차 불빛. 별빛과 달빛 등은 더 말할 필요가 없다.

파라솔을 문 앞에 놓아 비를 막았다. 출입구에 비도 막아주고 햇빛도 가려주는 차양을 설치할까 생각 중이다.

납작 호박 코

동네 사람의 이른 방문을 받았다. 여름엔 5시에 밖으로 나와도 훤했
는데 지금은 6시에 나와도 덜 훤하다. 그리고 약간 쌀쌀하다. 그는 자
기네들 산의 밤 숲에서 밤을 양껏 주워 가라고 간곡히 권유했다. 다른
일 제쳐 두고 밤 숲으로 둘이 갔다. 마침 C가 밤 숲 아래 무성한 풀을
예취기로 베고 있었다. 그는 이 밤나무 산 공동소유자다. 그 역시 반
갑게 어서 많이 주우라고 권유했다. 그는, 추석 전후의 밤이 더 알차
니 그때 와서 더 많이 주워 가라고 권유했다. 멧돼지들이 까먹은 밤껍
질은 예외 없이 뒤집혀 있었다. 신기했다. 이렇게 주운 밤과 이웃 밭,
P가 준 밤까지 합치니 12kg였다.

마늘을 심고 무 및 겨울 초 씨를 뿌렸다. 마늘은 다음 토요일에 다
시 더 심을 예정이고 양파는 아직 심을 때가 아니라고 해, 한참 후에
심을 예정. 지난주에 심은 시금치가 나지 않는다고 했더니 시금치 씨
는 뿌린 후 한참 지나야 발아한다고 했다. 듣고 보니 기억이 되살아난
다. 별처럼 생긴 시금치 씨앗, 맞다. 심고 나서 한참 후에 싹이 돋았던
것 같다.

납작 호박 코

호박잎은 우리들의 밥상을 지금까지 풍성하게 해주었다. 그리고 애
호박 나물도. 다 익은 호박이 35개, 애 호박은 15개였다. 편은 땄고

나는 날랐다. 호박은 아직도 부지런히 열매로 달리고 있다. 둘이서 연방 웃었다.

둥글둥글한 둥근 호박을 보고, 우리 호박이 젤 잘 생겼다는 말을 둘이서 여러 번 주고받았다. 차 뒷자리에 실으니 한 차 가득 찬다. 아이들 외가로 가, 우리 호박은 이리 잘 생겼는데 이 집 호박은 왜 이리 못생겼느냐고 했더니, 팔면 못생겼다고 하는 납작 이 호박이 한 개 1,000원일 때 둥글둥글한 그 호박은 200원도 못 받을 것이라고 했다. 우리 호박, 잘 생겼다고 자랑한 우리 호박이 KO 패 당하는 순간이었다. 납작 호박 코! 우리 호박은 차 씨에게서 얻어 심은 호박이었다. 농막으로 돌아오는 차 안에서, 그래도 우리 호박이 젤 잘 생겼다는 신념을 거듭 확인하였다.

알밤 떨어지는 소리

막 사들인 냉장고에 불이 안 들어온다. 하동읍의 판매처에 가서 말하니 토요일 내일 3시에 AS 기사를 보내겠다고 한다. 3시에 왔다. 동료가 냉장고를 손보는 동안, 승합차 기사는 밤을 연방 줍고 있었다.

툭툭, 밤송이 떨어지는 소리, 탁탁, 알밤 떨어지는 소리. 처음엔 편이 놀랐다. 낮인데도 땅에 부딪히는 소리는 정적을 깨트리는 소리였다.

초여름엔 익은 보리로 누렇더니 지금은 고개 숙이는 벼들로 악양 들판은 황금색이다. 한 바퀴 사계절 변화를 얼추 보았다. 다시 저 들판은 보리 싹으로 파래질 것이다.

연이 심어졌으니 이제부터 연못이다. 좀 시들긴 했지만 얼마 전에 심은 연이 죽지는 않았다. 겨울 지나고 봄이 오면 새순이 날 것 같다.

대충 심은 방아가 꽃을 피웠다. 여름내 그리고 지금까지 된장국을 더 맛나게 도와준 식물이다. 잎만 좋은 줄 알았더니 꽃도 좋다. 씨를 받아 더 뿌릴 예정이다. 연못도 지키고 가을 길목도 지킨다. 방아 꽃이 서 있는 저 자리에 서서 바라보는 악양 들판의 전망이 제일 좋은지라, 겨울엔 저기를 메워 파라솔을 세울 참이다.

두둑

밭둑, 밭두렁, 밭두둑…. 밭둑을 지칭하는 이름은 어떻게 불러도 느낌부터 편하다. 걸어보면 발바닥도 편하다. 논둑은 형태가 뚜렷이 드러난다. 밭두둑은 그렇지 않은 경우가 많다. 물을 가두어야 하니 논둑은 선이 뚜렷해야 할 것이다.

두둑을 만들었다. 없던 밭둑이다. 걷고 싶어 만들었다. 왼편, 오른편으로 고개 돌려 이리저리 보고 싶어 만들었다. 몇 개 더 만들 것이다.

씨앗을 마저 심고 나서 두둑에 섰다. 물끄러미 먼 곳을 바라보았다. 관조였다. 내가 만든 밭두둑, 봄에 제비꽃 피었으면, 생각하고 염원하고 기다린다. 다른 풀이 먼저 날 것이다. 더 잘 자랄 것이다. 그래도 제비꽃을 맘에 그린다. 밭둑은 동매리 길과 맞닿아 있다. 우연이다.

돌아오는 길은 늘 바쁘다. 치울 것도 많고 챙길 것도 많다. 부산까지

의 165km가 짧은 거리는 아닌지라 충분히 쉰 후 출발한다고 다짐을
하는데도 늘 그리되지 않는다.

밭에서 내려오는 길, 띄엄띄엄 다섯 집 사이의 텃밭에 옥수수가 익
고 있다. 네 채의 집은 할머니 혼자 거주하는 집이다. 그 할머니들, 밭
에 가시다가 우리가 와 있는 걸 보면 반가워한다.

9월 중순, 동매리 이곳 우리 농막에서 보낸 이틀 동안 한 일도 많고
소득도 높다. 표가 나지 않는 일이다. 일요일 어제는 내내 자면서 보냈
다. 참, 악양에서 사과나무는 보지 못했다.

반주와 주선율

벼르고 벼른 끝에 색소폰 반주기를 하나 샀다. 제법 고가 상품이어서, 또 반주기를 곁들여 불기에는 아직 악기 다루는 손과 입이 서툰지라 오래 망설였다. 동매리 차밭 다니면서 드는 돈이 지갑의 무게를 표나게 줄이고 있는지라 결심하기가 쉽지 않았지만, 오히려 그것은 결심을 촉발시키는 계기가 되었다. 동매리 농막에 반주기를 가지고 가면 그 집은 그때부터 색소폰 하우스가 되기 때문이다. 거기에 가면 원 없이, 마음대로 소리 내어 불 수 있다. 내 콘서트홀이 된다.

기계, 참 대단하다는 생각이 든다. 아직 제대로 부릴 줄 모르지만 원하는 방식의 반주가 무궁무진 되는 것으로 알고 있다.

반주(伴奏, accompaniment), "악곡의 주요 성부를 보충하거나 강조할 목적으로 곁들이는 성부 또는 그 연주를 말한다. 예를 들면, 피아노 연주에서 오른손으로 선율이 연주되고 왼손의 화음이 그것을 보충하는 경우, 왼손의 성부는 선율의 반주로 간주한다. 또 가곡이나 바이올린소나타 등에서는 독창(독주) 성부에 대하여 피아노의 성부 전체가 반주가 되고, 독창·독주에 대한 이와 같은 피아노나 오케스트라의 연주에 의한 지지 그 자체도 반주로 불린다. 악기의 능력이 향상됨에 따라 화성적인 반주는 중복·대조의 두 가지를 흡수·종합한 형태를 취하게 되고, 반주의 표현력도 확대되어 갔다. 현대에 가까워짐에 따라 반주에 주어지는 음악적 의미는 커지고, 주요 성부와의 주종 관계는 일반적으로 인정되지 않게 되었다." (대백과사전)

요새 나는 밥 먹는 시간이 표나게 늘어났다. 여태껏 나는 밥을 후딱 해치웠다. 밥을 천천히 먹는다는 것은 내게 불자의 수행과 다름없는 일이었다. 마음은 '천천히, 천천히'라고 지시하는데 손은 늘 '후딱'이었다. 세월의 그늘은 머리에 먼저 드리우는 것일까? 그럴 것이다. 하지만, 내 머리는 젊음의 의미를 채 알기도 전에 색깔이 변했다. 세월의 그늘은 또 눈에? 귀에? 이에? 그럴 것이다. 고마운 것은, 아직은 그런대로 내 눈과 귀와 치아가 쓸 만하다는 점이다.

치통을 아직 한 번도 겪지 않았다. 복이다. 하지만, 간수를 잘못한 까닭에 손을 본 이(치아)가 몇 개 있다. 그래서 이젠 부드럽게, 천천히 씹어야 한다. 그렇게 노력해도 되지 않던 밥 시간 연장이 이제 내 밥상머리 패턴이 되었다. 그 후 달라진 점은 반찬의 오묘한 맛을 더 잘 알게 되었다는 점이다. 밥맛으로 먹는지 반찬 맛으로 먹는지 한쪽 입장에서 말할 수 없게 되었다.

말하자면 밥과 반찬 중 어느 게 주(主) 즉 멜로디이고, 어느 게 종(從) 즉 반주인지 모르겠다는 말이다. 밥 먹으려고 반찬 먹는 건지, 반찬 먹으려고 밥을 먹는지 그걸 더러 내 생각에 확인시킬 때가 있다. 편이 만드는 음식 옆에서 반찬만 먹을 때도 있다.

동매리에 가면 아직은 삽과 낫이 먼저다. 책과 원고와 색소폰과 디카는 후 순위이다. 하지만, 이번에는 거기서 며칠 밤을 보낼 예정이므로 알토와 소프라노 등 색소폰을 두 개 다 들고 내려갈 예정이다. 논문 마무리가 1순위, 디카 들고 할 악양천 및 회남재 그리고 토지문학관 앞의 고소성 트래킹이 2순위, 반주기의 색소폰이 3순위다. 순서에 따라 이렇다는 말이지 비중 면에서는 반주기 색소폰과 논문 원고 정리는 우열을 가리기가 어렵다.

연구실에서 반주기만 듣는 수가 자주 있다. 반주만 들어도 음악이 재미있다. 이런 식으로 재미를 계속 붙이다 보면 색소폰 즐기기 위해서 반주기 트는 건지, 반주 음악 듣기 위해 나팔 손에 들게 되는 건지 모르게 될 때가 올는지도 모른다.

　세상은 자꾸 뒤섞인다. 하나가 힘을 쓰던 시대는(진리 절대론) 시절은 아닌 것 같다. 멋도 그렇고 노사관계도 그렇고 가족관계도 그런 것 같다. 내가 주성부이고 너는 반주라는 주장을 하다간 코 다칠 수 있는 세상이다.(진리 상대론) 갑과 을의 관계도 이런 관점에서 풀어낼 순 없을는지.

　편과 나도 많이 뒤섞였다. 나도 편이고 편도 편이지만 그래도 지금까지는 내가 더 큰 편이라는 의식이 무의식중에 있었는데, 무게의 추가 내 쪽으로 더 기울어 있었는데 요샌 그렇지가 않은 것 같다. 그녀가 나의 동반자가 아니라 내가 편의 동반자라는 생각이 자주 든다. 편의 노래(견해)에 요새 내가 자주 반주하는 편이다. 이 말에 편이 동의해줄는지는 모르겠다만. 주선율과 반주!

오른 손 원고 일

한 줄 시 장식 꿈

"시 한 줄을 장식하기 위하여 꿈을 꾼 것이 아니다. 내가 월든 호수에 사는 것보다 신과 천국에 더 가까이 갈 수가 없다. 나는 나의 호수의 돌 깔린 기슭이며 그 위를 스쳐 가는 산들바람이다. 내 손바닥에는 호수의 물과 모래가 담겨 있으며, 호수의 가장 깊은 곳은 내 생각 드높은 곳에 더 있다." (소로, 월든)

꿈을 꾸었다. 시를 쓸 수 있다고 생각했다. 시적 감수성이 풍부하다고 생각했다. 몇 줄을 적었다. 선생님께 가지고 갔다. 용기를 내어 찾아간 교무실이다. 대충 보더니 "이 줄은 괜찮은데 저 줄은 아니다, 이 단어는 비슷한데 저 단어는 아니다." 라고 했다.

꼴에 자존심을 다쳤다. 학생들 사이에서 바람피우는 선생님이라고 소문난, 수업 실력보다는 머리 가르마와 포마드 기름과 줄 선 양복바지로 다른 선생님들을 압도하던 분에게서 감탄사가 아니라 '그런대로' 라는 표현을 들은 건 스타일 구기는 일이었다. 일찍 포기했다. 까까머리 여드름 고등학생 때의 무모한 자존심을 건드려준 그 선생님이, 지금은 더욱 고마운 선생님으로 되어 있다. 시 한 줄을 장식하기 위하여 꿈을 꾸고 있었다면 어찌 될 뻔했나. 일찍이 꿈을 깬 나는 덕분에 시인을 존경하게 되었다.

또 꿈을 꾸었다. 수선화를 심을 언덕이 있으면 좋겠다고 생각했다. 비록 적은 양이라도 물을 가둘 웅덩이가 있었으면 했다. 산이되 산속에 함몰되지 않고 마을과 멀지 않되 마을 가까운 곳이 아니면 좋겠다고 생각했다. 길이, 하이데거의 〈숲길〉 같은 길이, 〈들길〉 같은 길이 아련히 보이는 곳까지 뻗어 있었으면 좋겠다고 생각했다. 따라 흐르는 물(川)이 시야에 전망으로 열려 있다면 얼마나 좋을까 생각했다. 수선화는 꼭 심겠다고 생각했다.

꾸었지만 이룰 수 있는 꿈은 아니었다. 통영에 가면 통영에, 삼천포에 가면 삼천포에 욕지도에 가면 욕지도에 나의 꿈의 땅 샹그리-라(Shangri-la 마음속의 해와 달)가 금 그어졌으면 좋겠다고 생각했다. 하지만, 헛꿈이었고 개꿈이었다. 그곳이 고성이었으면, 그곳이 남해였으면 하고 바란 적도 있었다. 하지만, 여전히 헛물켜는 짓. 다만, 뜬금없이 이루어지는 내 여정의 한 색채였을 뿐.

바람처럼, 바람 따라 드나든 곳이 하동 섬진강 길이었다. 일 년에 다섯 번일 수도 있었고 삼 년에 한 번일 수도 있었다. 그렇게 스친 섬진강 하동 길이 햇수로는 이십 년도 넘었다. 악양골 초입, 『토지』의 평사리는 그렇게 드나든 바람길 마을이었다.

평사리를 지나, 지나도 한참 지나 악양 골 깊은 안쪽 동매리에서 바위 하나가, 돌담 긴 언덕이 나를 기다리고 있는 줄은 예전에 몰랐다. 미처 몰랐다. 바위는 십 년 전에 산에서 내려와 누군가를 기다리고 있었다고 했다. 이천오년 십이월 이십이일, 드디어 금을 그었다. 호랑이, 사자, 소, 곰 등 네 개의 얼굴을 한몸에 품은 바위가 지켜보는 언덕 밭이다. '야생차나무 언덕'이라고 이름을 붙였다. 야생차 나무 언덕 이야기는 이렇게 시작되었다. 이제 시작이다. 돌 깔린 기슭, 스쳐 가는 산들바람, 구름, 안개 그리고 꿈….

오른손 원고 일

"엎드려서 책을 읽는 것보다 부끄러운 일이 또 있겠는가. 장작 패는 법이라도 배우라. (…) 노동은 책 읽는 것 못지않게 집중력이 필요하다. 따라서 자신의 글 속에서 쓸데없는 잡담과 감상을 없애는 가장 좋은 방법은 육체노동을 하는 것이다. 아침부터 저녁까지 몸을 움직여 일하면 당신은 그 시간 동안 생각의 흐름이 끊어졌다고 아쉬워할지도 모른다. 하지만, 저녁에 방안에 앉아 그날의 경험을 단 몇 줄로라도 적어보라. 상상력은 뛰어나지만, 공상에 불과한 글보다는 더 힘 있고 진실성이 담긴 글이 될 것이다. 작가란 노동의 경험을 글로 옮겨야 하며, 그 자신의 삶의 원칙도 마땅히 그래야만 한다." (소로, 구도자에게 보내는 편지)

왼 낫을 구하는데 시간이 좀 걸렸다. 낫을 오른손에 들지 못한다. 노트북 가방은 오른쪽 어깨에 메면 멘 것도 안 같은데 낫은 오른손에 들면 영 낫질이 안 된다. 지난겨울, 그러니까 1월에 왼 낫을 구하는 전화를 하동읍 철물점 두어 곳에 했다. 없었다. 기다려도 없었다. 부산서 전화하고 세 번째 갔을 때도 있지 않았다. 그래서 화개장터로 갔다. 조영남의 그 노래에 나오는 화개장터 옛 구석에 가니 철물점이 있었고 왼 낫이 있었다.

재혼으로 만난 지금 남편이 큰 차밭도 운영한다고 신바람 반, 치맛바람 반 날리면서 즐겁게 말하는 부산 출신 아줌마는 이 낫 이래 봬도 일제라고 하면서 손에 쥐여 준다. 건네받은 낫이 날렵하고 준수했다.

그 낫, 지금 지쳐 있다. 날은 무디다. 베느라고 베었다. 봄, 여름을 지나 가을 다 가는 지금까지 그 낫 들고 낫질을 하는 데까지 했다. 살아오면서 벤 풀보다 이해에 벤 풀이 더 많을 것 같다. 낫에 미안하다. 낫이 고맙다. 왼팔에도 미안하다. 버거운 일을 올해 들어 부쩍 많이 시킨 것 같다. 그러잖아도 궂은일을 왼손이 많이 하는데.

밤이다. 동매리 이곳 농막에 이제 전기가 들어왔다. 노트북을 열수도 있다. 연다. 책도 편다. 원고를 손본다. 붉은 볼펜 일은 오른손에 시킨다. 오른손 원고 일이다. 왼손은 낮 내내 욕봤다. 잠이 온다. 새우 눈, 내 눈은 졸음이 오면 눈의 자리가 영 없어지고 만다. 내 눈, 없어지기 전에 원고에게 시선 한 번 더 줘야지. 본다. 쓸데없는 잡담과 감상이 많다. 공상에 불과하다. 진실성? 자신 없다. 과감히 버려야지. 편은 늘 무 배추 다듬을 때 과감히 버린다. 동매리 이곳에서는 밤에 일기를 쓴다.

활활 이스크라

활활 이스크라

12시 반에 집에서 점심을 먹고 출발하였다. 함안 나들목에서 빠져나왔다. 지난번 시외버스 타고 부산으로 돌아올 때 고속도로 정체를 피해, 샛길로 간다고 하면서 빠져나간 길을 확인하기 위해서였다. 사봉을 거쳐 문산 나들목을 통해 다시 고속도로로 들어왔다. 평소보다 시간이 30분 더 걸렸다. 함안 국도길, 내내 코스모스였다.

악양으로 들어서니 코스모스가 천지를 이룬다. 차를 세우고 사진을 찍었다. 편과 아이들에게 보여주었으면 하는 아쉬움이 있었다. 섬진강 건너 전라도 길의 내내 이어지는 코스모스에 감탄하고 들어온 터였다.

악양면 소재지 만물상에서 집게를 샀다. 1,000원. 이 집게로 밤송이를 잔뜩 주울 것이다. 그런데 집게가 영 힘이 없다. 밤송이를 제대로 집을 것 같지가 않다. 청학사 길 초입, 약수장에서 물을 뜨는 데 한 시간 걸렸다. 약수장에서 내려다본 들판은 익어가는 벼들의 황금색으로 말미암아 햇살은 더욱 눈 부신 조명이었다.

동매리 농막으로 들어선다. 까치가 한 마리 푸드덕 난다. 내 없는 농막을 지키다가 내가 들어서니 비켜 주는 것 같았다. 더 놀다 가라고 말할 틈도 없이 뒤 밤나무 숲으로 날아가 버렸다.

날아간 까치 날갯짓 여운 그 아래엔 들국화가 막 세운 전봇대를 감싸고 있었다. 꽃으로 피어 군락을 이루고 있었다. 전신주 그로 말미암아 적막강산이던 내 농막에 불을 켤 수 있게 되었다. 내 왔다고 인사할 때 전신주를 빼놓지 않는다. 들국화에, 또 전신주에 다가가서 아는 체했다.

연못의 물이 맑다. 거울이다. 연못엔 하늘, 두어 점 구름의 하늘이 있었다. 밭을 지키는 수호 천사 바위에 '안녕' 눈인사를 했다. 미소 짓는다. 어떤 땐 근엄하게 보이는 큰 바위 얼굴이다. 저 바위는 우리 농막 근위대장이다.

초승달, 그보다 좀 더 자란 손톱처럼 생긴 달이 떴다. 형제봉을 물들인 노을이 서서히 사그라진다. 활활 이스크라(iskra, 불꽃)이다가 소멸하는 희나리로 된다. 노을이 황홀하다. 디오니소스 축제가 생각난다.

오늘부터 3일까지 닷새 동안 여기서 지낸다. 2일, 편이 내려오면 3일 함께 돌아간다. 혼자 있는 동안 올려야 할 생산성의 부피가 엄청나게 크다. 논문, 산문 그리고 트래킹 또 사색, 밭일 색소폰 등.

초롱초롱 불빛

적막한 곳에서 혼자 있을 때 작은 발광체도 든든한 친구가 된다. 어젯밤의 손톱 달이 그랬다. 오늘은 달이 가려진 것 같다. 어제보다는 좀 더 자란 달일 텐데 구름 때문에 얼굴을 내밀지 못한다. 구름이 훼방꾼이라는 생각이 들었다. 낮에, 비가 와야 한다는 소리를 마을 사람에게서 듣고, 비가 와야 한다고 맞장구쳤는데도 말이다.

새벽, 3시 반이다. 커튼을 열어젖히니 밖은 아직 어둡다. 맞은 편, 청학이 골의 한 집 옥외등(가로등)이 내 창까지 들어온다. 먼 거리인데도. 좀 후 일어나니 4시다. 자리에 앉았다. 6시, 오토바이 소리가 난다. 아직 캄캄하다. 밤 숲에 가는 사람이다. 젊은 분일 것으로 생각했는데 마을 부녀회장 남편 그분은 62세 부근이라고 했다.

오전, 책장을 넘겼고 출력한 원고 손질을 했다. 야스퍼스를 읽었다. 그리고 색소폰. 불고 있는데 누가 밖에서 부른다. 내다보니 이장이었다. 지난번 그의 집을 방문했을 때 그는 부재중이었다. 아주머니와 뒷산에서 송이버섯 살피다가 내려오는 길이라고 했다.

오후. 점심 먹고 슬그머니 시작한 일이 땀 빼도록 하는 일이 되었다. 보내는 닷새 동안 호미나 낫, 삽은 손에 들지 않을 것이라고 결심, 결심하고 내려왔다. 뜻대로 되지 않는다. 먼저, 밭의 돌멩이를 골라내었다. 돌멩이의 쓰임새는 많다. 그리고 파라솔 받침대를 내려놓기 위한 구덩이를 팠다. 이건 번쩍 떠오른 생각의 결과이다. 테이블 중앙의 구멍에 파라솔을 끼우지 못해 불편했는데, 땅을 파서 구덩이에 받침대를 놓으면 되겠다는 생각이 문득 든 것이다.

그렇게 당당하던 풀들의 기세가 완전히 꺾였다. 새 풀이 나지 않는다는 뜻은 아니다. 얼마 전 정지한 밭에 지금 봄의 풀인 듯 연두색 풀들이 새록새록 돋고 있다. 하지만, 대체로 풀들은 시들어가고 단 결실들 때문에 쓰러져 간다. 마른 풀들은 겨우내 야생차나무 어린 순의 이불 노릇을 할 것이다.

K가 왔다. 내일 오후에 노전마을 뒷산(형제봉 아래, 청학사 부근)에 으름 열매 따러 가자고 했다. 송이버섯도 많다고 했다. 여기 산들에 송이버섯이 많지만, 동네 사람들이 대부분 노인인지라, 따러 가는 사람 없어 그냥 묵혀진다고 하는 말을 지난번 싸리버섯을 주고 내려간 사람에게 들은 터이다.

이왕 삽을 든 김에 옥외 화덕을 만들어야겠다는 생각을 했다. 화덕을 만들었다. 처음엔 장작 난로를 밖에 놓을 생각이었다. 해질 무렵, 모락모락 올라가는 굴뚝의 연기를 생각한 것이다. 그러다가 화덕을 설치하는 것이 더 낮겠다는 생각이 난로 생각을 압도했다. 본격적으로 화덕을 설치하기 전에 임시로 만드는 화덕이었다.

힘든 작업이었다. 삽과 괭이에 저항하는 돌멩이들과의 한판 전쟁이었다. 블록을 ㄷ자 모양으로 쌓고는 그 위에 석쇠를 얹으니 내 눈에는 잘 만들어진 화덕으로 보였다. 힘들게 만든 작품인지라 금방 정이 든다.

밤송이를 주워 모았다. 그리고 밤을 석쇠에 얹었다. 물론 껍질에다 상처를 내어 불에 얹었다. 그렇게 하지 않으면 밤이 팽창, 폭발한다. 석양을 보면서 피우는 불의 재미란, 군밤 맛이란. 혼자서! 이 기분 누가 알까?

전율이었다. 군밤 맛도 맛이지만 타는 밤송이의 불, 열, 빛이 더 든든한 친구 되어 주었다. 아이들 데리고 편과 함께 이른 시일 안에 와서 밤과 고구마를 구워야겠다고 생각했다.

해가 진다. 석양이다. 해는 지리산 남부 능선 끝자락 형제봉 뒤로 넘어간다. 막 넘어가는 순간이다. 늦게까지 밤을 줍던 박 씨 할아버지도 내려갔다. 나 혼자다. 닷새 중 그 두 번째 밤이 이제 시작된다. 아무도 없다. 저편 먼 길, 어쩌다 지나가는 차도 보이지 않는다.

밤의 마을 불빛과 새벽 불빛이 다르다는 것은 이곳에서 밤을 보낼 때마다 느끼는 불에 대한 상념이다. 밤의 불빛은 번지는 불빛이다. 새벽 불빛은 초롱초롱한 불빛이고. 그 어느 쪽도 생텍쥐페리의 '야간비행' 불빛을 연상시킨다.

늦게까지 화덕에 불붙여 연기를 내고 있다가 안으로 들어왔다. 들리느니 정적의 숨 쉬는 소리뿐이다. 보이느니 아랫마을들의 몇 불빛뿐이다. 불빛 저 정경을 어떻게 묘사해야 할는지 모르겠다. 보고만 있다.

구름이 계속 달을 가리고 있다. 가리지 않았으면 별이 보일 텐데. 어제, 초저녁 별빛이 여린 달빛에도 그런대로 초롱초롱 했는데…. 이틀 밤을 더 새면 편이 내려온다.

으름과 송이버섯

으름-열락과 법열

4시 반에 자리에 앉았다. 밖을 내다본다. 마을 불들이 더욱 초롱초롱하다. 논문 초고 준비하였다. 6시 반, 경운기 소리가 들린다. 박 씨 할아버지가 밭에 오는 소리다.

돌담 아래 도랑을 정비했다. 빙 두르는 밭길을 걷기 좋도록 평탄하게 할 참이다. 할머니가 끌 것을 끌고 힘겹게 올라오신다. 갈 씨 할아버지네 할머니다. 아침술을 한잔했다고 했다. 영감이 하도 술을 마셔, 빼앗아 마시는 술이 자기도 이렇게 한 잔씩 하게 되었다고 한다. 밤 포대를 이고 한 분이 내려온다. 동매마을 부녀회장이라고 자기를 소개했다. 알고 보니 새벽에 오토바이 소리를 내는 분의 부인이었다.

편이 된장찌개 거리와 김치찌개 거리를 잘 챙겨 주었다. 된장은 어제, 김치찌개는 오늘 차례다. 아무래도 간이 잘 맞지 않는다. 전화했더니 김치를 썰어 넣었느냐고 반문한다. 콩나물 등 자료만 넣고 정작 김치 썰어 넣는 것을 잊어버린 것이다.

오후 1시, K네 집으로 갔다. 함께 으름 따러 가기로 한 것이다. '으름', 말은 들었는데 한 번도 보지를 못했다.

그는 이게 으름 엑기스라고 하면서 항아리를 가지고 나온다. 알맹이가 설탕 속에서 다 녹아 형체를 알아볼 수가 없었다. 그리고는 마른 껍질을 보여 주면서 이게 으름 껍질이라고 하였다. 콩깍지 같았다. 내가 짐작한 형태와는 영 딴판이다.

그의 지프로 갈아탔다. 노전마을 위, 청학사 뒷길로 간다. 형제봉 오른 길이다. 비포장 길로 들어선다. 가파르다. 노면도 고르지 못하다. 불안했다. 하지만, 이 정도는 끄떡없이 갈 수 있다고 했다. 내려올 때를 생각하니 더 아찔하다.

차를 산죽 속에 꼬나박듯이('꼬라박다'의 방언) 세웠다. 그리고 앞장서서 헤치고 나갔다. 산죽, 무성해도 보통 무성한 것이 아니다. 형제봉보다 좀 아래다.

어느 지점에 가더니 위를 보라고 했다. 저게 으름이라고 말해준다. 내가 짐작한 열매와는 아주 딴판이었다. 위를 보니 나무를 칭칭 감은 줄기에 큰 열매가 주렁주렁 달렸다. 줄기는 다래 같았고 열매는 콩 모양이다. 억지로 이름 붙인다면 슈퍼 콩. 난 처음 보는 열매였다. 주렁주렁 달렸었다. 한 송이 따서는 먹어 보라고 준다. 먹는 방법도 알려주었다. 설탕을 과하게 뿌린 듯이 달다. 우물우물 먹었다. 검은깨 같은 씨들을 씹지 않고 삼켰다.

잽싸게 나무 위로 올라간다. 영락없이 타잔이었다. 조심하라고 했더니 내가 누구냐고, 악양 토박이 아니냐고 하면서 걱정하지 말라고 한다. 그가 따서 아래로 던지면 나는 그것을 주워 알맹이와 껍질을 골라내었다.

손가락으로 속을 헤집어 알맹이를 골라낸다. 속살이다. 이리 부드러울 수가 없다. 벌어진 속을 들여다본다. 이리 순백할 수가 없다. 다시 눈을 위로 들어 매달려 있는 모습을 본다. 아래쪽을 향해 벌리고 있으니 바람이 불어 먼지가 일어도 전혀 오염되지 않겠다는 생각을 해본다. 다시 으름의 벌어진 모습을 본다. 남성을 품고 있다. 으름은 아무리 봐도 또한 여성이었다.

시감(視感), 촉감(觸感), 미감(味感) 등 어느 면에서도 여성적 열매였다. 깊은 산 속 은밀한 곳에 숨어 있는 점까지 그랬다. 으름을 처음 보고 만지고 먹어본 내 생각은 열락, 이 한마디로 압축된다. 자꾸 먹으라고 권유한다.

여러 개 먹었다. 음미하며 먹었다. 천천히, 녹여가면서 성의를 다해 우물거렸다. 밀교 의식하는 기분으로 음미했다. 혀, 손가락, 눈, 다 즐겁다. 법열이었다. 형제봉 아래 이곳은 비경, 비밀의 정원이었다. 유혹하는 꽃들도 여기저기 흩어져 있다. 한 통 가득 땄다. 껍질도 모두 다 챙겼다.

송이버섯―제대병, 산까치, 사춘기

이번엔 송이버섯 따러 가자고 했다. 그가 앞장섰다. 위로 올라가야 하니 으름을 여기 두고 가는 게 좋겠다고 말한다. 그냥 들고 가는 게 어떻겠냐고 했다. 별로 안 무겁고 또 길이 어긋날 수도 있지 않으냐는 생각을 한 것이다. 배낭을 멘 나의 양손은 으름이었다. 한 손엔 편에게 보여주기 위한 으름 세 송이, 다른 손엔 으름 껍질 주머니가 들려 있었다.

길이 가파르다. 밀림이다. 발자국이 있지만, 흔히 다니는 등산로는 아니다. 발이 솔잎에 빠지다시피 했다. 푹신푹신 발걸음이 편하다는 말이다. K의 발걸음 재빠르다. 난 당황했다. 너무 높이 올라가고 길이 산

죽에 파묻혀 시계를 확보할 수 없었기 때문이다. 얼마를 더 올라가야 하는지, 어디로 가고 있는지를 말해주지 않고 그는 잽싸게 앞장서기만 한다.

형제봉이 어느 지점이냐고 물어보면서 산을 참 잘 탄다고 말했더니, 바로 위가 형제봉, 오른편은 큰골, 그다음이 부자 골이라고 하면서, 이 골 저 골 소 먹이러 다닌 길이라고 말하면서 조금만 더 올라가자고 한다. 이런 경우가 진퇴양난, 빼도 밖도 못하는 상황이다. 혼자 내려갈 수가 없으니 끝까지 따라 올라갈 수밖에.

여기 오는 동안 사람 한 명 만나지 못했다. 등산로가 아니어서 그럴 것이다. 조용하다. 앞서 올라간 K가 소나무 아래 양탄자처럼 깔린 솔잎을 조심스레 헤집으면서, 있어야 하는데 하나도 없다고 말한다.

안도의 한숨을 쉬었다. 다 온 것이다. 높이가 어느 정도냐고 했더니 해발 800m 정도 지점일 것이라고 했다. 위에 형제봉이 보였다. 지금부터는 아래로 내려가면서 송이버섯을 찾게 된다.

부풀어 오른 지점에 송이버섯이 있다고, 사춘기 여자아이 가슴처럼 봉긋 솟아있는 지점의 솔잎을 헤치면 거기 송이버섯이 있다고, 발을 조심하라고 일러준다.

계속 훑어 내려가도 발견되지 않았다. 멧돼지 배설물, 파헤친 흔적만 있었다. 이렇게 끝나는 줄 알았다. 그래도 좋다고 생각했다. 등산 한번 잘한 것 아닌가.

그런데 갑자기 정적을 깨트린다. "배 교수님, 여깁니다." 하고 냅다 지르는 탄성이 들린 것이다. 말하자면 '심 봤다!' 하는 외침이었다.

발견되는 그 지점에 모여 있는 법이라고 말하면서 두리번거렸다. 다섯 송이를 캐었다. 송이버섯을 생각해 본다.

그 하나, 제대병 송이버섯. 아직도 나는 지나가는 해군 찝차를 보면 경례! 붙이고 싶어진다. / 그런 날에는 페루를 향해 죽으러 가는 새들의 날개의 아픔을 / 나는 느낀다. 그렇다, 무덤 위에 할미꽃 피듯이 내 기억 속에 / 송이버섯 돋는 날이 있다. 그런 날이면 내 아는 사람이 / 죽었다는 소식이 오기도 한다. 순지가 죽었대, 순지가! / 그러면 나도 나직이 중얼거린다. 순, 지, 는, 죽, 었, 다 (이성복-제대병)

그 둘, 산 까치 송이버섯. 타오르듯이 산곡을 훑고 지나가는 고라니 울음소리. 애기단풍나무 홀로 요람을 걷는 아침 여명(黎明)이 끝나지 않은 산길에는 곰솔 가랑잎 떨어지고, 황홀한 구름 너머로 송이버섯이 돋고 있다. 그 어떤 기다림으로도 다가갈 수 없는 산 넘어 산속 나의 오두막 귀틀집 마당에는 섶 불을 올리며 따스한 아침을 마련하는 산 까치 같은 여인이 있을 터이고, 산록을 펴서 깔아놓은 잠자리에는 흥건한 사랑이 이슬처럼 내리고 있을 것이다. (정재학- '숲에서 쓰는 시' 중 '산 까치에게' 일부)

그 셋, 사춘기 여자아이 벙긋 가슴 송이버섯.

내려오는 길, 중대리 마을 다랑논도 풍년 황금색이다. 지프에 올랐다. 가파른 길을 내려갈 것을 생각하니 타면서도 걱정이 되었다. 소형 지프인지라 좁은 산길에서는 안성맞춤이었다. 아까 올라올 때, 차가 도랑에 빠져 헛돌 때, 그가 내려 앞바퀴의 나사를 제치는 걸 봤다. 뭣한 거냐고 물어봤더니 후륜 구동을 전륜 구동으로 전환한 것이라고 했다. 서너 번 아찔해지고 난 후에야 청학사 위 특이한 건축 양식의 집까지 왔다. 온통 철판으로 이루어진 집이었다.

주인은 사진예술가였다. 녹이 슬었다고 옆에서 말하니, 주인은 녹이 슬도록 설계된 건축이라고 한다. 세 칸 건물이 독립적이면서 한 채의 집을 이루고 있었다. 집이 앉은 지점도 앞뒤 차밭도 급경사였다. 오르내리는 길 또한 좁고 가파르다. 높고 깊은 산 속의 한 채 집, 밤에는 불을 환하게 켜야 할 것 같았다.

돌아와서 씻고는 7시부터 잤다. 농막에서 혼자 자는 3일째 밤이다. 내일은 편이 오는 날이다. 구름 속의 달, 그리고 앗, 개똥벌레! 한 마리 개똥벌레다! 밤인데 혼자 나와 저리 유유자적 이리저리, 앞으로 뒤로 왔다 갔다 할 수 있는가? 달빛 받은 개똥벌레 불빛이 찬란히 형형(炯炯)하다. 산책? 부유? 방황 중의 배회는 아닌 것 같다. 달은 다시 봐도 밝다. 혼자 달, 혼자 나! 추석 앞둔 달이 차밭을 훤히 비춘다. 동매리 농막의 밤은 또 이렇게 깊어간다.

10월 소묘 몇 점

들킨 다리

일요일, 하동 시외버스 정거장에서, 부산서 내려온 편과 만나, 바로 섬진강을 건넜다. 섬진강을 사이에 두고 화개, 구례 가는 길이 나란히 뻗어 있다. 지금 코스모스가 천지를 이루고 있지 않은 곳 한 곳도 없을 것 같다. 하지만, 전라도 섬진강 길 이곳은 길섶에도 둔치에도 온통 코스모스 왕국이다.

길은 가도 가도 끊어지지 않는 코스모스 선(線)이다. 저기 코스모스 길 끝의 산 아래가 박경리 토지의 평사리 마을! 화개, 화개장터의 화개를 전라도 쪽에서 바라보면서 가고 있다.

숨느라고 숨어 있던 다리가 내 눈에 띄었다. 말하자면 '들킨 다리'다. 다리와 내가 숨바꼭질하기로 '가위바위보' 했던 건 아니다. 다리 자기가 이겨서 숨고, 내가 져서 찾아 나선 건 아니다. 결과적으로 그렇게 되었다. 커브를 도니 다리가 나타나는데, 다리를 본 순간, '숨은 다리'

찾았다는 생각이 들었다는 거다. 사실은 동서 화합의 다리라고 한다.

경상도 길에서만 보다가 전라도 길에서 보니 더 신선하다. 저 다리 오른편으로 들어가면 화개 장터이고 쌍계사, 칠불사로 가게 된다. 그리고 전설적인 빨치산 남부군 대장이라는 이현상이 총 맞고 숨을 거둔 빗점골(토끼봉 아래)도 저길 따라가면 있다고 한다. 전 요새 지리산 그 슬픈 역사를 틈틈이 공부하고 있다. 빗점골 그곳에 아직 가보지 못했다.

마지막 다리

조금 더 내려가니 왼편에 또 다른 다리가 나타난다. 무슨 다리? 의미는 주기 나름이니까 내 마음대로 의미를 주어 본다. 이별의 다리? 만남의 다리? 하지만, 내가 생각하는 다리의 이미지는 마리아 셸이라는 독일 배우가 나왔던 그 옛날 영화, '사랑과 죽음의 마지막 다리'이다. 차를 세워두고 저 다리로 걸어가, 왔다 갔다 해보고 싶었지만 참았다. 왜? 그냥! 배가 고파서. 다른 여느 다리들처럼 저 다리에도 많은 사연들이 이쪽저쪽으로 오갔을 것이다. 사연 없는 다리가 어디 있겠는가?

구례에서 빠져 나와 화개를 거쳐 평사리로 돌아오니 들판은 '황금 들판 축제' 준비가 한창이었다. 들판 축제는 허수들의 축제이다. 허수 아비만 있는 것이 아니라 허수 새댁, 허수 연인, 허수 할미, 허수 어미 등 허수의 신분이 하도 다양해서 그냥 허수라 부르는 것이 맞을 것 같다. 평사리 너른 들판이 온통 허수로 채워져 있다.

저기 앞 들판 가운데 보이는 두 그루 소나무가 평사리 들판(무너미 들판이라고 함)의 표상이다. 황금 들판 축제와 토지 문학제는 함께 열린다. 토지 문학관 앞에 오니 토지 문학제 준비가 한창이었다. 이 두 축제는 10월 14~15일에 열린다.

행사가 열리는 이때 나는 다 익어가는 들깨도 벨 겸 해서 부산 집에서 이곳 악양에 내려와 축제 한 마당에 함께 하려고 했다. 그런데 그때 영암 월출산 등반하기로 정해지는 바람에 토지문학관에서 어슬렁거리지 못하게 되었다.

평사리에서 동매리 우리 언덕까지는 약 6K이다. 전라도 길을 따라 구례로 가서 악양 평사리로 들어와 동매리로 오니 점심때가 거의 다 되었다. 이장 집에 가니 알밤을 한 상자나 준다. 움막으로 올라와 점심 겸해서 아침을 먹었다. 물론 밥은, 쌀을 씻어 안친 후 스위치를 꽂아 놓았기로, 되어 있었다. 밥이 잘 되었다고 편이 격려해 준다. 칭찬을 들으니 기분 좋았다. 똑똑한 아이에게나 모자라는 어른에게 칭찬의 효과는 크다. 밥을 먹고 나니 배고픔이 사라졌다. 10월 2일 오전은 이렇게 갔다. 오후엔 땅 파고 고르고 돌 줍고 밤송이에 불붙이고 했다.

쟁반같이 둥근 논

오늘은 편이 오는 날이다. 혼자 내려와 머문 지 나흘째다. 부산서 7

시 첫차를 탄다고 했다. 아침부터 서둘렀다. 편 맞이 대청소를 안팎으로 실시했다. 속옷과 수건, 걸레를 빨았고 그릇을 씻고 방을 쓸고 닦았으며 널려 있는 것을 정돈했다. 해 질 무렵 편과 함께 화덕에 불붙이고 구울 밤 그릇도 챙겼다. 하지만, 편의 눈에 차지는 않을 것이다.

좀 빨리 나섰다. 읍내 버스 터미널에서 미리 기다릴 참이다. 문자 메시지가 온다. 진주 못미쳐, 문산 휴게소인데 9시 20분경에 하동 터미널에 도착할 예정이라는 차내 방송을 한다고 했다. 그렇다면 가서 기다리기에 너무 이른 시간이다.

동네 앞, 형제봉에서 내려오는 물과 시루봉에서 내려오는 물이 만나 악양천을 이루는 동매교에서 차를 돌렸다. 돌리면 덕기마을로 간다. 덕기는 악양 맨 안쪽 끝 마을이다.

악양 천지 논들은 온통 다랑논이다. 다랑논 아닌 논은 얼마 되지 않는다. 그런데 덕기 가는 이 길옆엔 평지 논이 몇 있다. 그중 하나, 쟁반같이 둥근 논, 그 논에도 황금 나락 가득 이다. 가득 그 나락, 알알이 미소였다. 내 눈엔 그렇게 보였다. 한바탕 웃음을 그들은 노란색으로 웃고 있었다.

쟁반? 쟁반은 비어 있어도 풍요롭다. 내용물 많고 적음에 관계없이 풍요를 표상한다. 쟁반, 각보다는 원이 더 평등을 표상하는 것으로 보인다. 쟁반은 원이다. 높낮이의 차이가 있긴 하지만 둥근 쟁반은 내용물을 평등하게 대접하는 것으로 보인다. 쟁반이 좋다. 쟁반, 접시라는 말보다는 쟁반이라는 말을 더 써야겠다. 왜? 잘 안 쓰는 말을 여기서 지금 반복해서 들먹이고 있으니까.

그래서 그럴까? 쟁반같이 둥근 논의 둥그스름한 논둑이 각진 논둑보다 시선을 더 편하게 한다. 요새 논들, 웬만하면 각이 진다. 경지 정리 때문이다. 경지 정리는 농업의 과학화를 말한다. 원보다는 각이 더 과학적인 모양이다. 둥근 논, 반갑다. 그 논의 나락, 더 황금색으로 보인다. 코스모스는 둥근 논의 황금색을 더 선명하게 했다.

잊히지 않는 글이 있다. 시? 글? 어떻게 불러도 좋다. 초등학교 시절의 아련한 기억 그 흔적이다. 처음으로 외운, 그러면서 아직도 기억하는 우리말이다. "달 달 무슨 달. 쟁반같이 둥근 달 어디 어디 떴나. 남산 위에 떴지."

기억 속 책에서의 그달은 유달리 노란색이었다. 그때 책이 색채로 인쇄되었을 리 없는데 기억은 그렇게 되어 있다. 틀릴 것이다. 병아리 노란색 그것은 가득 찬 노란색, 충만의 색이었다. 그 후로 병아리 그 색은 내게 꿈의 색이었다. 이룰 꿈을, 못 이룰 꿈을 표상했는지 그건 모른다. 모르는 게 더 나았다는 생각이 든다. 지금 내가 보는 달은 기억 속의 그달만큼 노란색은 아니다. 남산, 동매리 여기서 보니 달은 동산에서 뜨는 것이었다. 남산이 아니었다. 그리고 쟁반, 쟁반 같은 덕성이 쌓일 법도 한 나이가 되었는데. 부끄럽다.

질서 있는 혼돈

벼는 익어 고개를 숙이고 있었다. 풀들 또한 익었다. 가지 전체가 온통 씨다. 풀들은 씨앗을 이고서도 고개 숙이지 않았다. 코스모스, 온통 꽃이다. 코스모스는 고개 숙이지도 뻣뻣하지도 않았다. 하늘거릴 뿐이었다.

내 농막 오르는 농로 초입의 한 뙈기 이 논은 여름 내내 내 시선을 어지럽힌 논이다. 뒤죽박죽 뒤엉킨 이 논의 주인은 게으른 분임이 틀림없다고 생각했다. 유달리 잘 정돈된 악양 논들 가운데 유독 난장판 논이었다.

그 논에 꽃이 피었다. 코스모스가 피니 혼란(카오스)스럽던 이 논이 질서(코스모스)로 되었다. '코스모스가 있는 카오스'라고 말해도 좋겠다. 논 주인에 대한 생각도 바뀌었다. 게으른 사람에서 자비로운, 품이 넉넉한 사람으로 말이다. 사실 무질서하기로 말하면 내 밭이 더 심하다. 심은 차 씨앗이 발아하기를 기다리면서 여름 내내 풀들이 저들의 왕국을 이루도록 내버려 두고 있었기 때문이다. 아니, 손 쓸 틈이 없었다는 말이 더 맞다.

편이 도착하려면 아직 멀었다. 시간을 좀 더 보내고 하동읍으로 나가야 한다. '쟁반같이 둥근 논', '병아리 둥근 색'을 왼편에 두고 코스모스 환호를 받으며 끝 마을 덕기마을까지 천천히 갔다. 차창을 네 개 모두 내리고 갔다.

뿌린 재

오늘은 집으로 돌아가는 날. 화덕의 재를 부추밭에 뿌렸다. 부추는 재로 길렀다는 기억을 편이 해낸 것이다. 그리고 닭똥 거름을 잘게 부순 다음 부드러운 흙을 섞어 버무리어 마늘밭에 뿌렸다. 그리고 마늘밭의 북을 돋웠다. 밭이 한층 더 단정한 모습으로 변했다.

들깨를 쪄야 할지 말아야 할지 판단이 서지 않는다. 편은 유심히 살피더니, 일부만 찌자고 하면서 가위로 자른다. 다음번에 내려왔을 때 다 찌기로 하였다.

으름 껍질을 농막 안에다 널었다. 그리고 밤도 방안에 펼쳐 놓고 가기로 하였다. 잘 마를 수 있도록 창문을 조금 열어두느냐의 문제를 검토했지만 닫아 두기로 했다.

기다리는 신발

10월 초입, 여름의 그곳으로 다시 올라갔다. 길 양옆에 늘어선 코스모스의 열광적인 박수를 받으면서 여름의 그 자리로 걸어서 올라갔다. 차를 가지고 가도 될 정도의 거리를 걸어서 올라간 것이니 이를 트래킹이라 불러도 될는지 모르겠다.

등촌 다리 위 악양천이 시작하는 초입에 보가 있다. 보 안에 가두어진 물이 제법이고 떨어져 내리는 물의 낙차 또한 상당히 제법 크다. 지난여름에는 보가 눈을 시원하게 하더니 가을인 지금은 서늘하게 한다.

돌 틈에 끼어 있는 신발 한 켤레가 눈에 띄었다. 지난여름에 있지 않았던 신발이다. 물놀이하러 왔던 사람이 젖은 신발을 말리려고 끼어둔 것 같았다. 버리는 신발로 보이지는 않았다. 이제 마를 만큼 말랐는데, 바짝 말랐는데 찾아가지 않고 저기 저대로 처박아 두어서 어쩌겠다는 건지 모르겠다는 생각이 들었다.

신발, 발의 주인인 자기를 걷게 하느라고 밟힐 만큼 밟혔는데, 발 주인인 자기의 생계를 위해 뛸 만큼 뛰었는데 저리 기다리게 해서 어쩌겠다는 생각이 문득 들었다. 버린 것이 아니라 말리는 것으로 보이는 모습 때문에, 신발 주인, 참 쩨쩨하게 군다는 생각이 퍼뜩 들었다. '쩨쩨하다.'라는 표현이 전혀 적용될 풍경이 아닌데도 왜 이런 생각이 든 것인지는 나도 모르겠다. 버려진 신발, 주인으로부터 잊힌 신발, "사노라면 언젠가는 밝은 날이 온다." 라는 데, 찾아온 주인의 손에 거두어질 날이 있을 것인지 궁금했다. 별것이 다 궁금하다.

　살다 보니 내게도 좋은 날들이 많이 있었다. 사노라면 언젠가는 밝은 날이 온다는 것을 살다 보니 알게 되었다. 다음에 내려가면 또 가 볼 생각이다. 또 내려갔었다. 그대로 있었다. 이번엔 겨울이다. 가니 신발은 그 자리에 있지 않았다.

형제봉

백선엽의 형제봉

남강 동쪽의 요지를 모두 점령하여 전선이 비교적 안정되고 있던 11월 중순 어느 날, 이종찬 참모총장으로부터 전화 연락을 받았다. 밴플리트는 나에게 "백 장군이 대게릴라전의 경험이 많다 하니 이 작전을 맡아 주어야겠다."라고 했다. 공비는 골치 아픈 존재였다. 공비는 도처에 출몰하고 있었으나 그중에서도 4도의 경계를 이루어 산악이 중첩된 지리산 일대는 이들의 심장부였다. 해방 이후 장기간에 걸쳐 암적 존재로 버텨온 공비의 핵을 단기간에 격파하는 것이 작전의 목표였다.

공비토벌에는 낙엽이 지고 눈이 쌓인 겨울철이 최적기이다. 당시 적정은 이 현상을 총사령관으로 하는 남부군단의 주력 약 3천8백 명이 지리산 일대에 출몰하는 것으로 파악됐다. 모든 조치는 작전개시 전까지 공비들의 정보망에 탐지되지 않도록 눈 깜짝할 사이에 이뤄졌다.

D데이 H아워는 12월 2일 아침 6시였다. 지리산을 포위한 3만여 병력이 산정을 향해 포위망을 좁혀 들어갔다. 작전은 토끼몰이와 같은 개념이었다. 작전 첫날 나는 화개장터 근처의 형제봉 쪽으로 나가 보았다. 수도사단 26연대는 공비들과 정규전이나 다름없는 작전을 벌이고 있었다. 때마침 추수가 끝난 후라 마을에서 거둬들인 식량도 넉넉해 한겨울을 무사히 넘길 것이라 생각했을 것이다. 정상까지의 소탕에는 1주일이 소요됐다. 12월 8일부터 각 부대는 공격했던 코스를 거슬러 산을 내려오며 정찰부대가 퇴로를 차단한 가운데 포위망을 뚫고 달

아나는 공비를 추격하며 토벌했다. 여기까지가 제1기 작전이다. 2주간에 걸친 이 작전으로 난공불락을 자랑하던 공비들의 근거지 지리산 요새는 철저하게 분쇄됐다. (한국 첫 4성 장군 백선엽, 6.25 한국전쟁 회고록, '군과 나', 217-227쪽 요약)

이태의 형제봉

11월 28일 저녁, 학동 골에는 악양 쪽으로 출격하는 남부군 1개 군단이 전투 채비를 갖추고 정연히 늘어서서 군 정치위원의 훈시를 듣고 있었다. 군 참모장의 작전지시가 하달되고 '아침은 빛나라'를 합창하여 충성을 다짐한 후 부대는 한 줄 한 줄 악양 분지를 향해 어둠이 깃든 산맥 속으로 빨려 들어갔다. 밤사이 악양 분지를 포위한 각 사단은 동이 트면서 일제히 공격을 개시했다.

지리산 주 능선 영신봉 부근에서 남쪽으로 내리뻗은 남부능이 삼신산에서 동서 두 가닥으로 갈라져 섬진강에 이르는 사이에 악양 분지가 펼쳐진다. 서쪽으로 형제봉을 중심으로 1천 미터 대의 산줄기가 구례, 화개장 사이에 벽을 이루고, 동으로는 구재봉을 중심으로 7백 미터대의 능선이 하동, 청암 사이를 가로막고 있으며, 섬진강 건너 광양 백운산이 남쪽으로 듬직한 모습을 보이고 있다. 밤사이 81사단은 구재봉 능선에, 92사단은 형제봉 능선에 진출하여 악양 분지를 차단하고 57사단이 소재지 마을에 들어가 정찰대의 보루대를 포위했다.

전투는 일진일퇴하면서 해가 저물고 밤이 됐다. 신호탄이 아래위에서 꽃밭을 이루었다. 그 사이 교도대를 비롯한 비전투 요원들은 분지 내의 마을들에서 식량을 거둬 가지고 북쪽 청학이 골로 실어 나르고 있었다. 12월 1일, 날이 밝으면서 군 참모부로부터 후퇴 명령이 하달

됐다. 김홍복 사단장이 정치부원들에게 말했다. '본격적인 군 작전이라는 게 분명해졌어.' 나는 제 발로 걸을 수 있는 부상자 서너 명을 끌고 구재봉 정상을 이탈하여 청학이 골까지 2십 리 길을 재촉했다.

청학이 골에 이르려 보니 이틀 동안에 그곳까지 운반해 놓은 쌀가마가 수북이 쌓여 있었다. 나는 부상자들을 인계한 후 쌀가마니를 하나 받아지고 학동으로 넘어가는, 바람벽에 Z자를 수없이 그은 듯, 한없이 먼 고갯길을 뚜벅뚜벅 걸어 올라갔다. 학동 골 트 자리에 짐을 풀어놓고 물개 떼들처럼 여기저기 흩어져 숨을 돌리고 있는데 별안간 박격포탄이 날아들기 시작했다. 학동 골은 삽시간에 아비규환의 아수라장이 되고 말았다.

작은 몸집의 전사 하나가 비스듬히 쓰러져 있었다. 폭풍에 얼굴 가죽이 벗겨져 피범벅이 된 살덩이에 두 눈알이 튀어나온 괴물 같은 형국을 하고 "대장 동무, 간호 병 동무" 하고 가냘프게 외치고 있었으나 아무도 거들어 보는 사람이 없었다. 늘어뜨린 뒷머리와 들고 있는 카빈총으로 겨우 소녀 대원임을 짐작할 수 있었다. 피투성이가 된 악양 전투의 부상자들이 땅바닥을 기듯 대열 뒤를 따르고 있었으나 부축해 주는 이는 하나도 없었다. 그야 마로 각자도생(各自圖生). 다리 한 짝이 파편에 잘린 앳된 얼굴의 대원이 피를 쏟으며 신음하고 있었다. 이미 의식이 없는 듯이 보였다. 권총을 찬 간부 한 사람이 문득 멈춰 서더니 소년을 껴안았다. 소년은 무슨 환각을 느꼈던지 그의 가슴에 얼굴을 파묻으며 기어갈 듯한 목소리로 중얼거렸다. "어머이요. 어머이…." "그래, 어머이한테 가거라. 가서 편안히 쉬어라. 인제 네가 할 일은 다 했다." 대장은 한 손으로 소년을 끌어안은 채 권총을 빼어 들었다. 소년의 머리에 권총을 대고 방아쇠를 당겼다.

옆 눈으로 그것을 보며 나는 대열이 흩어져 올라가는 방향으로 무턱대고 뛰었다. 국군부대는 잠시 만에 학동 골을 점령하고는 남부 능으로 추격해 올라왔다. 그러나 빨치산들은 그보다 훨씬 빠르게 거림 골을 향해 바람처럼 행적을 감추고 말았다. 이것이 남부군의 면 소재지급 취락에 대한 마지막 공격이 된 악양 습격전의 전말이다. 뜻하지 않은 강력한 군부대의 공세를 만나 사상자만 많이 내고, 학동 골까지 쳐올라온 월동 대비 식량의 태반을 되 뺏겨버린 '적자 싸움'이 그 결산이었다. (지리산 빨치산 수기, 이태의 '남부군' 下, 105-125쪽 요약)

핵폭탄이 터졌단다. 북한에서 터졌단다. 지하에서 터졌고 실험으로 터트렸다고는 하지만 좌우간 터지긴 터진 거다. 터졌다는 말이 거짓말이 아니라면. 형제봉, 다시 본다. 내일, 석양의 형제봉, 청학이 골을 난 또 어떤 눈으로 보게 될 것인가.

학이 나는 걸 동매리 내 자리서 늘 본다. 눈 아래서 난다. 백학이다. 물이 모인 곳 위에, 모여 떠서 하는 날갯짓, 백학의 날개들, 누군가를 위로하는 형상이다. 지리산은 숙연히 올라야 하는 산이라는 생각을 해보곤 한다.

나락의 길

지금 내려가면 동매리 우리 밭 옆 산의 밤은 다 털었을 것 같다. 떨어지는 밤 소리도 이제 못 듣게 될 것 같다. 어느 분의 산골일기에서, '툭' 하는 밤 떨어지는 소리와 '탁' 하면서 떨어지는 감 소리에 대한 묘사를 읽은 적이 있는데, 그때 시각적으로 읽고 있으면서도 청각적으로 더 느꼈던 기억이 있다.

그런데, 실제로 적요한 산기슭 밭에서 혼자 맞이하는 저녁 무렵에, '툭' 떨어지는 밤이 내는 소리가 얼마나 둔탁한 지구 때리는 소리인지를 체감하였다. '나비 날갯짓 효과' 라는 것도 잇대어 생각해 보게 되기도 했다.

밤은 다 땄어도 감은 이제 곧 따기 시작할 것 같다. 감 떨어지는 소리를 들을 수 있다면 그 소리가 우주 때리는 소리로 들릴 것인지 귀기울여 보겠다. 참, 감잎은 다 빨갛게 물이 들어 거의 떨어졌다. 알고 있는지 모르겠다. 지폐 같은 그 감잎이 벌써 다 졌다. 말하자면 이제 만추!

사람들이 또 콩잎 누릇누릇 물든 거 알고 있는지 모르겠다. 누릇누릇 물이 든 논둑의 콩잎들, 황금 들판축제를 준비 중인 평사리 들판길의 치장이고 장식품이다. 감잎이 졌다. 콩잎이 누릇누릇 익었다. 가을이 깊었다.

악양천 트래킹

차 시간을 알아보니 악양까지 가는 차가 있었다. 부산 서부 터미널에서 13시, 16시에 있었다. 악양을 거쳐 의신까지 가는 버스였다.

13시 버스를 탔다. 하동 시외버스 정류장에 15시 10분에 도착, 30분에 출발하였다. 악양에 내려 부산으로 돌아가는 차 시간을 알아보니 17시 45분에 있었다. 하루에 한 번뿐이라고 했다. 오는 버스 안에서 『장미의 이름』을 읽었다. 새삼 재미있음을 느꼈다.

악양에 내려 취간정 앞의 악양중학교 쪽으로 갔다. 걸어서 동매리까지, 늘 다니는 길 말고 맞은편으로 갈 생각으로 그랬다. 말하자면 상중대 마을 및 하중대 마을이 있는 중대리 쪽으로 걸어갈 참이었다.

길을 물을 때마다 이쪽으로는 길이 없으니 차도로 가라고 했다. 이쪽으로 가고 싶다고 했더니 농로는 있다고 했다. 걸어보니 큰 농로였다. 형제봉 및 시루 봉 그리고 동매리를 한눈에 바라보면서 걸었다. 길을 확인하면서 십리 길을 걸었으니 트래킹을 한 셈이다. 아니, 처음부터 트래킹이라고 생각하면서 걸었었다.

오는 도중에 보니 논 돌담 아래의 차나무들이 꽃을 피우고 있었다. 대봉감 마을답게 대봉감이 주렁주렁 달렸다.

박 씨 할머니를 동매교 조금 위, 길에서 만났다. 들깨를 빨리 베어야겠더라고 말했다. 베어놓을까 말까 고민하고 있었다고 했다.

올라와서 보니 과연 들깨가 다 익었다. 낫을 대니 뽑힌다. 그래서 낫을 놓고 아예 뽑아버렸다. 땅에 떨어진 씨앗이 많이 보였다. 무가 무성히 자랐고 시금치, 마늘도 났다. 상치도 순이 보였다. 내일 편이 내려온다. 오면 영암 월출산으로 갈 참이다.

오래 덮은 이불

새벽, 닭이 운다. 언덕 아래 동매 마을 어느 집의 닭장에서 우는 닭일 것이다. 아니면 건넛마을 평촌의 새벽 닭소리. 염불 소리는 안 들리고 목탁 소리는 들린다. 그냥 들리는 것이 아니라 귀를 기울여야 겨우 들린다. 먼 소리다.

곧이어 새소리다. 아직 겨우 여명인데 새 눈에는 어둠도 보이지 않는 모양이다. 아니, 어둠도 보이는 것 같다.

발동 소리는 그다음이다. 전차 발진하는 소리보다 절대 작지 않다. 새벽의 저 발동 소리는 경운기 발동 소리지만 곧이어 트랙터 엔진 거는 소리도 들릴 것이다. 트랙터 엔진 소리는 밤늦도록 이어진다. 트랙터는 악양 들판의 벼들을 영화 속의 탱크가 적군 해치우듯이 계속하여 해치우고 있다. 벼들을 논에 눕히지 않고 아예 세운 채 베어 탈곡해 버린다.

배낭을 메고 걸었던 추석 전의 악양 들, 누워 있는 벼를 드물게 봤다. '오래 덮은 이불'을 보듯 반갑게 봤다. 논둑엔 들국화가 피어 있었다.

나락의 길

평소 이용하던 하동 나들목이 아니라 그 직전의 진교 나들목에서 빠져 나왔다. 다른 길로 악양의 우리 밭까지 갈 참이다. 진교마을 한가운데를 거쳐, 고개 너머 고전면사무소 통과하여 하동읍에 도착하는 길을 택했다. 1003번 도로, 국도는 아니고 아마 지방도일 것이다.

여러 번 길을 잘못 들었다. 내비게이터를 설치하면 모르는 길을 따라갈 때 헤맬 일이 없다고 하는데 그래도 이를 장착할 생각은 없다. 시골길은 헤매는 그 자체가 재미이고 여행의 주요한 한 과정이다.

동매 마을에서도 다른 길을 택했다. 이 마을에 사는 시인의 집 바로 아래에서 좌회전하여 올라가는 길을 택했다. 시인의 집 아래에서 좌회전하니 길에는 말리기 위해 널어놓은 나락이 차도를 온통 점령하고 있었다. 농로가 그리 넓지 않은지라 비켜서 지나갈 수가 없었다. 널어놓은 나락 위로 지나갈 수밖에 없었다. 농부의 흘린 땀을 생각해서 천천히, 아주 천천히 기다시피 지나갔다. 그래도 미안했다. 바퀴에 깔려 으깨어지면 어쩌나 하는 조바심이 차가 진행하는 내내 일었다.

길의 이런 풍경은 만추 이때가 농촌 마을에서 흔히 볼 수 있는 풍경이다. 말리기 위해 널어놓은 나락이 또 하나의 길을 이루는 것이다. 이 길은 만추의 서정적 상징이다. 나락의 길은 만추의 길이다.

하지만, 지나치는 동안 마음의 갈등도 컸다. 수확을 끝내고 수매를 앞둔 농촌에서는 도로와 인도 등, 나락을 말릴 곳만 있으면 내다 널어 말려야 하는 현실을 모르는 건 아니다. 하지만, 말리겠다는 일념 하나로 커브나 심지어 차선을 점령하다시피 하여 펼쳐진 나락의 길 때문에 받게 되는 운전 방해는 작지 않기 때문이다.

나락이 널린 길을 차 몰고 지나는 일은 여간 조심스러운 일이 아니다. 중앙선을 침범하거나 급브레이크를 밟을 일이 생길 수 있기 때문이다. 중앙선이 있는 길은 그래도 좀 낫다. 문제는 중앙선이 없는 농로의 경우이다. 차바퀴가 나락 위로 지나갈 수밖에 없는데 이 경우 말리는 나락이 짓뭉개질 가능성이 크기 때문이다. 그 길은 갈까 말까를 망설이게 하는 '갈등의 길'이 되고, 지나칠 수밖에 없어서 지나치고는 나락이 으깨어지지나 않았을까를 걱정하는 '번뇌의 길'이 된다. 운전자와 농민 모두에게 위험이 노출되는 도로변 나락 말리기를 최소화시킬 수 있는 대안은 없을까.

번뇌와 서정을 동시에 안고 농막에 도착했다. 바로 옷을 갈아입고 양파 모종을 심었다. 편은 호미 들고 심고 나는 물뿌리개 들고 물을 주었다. 이내 해가 형제봉에 걸렸다. 서둘러 물을 주고 나는 밤을 굽기 위해 화덕에 불을 붙였다.

고무호스로 물 넘기기 성공

머무는 중에 할 일의 일 순위는 풀을 베는 일이다. 점심 먹고 바로 낫을 들고 일을 시작하였다. 베어 논풀을 한곳에 모았다. 쌓으니 제법 된다. 배수구 쪽과 전면 차나무 옆의 풀을 베었다. 밤송이를 세 광주리 주워 왔다. 편은 마늘밭 김을 매었다.

어제는 낮에 일을 많이 해서 그런지 잠 한번 안 깨고 잘 잤다. 편도 그랬다고 했다. 기쁘게 노래를 부른 후 잠자리에 들어서 그런지 잠이 한결 더 상쾌했다.

새벽, 달이다. 완전한 초승달인 것 같다. 약간의 노을빛, 아침노을이면 계속 가물겠다는 뜻?

연못 앞의 풀을 베었다. 차밭 서재 주위가 많이 정돈되었다. 아침을 먹고는 색소폰 연습을 하였다. Universal Method for Saxophone 73번 및 74번을 연습하였다. 악기를 가지고 내려왔어도 사흘 동안 그것 불 틈이 없었다.

편과 함께 하동 장 길을 나섰다. 내려가는 길 첫 집 할머니가 집 앞에서 좀 태워 달라고 한다. 콩을 우체국 택배로 보내야 한단다. 할머니를 악양 우체국 앞에 내려 드렸다.

하동 시장 안 철골 집에서 호스 한 통과 파이프 및 호스 연결 쇠(놋쇠)를 29,000원에 샀다. 편은 싱싱한 게 및 물뿌리개, 단단한 집게를 샀다. 지난번에 산 것은 너무 약했기로 이번엔 집을 때 탄력이 좋은 것을 산 것이다. 하동 장을 출발, 동매리 산막으로 돌아오는 길에 물을 뜨기 위해 약수장에 들렀다. 코스모스가 눈부시다. 온통 흰색이었다.

하동 장에서 사온 갈치에다 밭에서 딴 호박을 넣어 지진 갈치찜, 이런 점심을 먹는 사람 또 있을까. 점심 먹고는 쉬지 않고 바로 연못 손질을 하였다. 블록을 한 줄로 놓고서 돌을 좌우로 덮었다. 그리고 조금 전 시장에서 사 온 파이프를 잘라 두 개를 묻었다. 물이 잘 나온다. 이제 마지막 손질인 것 같다. 연못을 다듬는 데 투입한 노력 및 에너지는 말할 수 없이 크다. 편도 대만족이다.

돌 틈의 물을 바로 받아 식수로 쓰기 위해 파이프를 대었다. 하지만, 물이 가득 차면 저기서 물을 받기는 어려울 것 같다. 물이 워낙 깨끗하니 연못의 물을 끓여 식수로 쓸 예정이다.

오늘 한 일 중에 가장 심혈을 기울인 일은 연못의 물을 호스를 통해 둑 너머로 끌어내는 일이다. 들은 바대로 여러 번 시도하였으나 실패하였다. 호스에 물을 가득 채워, 한쪽을 손가락으로 꽉 틀어막고서 다른 쪽 호스 끝을 연못 물속에 담가 고정한 다음, 둑 너머에서 틀어막았던 호스의 손가락을 빼면 그 압력으로 물이 나온다는 것이었다. 거듭거듭 시도한 끝에 결국 성공하였다. 물이 콸콸 나온다. 이 기쁨, 그야말로 칠전팔기였다. 이 성취감을 어떻게 표현한다? 편도 아주 기뻐하였다. 당신이 누군데 그걸 못 해내겠느냐고 말한다. 신뢰를 받고 있어서 기뻤다. 사용하고 남은 호스가 많았다.

물이 콸콸 나온다. 우선 차 씨를 담아 두었던 저 통에다 물을 받기로 하였다. 일부러 큰 통을 준비 안 해도 될 것 같다.

해가 형제봉을 넘으려 한다. 불을 피울 시간이다. 오늘 사 온 불집게로 편이 밤송이를 집어 불을 피웠다. 편은, 새로 산 불집게가 탄력이 너무 세어 오히려 사용하기가 불편하다고 했다.

편이 밤을 굽는 사이에 나는 물뿌리개로 밭에 물을 뿌렸다. 마늘밭, 무밭, 상추밭에 계속 주었다. 시금치는 끝내 나지 않는다. 씨를 준 바로 위 밭의 주인 할머니네 시금치도 싹이 돋지 않았다고 했다.

물을 주고 있으니 전원생활 하는 기분이 났다. 그사이 난 무지막지 일했다. 생산성이야 어땠건 아이들이나 편이 심히 걱정할 만큼 괭이와 삽을 들고 중노동 했다. 지금 이렇게 물을 주고 있으니 내가 짓는 농사가 고상한 농사라는 생각, 그야말로 전원 교향악이 어울리는 일을 하고 있다는 생각이 들었다. 밭에 물을 다 주고 나서 차밭 서재 앞 및 옆에도 물을 뿌렸다. 아직 전부 흙이니 먼지가 많은데 물을 이렇게 뿌리니 촉촉이 젖은 느낌이 좋고 먼지도 가라앉힌다.

양파와 자아

도착하자마자 옷을 갈아입고 양파 모종을 심었다. 편이 심고 나는 물을 주었다. 지난번에 겨우 흐르도록 못 둑을 넘겨 놓은 호스의 물이 흐르지 않고 멈춰 있었다.

양파, 헤르만 헤세의 『황야의 이리』에서의 양파 이야기, 양파의 예를 통한 찢김의 이야기가 생각난다.

"학교 선생님들 사이에서 즐겨 회자하고, 속물들이 소름이 돋을 정도로 경탄해 마지않는 경구, 즉 '아, 내 가슴 속에는 두 개의 영혼이 살고 있다!'라고 파우스트가 말할 때, 그는 자기 가슴 속에 있는 메피스토와 수많은 다른 영혼들은 잊은 것이다. 우리의 황야의 이리도 가슴 속에 두 개의 영혼-이리와 인간을 품고 있다고 믿고, 그래서 자신의 가슴이 이미 몹시 좁아졌다고 생각한다. 가슴 즉 육신은 하나이지만, 거기 사는 영혼은 둘도 다섯도 아니다. 영혼은 무수하다. 인간은 수백 개의 껍질로 된 양파이고, 수많은 실로 짜인 천이다."

우리는 너 나 할 것 없이 자기 마음속에 찢긴 자아를 품고 살아간다. 정신분석학이나 심리학의 도움을 받지 않더라도 자기감정과 태도에 민감하고 솔직한 사람이라면 누구나 이 찢김을, 찢긴 자아의 양면성을 절실히 느낄 수 있다. 괴테의 『파우스트』는 이 찢긴 영혼이 대립하는 역사를 그려낸 걸작이다.

헤세에 의하면 고대 불교에서는 통일된 자아나 개성이라는 신념이

한갓 미망이라는 사실을 꿰뚫고 있었다. 그리고 이러한 착각을 헤쳐나가는 것으로 성숙과 해방의 화두로 삼았다. 찢긴 자아를 임시로 봉합하고 억지로나마 똘똘 뭉쳐서 하나로 보이게 하는 짓이 결코 오래가지 못함을 깨달았다.

서양철학에서 이성적 존재니 신의 형상이니 하면서 통일된 자아의 환성을 강화하는 동안 동양의 지혜는 잡다하고 모순되게 찢긴 자아들의 모습을 있는 그대로 받아들이는 修身의 훈련을 거듭하고 있었다.

그렇다면 나의 양파 가꾸기는 '찢긴 자아와 끝없이 대면. 대결의 수행'이다. 심는 일은 편의 것이지만 가꾸기는 내 몫이기 때문이다. 나는 지금 나의 자아가 얼마나 분열되어 있는지 그것조차 눈치를 채지 못하고 있는지 모른다. 양파를 가꾸면서 『싯다르타』의 구도과정으로 내가 들어서야 하는 건 아닌지 모르겠다.

싯다르타가 보여준 깨침, 그리고 헤세가 그려낸 구도의 도정은 어떤 소중한 앎, 그것도 범인들이 접촉할 수 없는 특수하고 신비한 앎에 대한 이야기가 아니다. 그것은 찢김의 이야기다. 그것은 일상의 호칭과 그 역할 속을 순탄하게 숨어 지내는 우리가 실은 얼마나 찢겨 있는 존재인지를 적나라하게 드러내는 이야기다.

그것은 수행과 성숙을 통해서 모종의 신비한 앎을 얻게 되면 그동안 그림 퍼즐처럼 찢겨 있던 자아의 잡다하고 모순된 그림들이 한순간에 거대하게 통일된 자아상을 이루게 된다는 환상의 이야기가 아니다. 오히려 삶은 그리고 우리의 자아는 수 없는 찢김에도 스스로 자기의 상처를 찡그림 없이 대면하고 어울려 살아갈 수 있는 깊이와 역사를 지닌 존재라는 사실을 일깨울 뿐이다. 그러므로 싯다르타의 길은 길 속에 숨어 있는 다른 무엇이 아니라 길, 바로 그것이었다. 길은 길이다.

편의 양파 심기가 끝났다. 내 물주기도 끝났다. 해가 진다. 형제봉에 걸린다. 오늘 낮일은 끝났다. 이제 양파를 기를 일만 남았다. 가르는 일은 내 일이다. 심는 일은 편의 일이었지만. '내 안의 나'를 양파 기르면서 볼 수 있었으면 좋겠다. 내 안의 나 그는 '찢긴 나'일 것이다.

지는 해는 집도 나무도 사람도 온통 금색으로 물들인다. 그건 뒷날 아침 해뜨기 전의 여명도 그랬다. 눈 뜨고 나와서 보니 여명은 형제봉을 금색으로 물들이는 일을 먼저 하고 있었다. 산봉우리는 금색이었다. 금색은 해 뜨자 사라졌다.

시행착오법

어젯밤, 저녁 기도를 편과 함께 바치고 나서 색소폰 반주기에 맞추어 노래를 불렀다. 새벽, 잠을 깨니 4시 반이다. 난 느긋하게 오래 자지 못한다. 이점, 편에게 늘 미안한 점이다. 앉아 글을 정리했다.

무밭과 마늘밭, 상추밭 또 부추밭에 물을 뿌린 다음 뒤편의 어린 차나무들에 물을 주었다. 여기 오면 매스컴에 접할 기회가 통 없다. 동네 할머니가 올라가면서 모레쯤 비가 온다는 말을 했다. 가뭄이 너무 오래간다.

연못에 가보니 물이 많이 새었다. 물속에 담가 둔 호스 한쪽 끝이 노출되기 직전이다. 물이 새는 둑의 돌 틈을 막은 다음 호스를 통해 물 끌어 올리기를 다시 시도하였다. 여러 번 실패 끝에 성공, 물을 호스를 통해 다시 콸콸 나오게 하였다. 시행착오법(trial and error method)을 몸으로 배우는 순간이다. 물론 앞으로도 이곳에서는 시행착오법이 나의 기본 논리로 될 것이다.

오전에 차나무에 물을 주고 난 다음 챙겨 부산 집으로 돌아갈 예정이다. 이발할 때도 넘었다. 편은 탈 차가 있어 부산 집으로 먼저 갔다.

밤이 고요하다. 불을 끄고 커튼을 다 내렸다. 커튼 하나를 열고 밖을 내다본다. 마을의 불빛들이 은은하고 고요하다. 정(靜)이다. 어쩌다 불빛이 움직인다. 동(動)이다. 아주 느린 움직임이다. 하지만, 선명한 움직임이다. 정중동(靜中動)이다.

북창의 커튼

점심 먹고 잠깐 눈을 붙인 후 출발하였다. 졸음이 전혀 오지 않았다. 반성 나들목에서 빠져나와 문산을 지나는 국도를 택하였다. 개양을 거쳐 축동까지 와, 사천 나들목에서 다시 고속도로로 오를 생각으로 그렇게 했다. 그런데 생각했던 것보다는 시간이 단축되지 않았다. 개양에서 사천 나들목까지 국도에서 소통이 원활하지 못했다.

악양 입구에 들어서니 농막이 정면에서 바로 보인다. 직선거리로 아마 약 5km 정도는 될 터인데 거의 뚜렷이 보인다. 반가웠다. 노전마을 입구 약수장에 가서 물을 떴다. 들판은 텅 비어 있었다. 추수는 다 끝났고 보리는 아직 심기 전이다.

연못의 물을 물통에 채우고 화덕에 불을 붙였다. 물을 떠는 시간이 제법 걸려, 채소밭에 물을 줄 틈이 없었다. 나뭇가지도 밤송이도 바짝 말라 있어 불이 잘 붙었다. 활활 타는 통에 연기가 나지 않았다.

불을 지피고 나서 밭을 살폈다. 지난주에 옮겨 심은 양파가 그런대로 자리를 잡은 듯했다. 흙 위에다 비닐을 덮은 곳에 심은 양파가 더 잘 자라고 있었다. 사실 땅 위에 비닐을 덮을 때 망설였었다. 환경친화적 방법이 아니지 않으냐는 생각이 들었다. 아무튼, 지금 보니 비닐을 씌운 양파가 안 씌운 양파보다 더 잘 자라고 있었다. 비닐을 덮지 않은 두둑의 양파도 다 살아 있었다. 하지만, 약간 허약하고 부실해 보였다. 말라 죽지 않고 다 살아 있어 반갑기 그지없었다.

옮겨 심은 마늘도 순을 거의 다 올리고 있었다. 지난주에 왔을 땐 띄엄띄엄 났었는데 이번엔 빈틈없이 거의 다 나 있었다. 지난주 내린 비와 또 그 이전에 준 물 덕분일 것이다. 물론 근본적으로는 섭리하시는 조물주의 따뜻한 손길에 의해서 이리되었을 것이다.

상치도 잘 자라고 있었다. 뿌린 씨앗이 다 싹으로 오르지는 않았다. 하지만, 드문드문 난 상치는 잘 자라고 있었다. 지난주에 우리는 저 상치로 밥을 먹었다. 그 기분이란. 채플린의 '모던 타임스'에서 과일과 우유를 현장에서 바로 따고 짜는 장면이 떠올랐다. 부추는 싹이 하나도 돋지 않는다. 그건 시금치도 마찬가지. 무는 싱싱히 잘 자라고 있었다.

저녁을 빨리 먹었다. 여름하고는 달라서 늦가을 지금은 해가 지면 금방 어두워진다. 그리고 밭이나 논에 사람도 없다. 저녁을 먹는데 경운기 소리가 났다. 박 씨 할아버지와 할머니가 밭에 오는 거였다. 내다봤더니 배추와 무 뽑으러 왔다고 했다. 할머니가 무를 두 개 주었다.

불을 끄고 창밖을 내다보니 캄캄한 중에도 빛이 있다. 북창의 커튼을 열었더니 둥근 달이 동산 위에 떠 있었다.

섬진강 불꽃

밀린 동매리 일지를 정리하다가 자리에 누웠다. 방안이 이내 환해진다. 밖의 달빛이 밝은 탓이다. 창문 세 개의 커튼을 각각 다 열어봤다. 이리 봐도 밝고 저리 봐도 밝다. 눈 아래 동네들, 악양 들판의 이편저편에 앉아 있는 마을들 불빛이 여느 때처럼 정답다. 고요하다. 이 적막을 어떻게 글로 표현하나. 사람 사는 흔적인 불빛이 눈물겹도록 정답다. 어쩌다 움직이는 불빛, 온종일 다닌 차를 헤아려 봐도 몇 대 안 될, 귀한 차 불빛이다.

새벽이다. 세시. 밝은 달빛이라고만 말하기엔 부족한, 적막한 밤 농막에서 홀로 새는 나에겐 정겨운 달빛이다. 네 시에 일어나 앉았다. 일지를 계속 정리했다.

6시 반경, 차 소리가 난다. 동네의 J가 왔다. 나는 내 밭에 서고 그는 아래의 자기 밭에 서서 이런저런 이야기를 나누었다. 평사리 공원에서 오늘부터 시작되는 대봉감 축제에 가지 않겠느냐고 했다. 가고 싶지만, 다음 기회로 미루기로 했다. 할 일이 많았기 때문이다. 이른 아침을 먹고 바로 양파밭 및 무, 마늘, 상치, 부추밭에 물을 뿌렸다. 두 시간 걸린 것 같다.

물을 주고 있는데 누가 올라온다. 처음 보는 분이다. 올라오는 사람은 대개 정해져 있다. 위에 밭을 가진 분 몇 분이다. 심어놓은 고로쇠나무 보러 간다고 했다. 동매리 마을 사람이라고 했다. 서로 반갑게 인사했다. 좀 후에 기침 소리가 난다. 곽 씨 할아버지다.

물을 다 주고 나서 바로 못의 물막이 일을 하였다. 벌써 몇 번째인데 할 때마다 재미있다. 근본적으로 확실한 공사를 하는 방법은 시멘트를 바르면서 하는 돌쌓기일 것이다. 그러나 그 방법은 뒤로 미루기로 했다. 이번엔 깊이 파서 블록을 묻고 블록 사이에 비닐을 덮은 다음 흙으로 꽉 채우고 나서 돌을 얹었다. 그리고 물을 위로 넘어가게 했다.

문제는 물을 나오게 하는 파이프 설치문제다. 블록 사이에 헝겊과 비닐을 꼭꼭 채워 넣고 그 위에 파이프를 놓았는데 그 방법은 새는 물을 제대로 막지 못하는 방법이었다. 그래서 이번에는 마침 합판 조각이 하나 있어서 거기에 구멍을 내어 파이프를 끼우기로 했다.

또 문제는 합판에 파이프가 들어갈 구멍을 내는 일이다. 구멍을 뚫을 도구가 없었기 때문이다. 그러나 길은 있는 법. 소로의 월든 숲 생활을 상상했다. 우선 못을 찾았다. 땅바닥을 이리저리 살피니 녹슨 못이 하나 있었다. 그 못으로 합판에 작은 구멍을 냈다. 그리고는 호미 끝을 그 구멍에다 대고 빙빙 돌렸다. 원시적인 방법이어서 그럴까. 재미도 있었다. 물론 시간이 오래 걸렸다. 적절한 크기의 구멍이 되었을 때 파이프를 대고 망치로 때렸다. 여러 번 때리니 파이프가 합판 널빤지에 끼었다.

이가 없으면 잇몸이라더니 도구가 없어도 하고자 하는 일이 해결된다. 뿌듯했다. 일과 도구와 내가 일치했다. 일로부터의 소외가 아니라 일의 회복, 주체성의 회복 그리고 도구의 인간화였다. 우리 모두의 한 판 승리였다. 지금까지, 물이 둑의 돌 사이로 흘렀기로 적절한 양의 물을 담수시키지 못했는데 이번엔 적정선 그 위에 도달하면 넘치도록 했다.

좀 있으니 물이 차고는 위로 넘친다. 일단 목표 달성이다. 물론 물은 아래로 흐르는 성질이 있다. 다음 주에 와보면 물이 블록 아래로 구멍을 내어 그리로 빠져나가고 있을는지 모른다. 일단은 성공이다. 말하자면 잠정적 성공!

호스에 물을 가득 채워, 한쪽 끝에 손가락을 끼워 막은 다음 다른 한쪽을 물에 잠기게 하고, 그리고 빨리 둑을 넘어와 막았던 손가락을 빨리 빼내, 물이 흐르게 하는 방법을 여러 번 시도했는데 실패하였다. 물이 너무 적게 나오는 게 문제였다.

아무리 해도 지난번처럼 많이 나오지는 않는다. 일단, 이 정도의 물 흐름에 만족하기로 했다. 한참 후에 물이 그릇에 넘칠 때가 되었는데 안 넘친다. 그릇의 물을 퍼내었더니 호스에서 물이 나온다. 아마 일정한 수압이 되면 물이 안 나오는 듯했다. 그게 무슨 현상인지 과학도에게 한번 물어봐야겠다.

시계를 보니, 오후 1시. 일을 마무리하고 나서 손을 씻었다. 점심은 아침에 남은 밥 조금과 그리고 라면. 3시까지 색소폰을 불었다. 호박을 땄다. 열다섯 덩이. 따고 또 따도 또 달리는 게 호박이다. 올해에 먹은 호박과 호박잎의 양은 얼마나 될까. 먹어도 맛있게 먹었다.

지금 6시 20분인데도 밖은 캄캄하다. 구름이 많이 끼었다. 구름이 아니라면 대명천지처럼 환할 보름 부근이다. 보름인가? 난 음력 볼 눈을 가지고 있지 않다. 낮에 일을 많이 했더니 그리고 색소폰도 오래 불었더니 약간 피곤하다. 집의 편과 아이들에게 전화하고 일찍 자야겠다. 대신 새벽에 더 빨리 일어난다.

뒷산으로 올라가던 마을 사람이, 저녁엔 비가 온다고 했다. 여기 오면 라디오, 신문, 티브이 그리고 인터넷은 완전 정지다. 그는 또 도랑을 보더니 어젯밤에도 apt돼지가 다녀간 것 같다고 했다. 마구 파헤쳐 놨다는 것이다. 그러고 보니 우리 밭도랑도 그랬다. 주둥이로 파헤친 흔적이 역력했다. 내가 잠자고 있을 때 멧돼지 무리가 주위를 걸어 다녔다는 생각을 하니 재미가 있다.

편에게 전화했다. 그리고 둘째에도 전화했다. 실내 불을 끄고 밖, 악양 들판 마을의 불들을 보고 있었다. 그런데 갑자기 폭음소리가 들리더니 하늘에서 불꽃이 펼쳐진다. 평사리 공원의 대봉감 축제 놀이의 불꽃이다. 밤하늘을 아름답게 수놓는다는 표현이 어울린다는 생각을 처음으로 뚜렷이 해봤다.

도시 하늘을 수놓는 불꽃도 아름답다. 그런데 한적하고 조용한 섬진강 가의 평사리 초입의 하늘 불꽃은 그야말로 들국화였다. 편에게 전화했더니 즐겨 감상하라고 한다. 악양 들 한가운데 끝 지점이 평사리 공원이라는 것을 이 불꽃놀이를 통해 확인했다.

일찍 자리에 누웠는데 계속 목이 갈갈하고 기침이 나오려고 한다. 감기의 시초인 줄 몰랐다. 머리는 차고 등은 덥다. 라디에이터를 켜고 자야 하는 건데 그렇게 하지 않아서 즉 온도의 불균형으로 말미암아 감기가 온 것 같다. 뒤척거리다가 시계를 보니 밤 11시 반이다. 라디에이터를 켰다. 이때부터는 잠이 들었다. 눈을 뜨니 새벽 4시 10분경. 밖을 보니 달이 형제봉 위에 있다. 구름이 약간 가리고 있는데 큰 달이다. 자리에 앉아 원고를 정리하기 시작했다.

적색 공습

우수수 바람

지난밤의 섬진강 변 평사리 공원 대봉감 축제장에서 터진 밤하늘의 불꽃을 보게 된 것은 행운이었다. 하지만, 초기 감기로 말미암아 잠을 설쳤다. 그래도 일찍 일어나 밭에 물을 뿌렸다. 물을 뿌리는데 걸린 시간은 한 시간여. 물통에 받힌 물이 깨끗하다. 비록 양은 적지만 물이 호스를 통해 계속 나온다.

블록을 깊이 묻고 그 위에 돌을 덮었더니 물이 돌둑 위로 넘친다. 말하자면 블록 아래에 구멍을 내고 흐르는 것을 일단 막은 것이다. 지금으로선 돌둑 높이가 적당한 것 같다. 말하자면 가두는 물의 양도 적적하다는 말이 되겠다.

깨끗한 물이 계속 나온다. 지금처럼 가물 때 연못의 존재는 한층 더 돋보인다. 물이 콸콸 솟는다. 물론 지하수는 아니다. 위 시루봉 계곡의 물이 땅속으로 스며들었다가 나는 물이다. 그래도 지하수나 다름없다. 가재가 많이 살고 있다.

돌담 아래 도라지 자리의 햇볕이 따스하다. 그래서 그런지 풀이 많이 나 있다. 여름 내내 키 큰 풀의 점령을 당한 곳인데, 내년엔 풀의 지배를 허락하지 않을 것이다. 도라지를 아래로 옮겨 심고 저곳엔 차씨를 심을 것이다. 차나무를 돌담 아래에 빙 둘러 다 심을 예정이다.

12시 30분경 진주를 향하여 출발. 하동읍 송림 부근에서부터 폭우, 천둥 번개. 고속도로 사천 휴게소 부근에 올 때까지 우박이 쏟아져, 안

전에 위협. 사천휴게소에 피신하려고 했는데 거짓말처럼 그 부근에서부터 우박이 멎었다. 진주에 오니 햇빛이 나 있었다.

적색 공습

지난주, 동매리에서 내가 달고 온 감기에 온 식구가 다 감염되었다. 그래서 금요일 출발을 포기하고 토요일에 출발하였다. 그런데 새벽에 번개와 천둥을 동반한 비가 신경질적으로 내린다. 따라서 토요일 오늘 출발도 포기하고 내일 일요일 내려가기로 했다. 아침이 되니 구름은 끼었지만 비는 그친다. 그래서 생각을 바꾸어 지금 바로 내려가기로 했다. 출발했다.

농막에 도착하니 11시였다. 2주 만에 내려온 편은 지킴이 바위에, 또 기다리는 농막과 밭에 반가운 인사를 한다. 나도 함께했다. 편은 내려올 때부터 간편 복장을 하고 내려왔다. 윗도리만 벗고는 바로 호박과 호박순을 땄다. 그리고 이어 무를 뽑기 시작했다. 늦게 심었고, 퇴비나 비료 등의 밑거름을 거의 못한 채 뿌린 씨였는지라 기대를 하지 않았는데 그래도 무는 잘 자라 주었다.

지킴이 바위는 늘 말없이 우리를 지켜보고 있다. 저 바위는 소와 호랑이 그리고 곰의 얼굴을 가지고 있다. 무를 다 뽑은 편은 이내 고들빼기를 캤다. 밭과 밭둑에는 이미 겨울 풀들이 싱싱히 자라고 있다. 무를 다 뽑고는 점심을 차렸다. 농막에서 악양 벌을 내려보면서 하는 우리 둘의 식사는 늘 애찬(愛餐 아가페)이다. 점심을 먹고서 물을 마시고는 바로 일어나 마른 나뭇가지를 주우려 뒷산으로 갔다. 말하자면 겨울에 땔 나무 준비를 한 거였다.

편이 무를 뽑고 고들빼기를 캐는 동안 난 차나무를 덮은 풀을 베었다. 풀들은 전성기를 지나 거의 말라붙어 있는 상태인지라 낫질하기가 쉬웠다. 풀을 잡고 낫을 들이대면 뿌리까지 뽑히는 듯 베어졌다.

사실 부지런히 베었다고 해도 풀을 무성했을 것이다. 그런데 차나무 순 나기를 기다리면서 밭의 풀을 철저히 베지는 않았더니 밭은 온통 풀밭으로 변해 있었다. 게다가 호박이 점령한 쪽의 풀은 무성한 정도가 아니라 아예 왕국을 이루고 있었다. 그 무성하던 풀들도 여름 지나고 가을, 초겨울 오니 전부 세력을 잃고는 내 눈치만 보는 듯했다. 벤 풀은 전부 퇴비로 쓰일 것이다.

추색(秋色)이 만연한 뒷산, 아름다워 낫질하다 말고 보고 또 봤다. 낫질한다고는 하지만 낫질하는 시간이 많은지 뒷산을 보고 있는 시간이 더 많은지 그건 모르겠다. 보다가 베다가 하였다. 멧돼지가 밤에 많이 내려온다는 말을 지난번에 들었었다. 과연 그랬다. 연못 담 아래의 도랑을 멧돼지들이 논을 매듯 파헤쳐 놓았다. 연못과 저 도랑엔 가재가 있다. 멧돼지들이 가재 잡는다고 파헤친 흔적이라고 했다. 여름에 쌓아둔 돌멩이들도 다 흩트려 놓았다. 도랑의 넓이를 더 좁히려고 했는데 생각해봐야 할 것 같다.

연못의 물이 더 콸콸 나오는 것 같다. 이번엔 현재 지점보다 더 위에서 나고 있었다. 오른편, 청학이 골을 봤다. 앞에는 섬진강과 백운산, 왼편 동쪽엔 칠성봉과 구재봉, 오른편으로는 형제봉과 바로 옆의 청학이 골이 나를 바라보고 있다. 뒤에는 시루봉 끝자락 그리고 깃대봉. 물론 나도 그들을 본다. 본다고 생각하는 것보다 봐준다고 생각하니 마음이 든든하다.

검다시피 푸르던 청학이 골 저 골짜기도 단풍색의 습격을 받았다. 붉다. 적색 공습이다. 아침 햇살과 석양빛을 받을 땐 불붙은 듯 붉었다. 들어올 때 보니 악양 벌을 둘러싼 사방의 산들이 온통 붉은색이었다.

멧돼지는 뒷밭의 토란도 온통 파헤쳐 놓았다. 그리고 차밭 입구의 밤나무 아래 작은 빈터도 온통 들쑤셔 놓았다. 멧돼지가 들국화는 건드리지 않았다. 세어보니 일곱 송이. 일곱 송이 수선화가 아니라 일곱 송이 들국화다.

해가 형제봉 가까이 갔다. 밭에 물을 뿌렸다. 그리고 어린 차나무 순은 그 위에다 벤 풀을 덮은 다음 물을 뿌렸다. 쌓여 있는 나뭇단을 보니 마음이 푸근하다. 밤송이를 좀 더 주워 모으고, 마른 나뭇가지를 좀 더 수집, 잘라 쌓으면 겨우내 마음 부자로 지내게 될 것 같다. 저 화덕에서 물을 데우기 위해 양동이도 하나 샀다. 20,000원 주었다고 했다. 화덕 위에다 양동이를 놓고 물을 데우면 양동이가 그을릴 텐데, 막 써도 되는 걸 왜 안 샀느냐고 물었더니, 사는 김에 좋은 걸 사야 한다고 편은 말했다. 그을음이 끼지 않도록 대책을 세워야겠다.

대책이란 저 상태의 철판 위에 양철 조각을 구해 얹고는 불을 때는 거, 아니면 화덕을 다시 잘 만드는 거, 그것도 아니면 장작 난로를 사는 것. 하지만, 편과의 의논은, 지금 이 상태로 가자는 거였다. 그렇다면 양철 조각을 구하는 일이 이 시점에 양동이를 잘 사용할 수 있는 최선의 대책이다.

5시, 해가 형제봉에 걸렸다. 이제 악양 벌은 온통 그늘이다. 편과 둘이서 군밤을 맛있게 먹고 있는데 남자 두 사람이 뒷산으로 올라간다. 이 늦은 시간에? 산에 가시느냐고 말을 건넸더니, 약초 보러 간다고 대답했다. 곧 어두워질 텐데 약초를 어떻게 볼 수 있다는 건가? 가만 생각하니 약초를 캐러 간다는 말인지, 가꾸는 약초밭을 보러 간다는 말인지 잘 모르겠다. 만일 약초밭을 보러 간다면 이 늦은 시간에 오르는 산행이 이해가 된다.

동매 일지 정리

하동 장에서 쇠스랑과 편의 낫을 샀다. 모두 10,000원이라고 했다. 농기구가 하나하나 늘어간다. 돌아올 때 시간은 5시 무렵이었다. 강변과 들판 그리고 산의 풍경이 하루가 다르게 변한다. 이제 만추도 쇠잔해 가는 만추다. 이장댁에 들러, 할머니께 드리라고 키위를 건네주고 올라왔다. 올라오니 어둠이 내리는데 파라솔은 넘어져 있었다. 바람이 그랬을까? 아니면 멧돼지가? 날이 새면 한번 유심히 관찰해야겠다.

연못 안의 물막이 둑은 그대로 있었다. 말하자면 물이 둑을 무너트리지 않았다. 그리고 호스에서는 일정하게 물이 흐르고 있었다. 어두워서 양파와 마늘 그리고 차나무들의 상태를 관찰하지 못했다.

손톱 달이 떴다. 기온은 온화하다. 저녁을 먹고서 편은 책을 읽고 나는 동매 일지를 노트북에서 정리하였다.

258 다시 또 봄

다섯, 그리고 또 겨울

일몰과 난로
건초 퇴적
대애와 홀로 겨울 학
설야 유야무야
줄행랑
나르키소스의 물
파 엎고 휘젓고 심고 또 찾고
나도 다 왔으니

일몰과 난로

11월 마지막 날인 어제 오후, 동의의료원 대강당에서 보험심사 간호사회 회원을 대상으로 강연하였다. 소설, 『늦어도 11월에는』을 가지고 이야기했다.

점심을 먹고 출발하였다. 하동 장에 도착, 장날이어서 그런지 하동 경찰서부터 시장 주변의 길에 주차할 곳이 없었다. 한 바퀴 돌고서 빈 자리를 찾아 주차한 다음, 시장에 들어갔다. 지난주 토요일에 들렸던 함석집에서 난로를 샀다. 연통 세 개를 포함하여 장작 난로를 60,000원에 샀다. 2,000원을 할인받았다.

건어물 상에 가서 '다시 멸치'를 15,000원에 샀다. 다시마를 하나 얹어 주었다. 편이 새마을 건어물 상 주인과 통화할 수 있도록 전화를 연결해 주었다. 하동시장은 비교적 크다. 온통 공사 중이었다.

부산에서 출발할 때는 비가 올 듯했는데 부산을 벗어났을 땐 날이 맑았다. 섬진강은 여전히 푸르다. 하동읍을 지나 '악양'이라는 이정표를 지나면 전망이 한결 밝아진다. 그리고 섬진강은 더 잔잔히 흐른다. 악양 초입으로 들어서니 들판은 온통 햇살이다. 동매리의 우리 농막이 단번에 눈에 들어온다.

비가 제법 내린 모양이다. 땅이 제법 촉촉하다. 마늘과 양파가 잘 자라고 있었다. 언뜻 살펴보니 차나무들도 싱싱하다. 아직 뒤편 언덕의 어린 차나무는 살펴보지 못했다. 내일 살펴볼 것이다.

난로를 설치했다. 연통을 똑바로 세우는 일이 마뜩잖다. 먼저 파이프를 세우고 연통을 거기다 묶어 보았다. 연통이 넘어진다. 알고 보니 연통의 열기에 묶었던 끈이 녹아버려서 그렇게 된 것이었다. 궁리 끝에, 처음에 물 받는 파이프로 썼던 쇠 파이프를 난로 연통 구멍 안쪽으로 세우고서 거기에 연통을 꽂았다.

해가 진다. 일몰이다. 난로가 탄다. 난로 속의 장작이 타는 거다. 난로 연통에서 연기가 나는 모습을 실내에서 바라보니 보통 운치 있는 풍경이 아니다. 상념이 많다. 일몰과 난로…. 그리고 훈훈하기도 했다. 저녁을 빨리 먹고 난로에서 데운 물로 세수도 하고 양치질도 하고 또 발도 씻었다.

건초 퇴적

부지런히 베느라고 베었지만, 아직 풀을 다 베어내지 못했다. 워낙 키가 크던 풀인지라 마른 풀이지만 이리 뒤엉키고 저리 설켜서 낫질하기가 쉽지 않다. 그리고 벤 풀을 옮기는데도 낫은 불편하였다. 그래서 포크를 사기로 했다.

서포 장에서 포크를 사서 가지고 왔다. 포크로 풀을 옮기니 일하기가 훨씬 쉽고 힘도 덜 든다. 그리고 아직 뒤얽혀 있는 풀들을 포크로 긁으니 낫으로 베는 것보다 더 잘 베어진다.

눈이 조금 내렸다. 이제 12월도 중순이니 눈이 내릴 철이다. 제법 많이 내린 눈이지만 금방 녹는다. 물론 앞산, 옆 산, 뒷산의 눈은 아직 쌓여 있다. 쌓여 있는 건초더미의 눈은 이불처럼 포근하다.

물이 호스를 통해 둑을 넘어와 콸콸 흐르니 참 좋다. 물 쓰기가 좋아서 좋고 마음대로 쓸 수 있어서 좋고 또 흘러내리는 소리가 듣기 좋아서 좋다.

물 받는 큰 대야 자리를 일단 대충 손질하였다. 큰 대야라고 말하기보다는 '고무 다라이' 라고 부르는 게 더 알아듣기 쉽다. 하지만, 이는 우리 언어 속에서 아직 퇴출당하지 않은 일본말이다. 하지만, 인터넷에서 찾아봤더니 '다라이' 라는 말이 일본으로 건너간 순 우리 토박이말이라는 견해도 있었다.

베어낸 건초를 퇴비로 쌓고는 비닐로 덮었다. 이불을 덮어준 셈이다. 늦가을 또 초겨울 내내 씨름하던 일이 한 단계 마무리되었다는 뜻이다. 잘 썩도록 물을 층층이 쌓을 때마다 붓고는 자근자근 밟았다.

그리고 닭똥 거름을 섞어서 그렇게 했다. 닭똥 포대는 두 곳으로 나누어 쌓아 두었는데 먼저 안쪽의 10포대를 먼저 옮겨 왔다.

다 옮기고 나서 쌓여 있던 자리를 보니 페인트 원액을 부었던 거처럼 흙빛이 진하다. 진액이 흘러 내려서 그렇다.

입구 쪽에 쌓아둔 40여 포대를 옮길 일을 생각하고는 지레 겁을 먹는다. 습기를 머금은 포대는 무겁다. 들어서 일륜 카에 싣는 일이 고역이다. 자칫 원액을 옷에 묻힐 수도 있다. 가까운 10포대를 옮기는 데도 제법 끙끙댔다.

농막 출입문 앞에 한 줄로 쌓은 블록은 축대이다. 그리고 그 앞은 마당이다. 밭에서 골라낸 작은 돌들을 마당에다 계속 갖다 붓는다. 돌 마당을 만들고 있다. 돌이 쫙 깔리게 될 것이다. 지금은 울퉁불퉁하지만 계속 밟게 되면 표면이 상당히 평탄해질 것이다. 그리고 연못에서 긁어내는 굵은 모래를 그 위에 갖다 부으면 돌 마당이 아주 평탄해질 것이다.

12월도 하순으로 접어든다. 활엽수들은 이제 완전히 나목이다. 무성하던 앞의 밤나무 숲도 텅 비어 속을 훤히 드러낸다.

밭 끝자락에 서서 하얀 집 우리 집을 바라본다. '트러스 하우스' 라 부르는 이동식 농막이지만 내게는 엄연한 별장이고 서재이고 색소폰 하우스이다. 힘들여 쌓은 퇴비 더미도 한 풍경을 이룬다. 건초제거 작전은 이렇게 마무리되었다. 2단계 작전은 이를 닭똥거름과 섞어 질 좋은 퇴비로 만드는 일이다.

대애와 홀로 겨울 학

대애

"국자를 올려놓고 달고나를 해 먹다가 엄마한테 들켜 야단맞던 일, 하얀 가래떡과 군밤, 타고 남은 뽀얀 재를 굴려 눈사람을 만들던 일, 길이 얼었을 때는 재를 잘게 부수어 골목에 뿌리던 일….

연탄 하면 아련히 떠오르는 추억들이다. 1966년에는 이런 일도 있었다. 유달리 한파가 일찍 몰아닥쳐 10월인데도 추위가 전국을 강타했다. 아랍 산유국들의 석유생산 중단으로 연탄이 부족하다는 소문이 떠돌자 시중에는 연탄 품귀 현상이 빚어졌다. 1장에 10원 하던 19공탄 가격이 17원까지 무려 70%나 폭등했다고 한다. 그나마 물량이 달려 특히 운반이 쉽지 않은 고지대에서는 영세민들이 이른 아침부터 빨래판, 양은 대야 등을 가지고 나와 연탄 한 장이라도 더 구하기 위해 가게 앞에 온종일 길게 늘어서 있었다. 1966년 겨울의 '연탄 파동'은 한국 시장경제의 근간을 뒤흔들 만큼 큰 사건이었다." (지방 D 일보에서 발췌)

"중동 건설현장에서 6년을 일하고 돌아온 아버지는 할 일이 없었다. 프라이팬에 식빵을 구워 먹거나 양은 대야 속의 물을 물끄러미 들여다 보거나 옥상에서 하릴없이 시간을 보냈다. 가난한 집의 장남으로 유일 하게 고등학교를 마친 아버지는 소방공무원이 되고 싶었다. 월북한 큰 할아버지 때문에 꿈이 좌절되자 사막으로 떠났다." (김 숨의 첫 장편 소설, '백치들 / 랜덤하우스 코리아)

양은 대야의 자리는 따로 없었던 것 같다. 축대에, 마당에, 정지 (부엌)에, 장독간에, 안방에, 통시(변소) 앞의 잿간에 그리고 밭이랑 등, '세숫대애' (양은 대야로 부르지 않았다. 대야는 '대' 였고 '대' 를 '대 애' 하고 길게 발음했다.)의 자리는 그가 있는 곳, 그곳이었다. 다른 물 건, 제자리에 안 두었다고 야단맞은 일은 많았다. '세숫대애' 제자리에 두지 않았다고 야단맞은 기억은 없다.

양은 대야를 세수하는 데만 쓰지는 않았다. 물론 주로 얼굴 씻고 손 발 씻는데 썼다. 하지만, 촌으로 팔려온 대야가 자기 고유 용도로만 쓰 이기를 기대할 수는 없는 일. 대야는 자기 정체성을 일찌감치 포기함 으로써 오히려 '대야' 일 수 있었는지 모르겠다. 이름은 세숫대야였지만 거기엔 무엇을 담아도 되었고 어떤 용도로 썼어도 되었다. 대애는 우 산이기도 했고 골목대장의 투구이기도 했다. 아이도 거기 더러 담겼고 거름 옮기는 용도로도 쓰였다. 갓 사 와서 반듯할 때도 찌그러졌을 때 도 대야의 '대야성' (性)은 조금도 위축됨이 없었다.

85세라던가 박 씨 할아버지, 동네 아래쪽 집에서 차밭 여기까지는 제법 멀고 고 바워다. 그래도 내가 갔을 때마다 지팡이 짚고 천천히 올라오셨다. 그 할머니, 하나뿐이라는 이 밭에서 사다시피 하셨다. 노 부부의 여름, 도시락 점심은 밀레의 만종보다 더 정겨운 풍경이었다.

겨울이어서 그럴 것이다. 밭에 올라오시는 할아버지를 이 겨울에 아직한 번도 보지 못했다. 찌그러진 대애가 할아버지 밭을 지키고 있었다. 대애, 버려진 무와 째려보기 눈싸움하는 것 같다.

홀로 겨울 학

학은 두루미이고 두루미(학)는 나무에 앉지 못한다는 것을 이번에정확히 알았다. 나무에 앉아 있는 놈은 백로(白鷺)라고 했다.

성탄 전야 미사는 밤 11시에 시작되었다. 끝났을 때가 02시, 둘이걸어서 집에 들어왔을 땐 02시 30분경이었다. 눈을 바로 붙였다. 다시눈을 뜨니 04시 30분경. 일어나기가 싫었다. 아니, 더 자고 싶은 생각이 꿀떡 같았다. 이불을 걷어찼다. 배낭을 챙겼다. 오늘 배낭의 내용물은 소프라노 색소폰이다. 악보는 거기 길뫼재에 있다. 버스 안에서 읽을 작은 책도 챙겼다.

웬만하면 시외버스를 타고 다니기로 했다. 7시에 출발하는 시외버스를 탔다. 타자마자 바로 책을 폈다. 이건 이렇게 하기로 단단히 마음먹은 바의 실천이다. 지하철이나 버스를 기다릴 때, 버스나 지하철을 탔을 때 바로 책을 손 위에서 펼치기로, 그렇게 해서 눈길을 그 책의 종이에 주기로 지난가을에 결심했다. 9시 10분경 하동 시외버스 터미널에 도착할 때까지 잠시 눈을 붙인 때 외에 내내 시선을 고정했다. 그건 마을로 들어가는 9시 반의 완행버스를 서서 기다릴 때도 그랬다.

동매 교에 도착했다. 내려 걷는다. 늘 다니는 길이지만 볼 것이 많다. 같은 나무이고 바위, 산봉우리인데도 처음 보는 듯 본다. 논둑에흰 물체가 보였다. 학이었다. 혼자다. 마을 집 뒤에서 보는 건 처음인것 같다. 이곳에서 학이 여름 내내 난 자리는 따로 있다. 그곳은 시루봉 물과 형제봉 물이 합류하는 악양천에서 합류하는 지점이다. 그 지점은 늘 나의 시선 아래에 있다. 겨울에 본 적도 없는 것 같다. 먹이 때문에 그랬을까. 그것도 혼자서. 앉아 있더니 나의 시선을 의식했는지 난다. '탄일의, 홀로 겨울 학'이라는 생각이 자꾸 든다. 의미는 별로 없다. 그냥 이런 생각이 자꾸 든다.

배낭을 풀고 나팔을 꺼냈다. 창밖으로 지킴이 바위가 보인다. 오르내리면서 내가 늘 말을 건네는 바위다. 그는 지금 내 나팔의 마주 듣는 한 명 청자(聽者)다. 그는 늘 나를 본다. 물론 나도 그를 본다. 학, 아까 그 홀로 겨울 학, 날아갔을 것이다만, 만일 그곳에서 배회하고 있다면 그도 또한 내 소리를 들어줄 것이다.

탄일 아닌가. 밤이 아니지만 'Silent Night Holy Night'를, 또 눈은 내리지 않았고 내렸던 눈도 다 녹고 없지만 'White Christmas' 악보를 차례대로 놓았다. 그리고 'I understand'. 이해(今年)의 마지막 지는 해와 그다음 날의 뜨는 해를 보러 다시 올 것이지만, 뭔지 모르지만, '알 것만 같다'(I understand)라는 생각이 악기 접을 때까지 내내 들었다. "알 것 같다. 당신이 어떤 느낌인지를 알 것만 같다. 내버려 두자. 과거는 흘러가게 내버려 두자. 그리고 기억해 달라. 항상 당신을 내가 사랑한다는 것을 기억해 달라. 그대여 그리운 옛날을 위해 우리 함께 한 잔의 포도주를 음미하기로 하자."

서둘러 배낭을 챙겼다. 돌아가는 버스, 다섯 시 반에 출발하는 차를 타야 한다. 해가 좀 길어졌다. 길뫼재 문을 잠글 때 덜 어두웠다. 이삼 주 전만 하더라도 밝진 않았는데. 바위에 인사했다. 학은 없었다.

설야 유야무야

　출발 두 시간 후에 하동 터미널에 도착, 악양 행 완행버스로 갈아탔
다. 발을 저는 할머니가 섬진강 벚나무 옆에서 내릴 때 눈은 본격적으
로 광기를 발휘하기 시작했다. 예보는 있었지만 이렇게 쏟아질 것 같
은 날씨는 아니었는데 지리산 남부 능선 끝자락 가까이에 오니 일기가
달라진 것이다. 흩날리는 눈이 뒤뚱뒤뚱 겨우 걸음을 떼는 할머니에게
덤벼드는 형상이었다. 한 명, 두 명 떨어뜨리던 버스는 악양 골 맨 안
쪽의 동매교 까지 왔다. 이번엔 내가 떨어질 차례다. 난 이 버스의 마
지막 남은 한 명 승객이었다.

　차밭으로 오르는 길은 제법 가파르다. 마침 눈은 소강상태, 틈을 잠
시 내어 주고 있었다. 언덕에 서서 돌아보니 악양 벌판이 저 끝 평사
리, 그 너머 섬진강 찻길까지 한눈에 들어온다. 눈발 때문에 훤히 보이
지는 않았다. 배낭을 내려놓자마자 한 잔의 커피, 서둘러 밭으로 나갔
다. 농막에서 마시는 커피는 늘 '바로 이 맛' 이다. 커피 물 끓는 소리도
늘 상쾌한 굉음이다.

　오늘 할 일은 거름 포대를 옮기는 일. 여름 이후로 벼르고 벼르던
일이다. 물 머금었기로 무거워서, 오십 포대라 양이 많아서, 엑기스처
럼 번져 나오는 닭똥 진액이 볼수록 겁이 나서 차일피일 미룬 것이 여
기까지 온 것이다. 이번엔 각오를 단단히 했다.

　냄새는 사라졌고 진액은 말랐으며 무게도 가벼워졌다. 한 포대씩 옮
기다가 두 포대를 시도했다. 눈 쏟아지기 전에 다 옮겨야겠다는 조바
심이 무리를 범하게 한 것이다. 하지만 외바퀴 리어카, 소위 일륜 리어

카의 화물 적재량은 한 포대다. 외바퀴이니 여차하면 옆으로 쓰러지게 된다. 조심조심 운전하여 부릴 곳에 겨우 도착했다. 굴곡이 심한 밭이랑을 넘는 일은 그야말로 '돌진, 적진 앞으로'였다. 몇 차례 반복하고 나니 힘이 부친다.

좀 쉴 겸해서 이번엔 구덩이를 팠다. 팔 때 차나무로부터 30센티 이상 떼어서 파라는 K의 충고를 잊지 않았다. 감나무, 매실나무 옆에도 팠다. 모두 백여 개. 슬슬 내리던 눈은 본격적 하강 작전으로 돌입한다. 금방 그칠 것 같지가 않다. 바람이 숲을 때린다. 시계는 거의 제로였다. 삽을 던지고 걸어 나왔다. 나와서 보니 빠른 걸음이었다.

농막의 라디에이터가 들어온 나를 온기로 감싸 준다. 밖을 본다. 악양 벌은 혼미와 환상을 번갈아 연출하고 있었다. 쏟아질 땐 혼미였고 멈출 때는 환상이었다. 판 구덩이를 눈이 다 채운다. 거름 들어갈 자리를 눈이 차지해버린 것이다. 곤두박질치듯 서 있는 리어카 위에도 눈이 쌓인다. 다시 나가야 말아야 하나 잠시 번민에 빠진다. 다지고 다닌 결심을 수행하려면 나가야 한다. 하던 일을 중단해야 할 정도의 눈은 아니다. 하지만 금방 녹아 버려 옷이 젖는다. 우물우물 하다가 내일로 미루었다. 자칫하면 결심이 유야무야될 판이다. 내일 못하면 유야무야되고 만다.

밤이다. 홀로 새는 농막의 눈 내리는 밤은 깊고도 깊었다. 비록 끝자락이기는 하지만 지리산 남부 능선 시루봉 아닌가. 오늘따라 적막은 더 두껍다. 하나둘 켜진 마을의 가로등 불들만 멀리서 눈 속에서 흐늘거린다. 워낙 귀한 불인지라 하지만 또렷하다. 그들은 이 밤, 설원을 지키는 홀로 파수꾼이다. 평소에도 귀하던 움직임이 오늘 밤엔 아예 없다. 어쩌다 움직이는 자동차 불빛이 눈 속에서 희미하게 붉다. 번져 나가는 색상이다.

나 없어도 혼자서 잘 자겠느냐고 걱정하는 편에게, 걱정하지 말라고, 일찍 불을 끄고 자리에 눕겠다고 했다. 하지만 바람과 눈, 말하자면 설풍은 내가 잠자리에 들지 못하게 했다. 초저녁엔 초저녁이라서 자리에 들지 않았지만, 밤이 깊은 지금은 내리는 눈 때문에 자리에 들 수가 없었다. 불을 끝내 켜지 않았다. 불을 켜서 쫓아버리기엔 아까운 눈빛이었다. 커튼 걷힌 창밖에 시선을 보내고 있는 시간이 한참 흐른 것 같았다.

　눈 내리는 밤을 산기슭에 와서 눈 뜨고 혼자서 보내는 밤의 경험은 처음이다. 양초가 있었지만 불붙이지 않았다. "천에 눈이 쌓인 어느 날 밤에 촛불을 밝혀두고 홀로 울리라"는 노랫말이 이 밤 따라 청승스럽게 여겨진 까닭이다. 열한시를 넘기고 잠자리에 들었다. 그때까지 무념으로 보냈다.

　다시 뜨니 두시 반이었다. 커튼이 훤했다. 고요하다. 몇 개의 마을 불들만 고요를 지킨다. 달이다. 커튼을 여니 달이 웃고 있었다. 형제봉, 칠선봉, 구재봉 등 악양 골의 봉우리들이 달빛 속에 모습을 드러내고 있었다. 달빛 겹친 눈빛이니 더욱 환했다. 악양 골은 설원으로 변해 있었다.

　풍경은 경이였다. 우주 속에 있는 듯했다. 자다가 깬 것 같지 않게 의식은 명료했다. 고립 속에 혼자 있는 밤중이지만 무섭지도 안 무섭지도, 두렵지도 안 두렵지도 않았다. 섧지도 기쁘지도 그립지도 고독하지도 않았다. 별생각이 안 났다. 내가 있었고 또 없었을 따름이었다. '이런 밤을 내가 보내다니'라고 생각할 땐 내가 있었고, 설산, 설원 그리고 달, 달빛에 빠져 있을 땐 내가 없는 거였다. 소리는 꿩음이었다. 싫은 소리는 아니었다. 깨어지는 꿩음, 폭발하는 꿩음이 아니라, 흐르는 꿩음이었다. 바람은 흐르고 있었다. 그땐 또 나의 있음이 의식 되었다.

　감히 무아지경이었다고 말하지는 못하겠다. 그냥 그대로 그렇게 존재한 밤이었다고는 말할 수 있겠다. 유야무야였다고 말할 수는 있겠다. 말하자면 '있는 듯 없는 듯' 그렇게 있었던 설야였다고 말할 수는 있겠다. '유야무야', 있다고 말하기엔 없었고 없다고 말하기엔 있는 것이 존재자의 존재, 즉 '있음'이 아니던가. 그렇다면 존재는 '유야무야'라고 말할 수 있지 않겠는가. 그 날 밤 나는 유야무야 존재체험 한번 찐하게 한 셈이었다.

　해가 떴다. 거름 포대를 다 옮겼다. 결심을 유야무야 시키진 않게 되었다. 편에게 전화했다. 개선장군 같은 목소리로 보고했다. 설원의 유야무야 지난밤도 숨 가쁘게 말해 주었다. 알아들었는지 모르겠다. 아니, 알아듣게 말했는지 모르겠다.

줄행랑

줄행랑 1

"1984년, 그해 겨울엔 눈이 참 많이 왔었다. 그렇게 눈이 많이 내리던 어느 날 밤 나는 내가 처음으로 시를 발표한 사화집, 『시여 무기여』 출판기념회에 가서 술을 퍼마셨다. 같이 시인이 된 친구들은 대부분 현장에서 노동하는 친구들이었다. 그들은 현장에서 노동하면서 고통과 기쁨과 절망과 희망을 노래하는 이야기를 하고 있었고 나는 술만 마셔댔다. 3차가 4차가 술집을 바꾸러 가는 길에서 나는 탈출했다. '25시'에서 앤서니 퀸이 탈출하던 것처럼 뒷걸음을 치다 줄행랑을 놓았다. 한강 다리를 건너는데 눈이 끝없이 쏟아졌다. 시는 노동자가 쓰는 게 옳다고 생각했다. 다시는 시 같은 건 쓰지 않겠다고 다짐했다. 나는 울고 있었다." (행복하지만 불행한 시인 김명환 / 2006.9.27. 민중 언론 '참세상') 철도 노동자 김명환 시인, 철도에서 펴내는 홍보물 곳곳에는 그의 눈을 멀게 할 정도로 시인의 정성이 깃들어 있다고 한다. 시인이 줄행랑칠 때 한강 위로 눈이 많이 내렸다.

줄행랑 2

"눈 펄펄 날리는 오늘은 내 나귀를 구해 그걸 타고 그 집에 들르리

라. 일필휘지, 뻗치고 휘어지고 창창히 뻗은 소나무 아래 지붕 낮게
해서 엎드린 그 집 주위를, 한 열 번은 더 돌게 되리라. 우선 당호에
들기 전 헛기침을 해보고 그리고는 내 타고 간 나귀를 살그머니 소나
무 기둥에 비틀어 매 놓고는 그리고는 냅다 눈발 속으로 줄행랑을 치
리라 하는 것이다." (신현정 / 세한도 / 시집 '자전거 도둑' 중에
서) 시인은 눈 속으로 줄행랑쳤다.

줄행랑 3

밖에 놓아둔 작은
난로의 땔감용 나뭇가
지를 주워오기 위해
뒷산에 갔다 왔을 땐
내리던 눈이 슬슬 가
속을 붙이기 시작할
때였다. 하지만, 하늘
을 보니 많이 내릴 눈
같지가 않다. 그래서
바로 거름 포대 옮기는 일을 시작했다. 정확히 말하자면 닭똥 포대다.
밭 입구에 누워있는 포대를 옮긴다, 옮긴다 하면서도 못 옮기고 있었
다. 물 머금은 닭똥 포대가 무거워서 못 옮겼고, 그래도 옮기려 시도
했다가 닭똥진액이 옷에 묻는 바람에 기겁해서 못 옮겼다. 50포대나
되는 양이 많아서 못 옮겼고, 차일피일 미루다가 가을 다 보내고 겨울
인 지금까지 그 자리에 두고 있었다.

　하지만, 이번엔 아니다. 내 기어이 옮기고 말리라는 다짐을 반복하

고 또 한 후에, 결의를 다지고 또 다지고서 한 출발이어서 이번만은 해치우리라 자신만만했다. 간간이 내리던 눈이 이번엔 작심한 듯 멈출 생각을 하지 않는다. 금방 차나무 잎을 흰색으로 바꾸기 시작했다. 잠시 멈칫했다. 핑계가 생긴 것이다. 날씨가 춥다는 핑계, 바람이 세게 분다는 핑계, 무엇보다 눈이 멈출 것 같지 않다는 핑계.

순간 마음을 다잡았다. 일륜 카에 두 포대를 실었다. 물론 끙끙댔다. 조심 운전과 섬세 운전을 병행하여 굴곡을 무사히 넘어, 부릴 곳에 도착했다. 어라 차차 부렸다. 일륜 카 손잡이를 확 밀어 버리는 게 '어라 차차 부리는 법'이었다.

순간, 딴생각이 들었다. 차나무에 거름을 좀 하라는 편의 당부가 머리에 떠오른 것이다. 차나무에 거름을 주어야 할지 말아야 할지를 난 아직 결정하지 못하고 있던 차였다. 거름 포대를 만지는 김에 나무 밑 거름을 하는 게 낫겠다는 생각이 들었다. 곤두박질 일륜 카를 바로 세울 생각도 못 한 채 바로 삽을 들었다. 100개의 구덩이를 팠다. 나무로부터 30센티 이상 떼어서 파라는 충고를 잊지 않았다.

구덩이 파는 사이에 눈은 본격적으로 내리기 시작했다. 금방 그칠 것 같지 않았다. 숲의 바람 소리는 더 세게 들렸다. 눈이 동서남북 사방을 가렸다. 적막이 느껴졌다. 삽을 던졌다. 빨리 걸어 나왔다. 안으로 들어오니 라디에이터의 온기가 더없이 정답다. 안 온도가 나를 대환영하는 것 같았다. 유리창 밖의 눈 내리는 들판은 혼미와 환상을 번갈아 보여주고 있었다. 많이 내릴 때는 혼미, 살짝 내릴 때는 환상이었다. 파놓은 구덩이를 눈이 채운다. 닭똥이 들어갈 자리를 눈이 차지해버린 것이다. 곤두박질로 서 있는 일륜 카가 눈에 들어온다.

닭똥 거름 두 포대를 그대로 안은 채 일륜 카는 나를 원망스럽게 보고 있다는 생각이 들었다. 부끄러워졌다. 버리고 줄행랑쳤다는 생각이 자꾸 든다. 나가서 삽과 일륜 카를 제자리에 챙겨 둘까 하다가 또 이런저런 핑계를 대면서 그렇게 하지 않았다. '눈이 멎으면 다시 일할 텐데 뭐' 하는 생각에 압도당한 것이다.

아직 어두워지지는 않았다. 눈 내리는 창밖을 오래도록 보고 있었다. 몇 개 되지 않는 마을들의 가로등 불이 하나둘 들어올 때까지 눈 쌓이는 설원을 보고 있었다. 삽은 눈에 묻혔으나 일륜 카는 계속 내 눈에 들어왔다. 줄행랑이라는 단어가 더 강하게 나를 지배한다. 치웠으면 이렇게 번져가지는 않았을 텐데, 눈 내린다고 다 팽개치고 친 줄행랑이, 살아온 세월 동안의 줄행랑에로까지 번지게 했다. 거름을 옮기고, 거름을 주려다가 친 줄행랑이 무디어진 양심의 북을 건드린 격이 되었다.

살아오면서 친 줄행랑, 하나하나 헤아려 보지는 못했다. 하지만, 살아보려고 한 줄행랑이라는 핑계가 없는 건 아니지만, 그 단어 생각만으로도 나는 부끄러움에 빠져들었다. 편에게 전화했다. 혼자 보낼 설야를 그녀는 걱정해 주었다.

나르키소스의 물

연금술사는 대상(隊商) 중 한 명이 가져다 준 책을 손에 들고 있었다. 표지가 떨어져 나갔지만, 저자 이름은 알아볼 수 있었다. 오스카 와일드였다. 책 이곳저곳을 훑어보던 그는 나르키소스에 관한 이야기에서 눈길을 멈추었다.

연금술사는 나르키소스의 전설을 알고 있었다. 물에 비친 자신의 아름다운 모습을 바라보기 위해 매일 호숫가를 찾았다는 나르키소스. 그는 자신의 아름다움에 매혹되어 결국 호수에 빠져 죽었다. 그가 죽은 자리에서 한 송이 꽃이 피어났고, 사람들은 그의 이름을 수선화(나르키소스)라 불렀다.

하지만, 오스카 와일드의 이야기는 결말이 달랐다. 나르키소스가 죽었을 때 숲의 요정 오레미아스들이 호숫가에 왔고, 그들은 호수가 쓰디쓴 눈물을 흘리는 것을 보았다. "그대는 왜 울고 있나요?" 오레미아스들이 물었다. "나르키소스를 애도하고 있어요." 호수가 대답했다. "하긴 그렇겠네요. 우리는 나르키소스의 아름다움에 반해 숲에서 그를 쫓아다녔지만, 사실 그대야말로 그의 아름다움을 가장 가까이서 바라볼 수 있었을 테니까요." 숲의 요정들이 말했다. "나르키소스가 그렇게 아름다웠나요?" 호수가 물었다. "그대만큼 잘 아는 사람이 어디 있겠어요? 나르키소스는 날마다 그대의 물결 위로 몸을 구부리고 자신의 얼굴을 들여다보았잖아요!" 놀란 요정들이 반문했다.

호수는 한동안 아무 말도 하지 않고 가만히 있다가, 조심스럽게 입을 뗐다. "저는 지금 나르키소스를 애도하고 있지만, 그가 그토록 아름답다는 건 전혀 몰랐어요. 저는 그가 제 물결 위로 얼굴을 구부릴 때마다 그의 눈 속 깊은 곳에 비친 나 자신의 아름다운 영상을 볼 수 있었어요. 그런데 그가 죽었으니, 아 이젠 그럴 수 없잖아요?" "오, 정말 아름다운 이야기다!" 연금술사는 터트렸다.(파울로 코엘료, 최정수 역, 연금술사, 문학동네, 서문)

산을 오르내리는 동매리 마을 사람들이 나랑 인사를 나눌 때마다 이 물에 대한 덕담을 내게 풍성히 선물로 준다. 외지에서 사는 이 마을 출신 방문객이 전하는 물에 대한 찬미는 아련한 그리움조차 너울로 쓰고 있다. 물이 임자를 기다리고 있었던 모양이라면서, '우짜던지 물 간수 잘하라'는 당부도 신신하게 하곤 내려간다.

눈이 내린 날, 물은 하트가 되었다. 나르키소스가 그리운 모양이다. 아니, 그의 눈을 통해 보게 되는 자기의 영상이 그리운 걸까. 그런저런 그의 마음이 눈(雪)을 통해 하트를 그렸다. 하트는 사랑이라니 이 물의 본심은 사랑인 모양이다. 나 지금, 사랑 곁에 서 있다.

물에, '나는 나르키소스가 아니라'고, '나는 나'라고, 묻지도 않았는데 지레 말하고 말았다. 그리고 물 보고, 내 얼굴을 좀 비춰 봐도 되느냐고 물었다. 보는 김에 당신의 마음도 쬐끔 훔쳐봐도 되느냐고 물었다. 물은 대답하지 않았다. 다만, 나를 비춰줄 뿐이었다. 눈 내리는 날의 물은 청명한 날의 물과는 또 다르게 거울이었다. 뒷산은 숲이다. 내 없을 때 오레미아스들이 물가로 와, 더불어 수작하는지 모르겠다.

파 엎고 휘젓고 심고 또 찾고

가는 날이 장날

가는 날이 장날이었다. 하동 장과 장날이 따로 있다. 장이 크다. 그런데 장날에는 시외버스 터미널 이곳이 또 바로 장이 된다. 하동 시외버스 터미널 건물은 새로 짓는다고 다 뜯었기로 이곳 주차장으로 터미널이 옮겨와 임시로 쓰고 있기에 비좁기 그지없다.

주차한 버스들 사이에서 장이 서니 버스에서 내리거나 타려는 사람 중 장을 보는 사람은 보고, 가는 사람은 보지 않고 버스를 타거나 간다. 허겁지겁 달려와 표를 사는 사람도 있다. 서울로 가는 버스도 있다. 장을 보는 사람은 그렇다 치고, 임시 터미널엔 탈 사람과 기사는 엉덩이 부칠 자리나 공간이 없으니 서서 얼쩡댄다. 기사들 이야기를 엿들으니, 대기 중인 버스 중에서 젤 좋은 버스인 서울 가는 버스의 기사는 몸이 불편해 약을 먹으면서 운전했다고 한다. 아쩔! 그러나 특별시 서울로 가는 버스의 정차 자리는 맨 첫 칸이다. 나도 저 창구에서 "동매"하고는 2,000원을 들이밀면 500원과 함께 표를 내준다. "부산" 하고 만원을 넣으면 100원과 더불어 표를 또 준다. 차표 끊는 일이 싫지 않다. 여기 정거장, 표 파는 사람은 아줌마도 아가씨도 아저씨도 무뚝뚝하다. 물어도 뭘 잘 안 가르쳐 준다. 그건 동매행 대부분 기사도 그렇다.

이번 터미널 장터에는 취나물과 두릅과 무말랭이가 주를 이루었다. 우리 뒷산에도 야생 취나물이 많다는데, 캐러 올라 가보지 못했다. 산이 산이니만치 산에 있을 만한 것은 다 있는 것 같았다. 마을을 돌아온 버스가 정차하면 아예 서서 기다리던 보따리 상인들이 짐칸에서 꺼내는 나물 포대나 보자기를 바로 붙잡는다. 빼앗다시피 보따리를 가로채려는 상인들과 빼앗기지 않으려고 더 움켜쥐는 할머니들 사이의 실랑이는 제법 단호하다. 밭에 뿌려 놓은 취나물이 자라는 내년 봄에, 나도 하동 장에 이렇게 보따리 나물 팔러 나올까 생각하고 있다(농담!). 터미널 여기서, 금(값) 더 안 쳐주면 안 넘기겠다며 부둥켜안은 채 퍼질고 앉아 뻗대는 그런 사람 되는 꿈도 꾸어 본다.

지금까지 탄 동매 마을로 가는 차 중에서 젤 붐비는 차를 오늘 탔다. 안쪽 깊숙이 들어가 맨 뒤 끝자리에 털썩 주저앉았다. 길도 좋고 막히지도 않는데 기사는 버스를 왜 그리 흔들리게 운전하는지 모르겠다. 거듭 말하지만, 이 노선 기사들이 유달리 무뚝뚝하다. 탄 사람들이 노선이나 시간에 관해 물어도 대답해 주는 걸 못 봤다.

하동읍에서 악양 삼거리까지 가는 길, 벚꽃이더니 이제 배꽃이다. 온통 배 밭이다. 이른바 만지 배 밭. 악양 안으로 들어가면 복숭아꽃 살구꽃 아기 진달래밭으로 또 되고. '가는 날이 장날'로 되는 날을 다음엔 또 언제 마주치게 될는지 기대된다.

파 엎고 휘젓고

어제부터 내린 비는 금 같은 비다. 겨울 가뭄은 해마다 기록을 경신하는 것 같다. 내내 따뜻하고 내내 건조하더니, 비록 충분한 양은 아니지만 내린 비가 얼마나 고마운지 모른다. 이것도 농사랍시고 농부 흉내를 내는 나에겐 새삼 기다려진 비다.

일어나니 5시 50분이었다. 늦은 편이다. 편이 빨리 아침을 마련해 준다. 비는 조금씩 내리고 있었다. 그야말로 조심 운전, 다른 때보다 훨씬 천천히 운전하여 동매리에 도착하였다. 남강과 섬진강을 지날 때는 안개가 자욱하였다.

'라꾸라꾸 수납 침대' 라는 이름을 가진 소파 겸용 침대를 인터넷으로 구매하여 차에 싣고 내려왔다. 편과 막내와 더불어 셋이서 겨우 승용차에 실었었는데, 동매리에 도착하여 꺼낼 때는 나 혼자 손의 일이었다. 겨우겨우 꺼냈다.

침대 조립하는데 오전을 다 보냈다. 겨우 마치고 나니 11시였다. 9시에 도착했으니 2시간이 걸린 셈이었다.

그림 등의 창작이나 조립 등의 공작엔 영 소질이 없는 나다. 소질을 말하기 전에 의지부터 없다. 그러나 요샌 아주 다르다. 이제 나도 제법 나이를 먹었다. 손을 움직이는 일, 몸을 움직이는 일을 많이 해야 한다고 생각하고 실천하고 있다. 설명서를 반복해서 보면서 조작을 했더니, 결국 조립이 다 되고 말았다. 그전 같으면 포기했을 일이다. 한 장짜리 설명서는 인쇄상태부터 불량하여 알아보기 어려웠다. 정신을 집중하여 상상력을 발휘하면서 하나하나 맞추었더니 결국엔 맞아떨어지는 것이었다. 물론 길잡이는 '시행착오법.'

밭을 구분하기로 하였다. 구분을 지어 주는 밭둑이 없이 하나로 되어 있어서 밭둑을 걷는 것이 아니라 밭을 밟고 다녔다. 그래서 밭을 여러 개로 구분, 경계를 지우는 둑을 만들어 산책길로 만들 참이다. 우선 4~5등분 한 다음, 이를 다시 세분할 참이다.

부지런히 파 엎었다. 쟁기로 갈아엎어도 한참 일인데 나는 지금 삽과 쇠스랑으로 하고 있다. 일종의 도전인 셈이다. 흙에 대한 선의의 도전이고 의지에 대한 강한 도전이다. 물론 전투하듯 하는 일이 아니다. 즐겁게 한다. 나는 땀이 좋고 가쁜 숨이 좋다. 오늘 쇠스랑질은 여기까지다. 제법 일했지만, 밭 끄트머리에 가서 돌아보니 별일 하지 않은 것으로 보인다.

삽질을 마친 다음 연못으로 왔다. 개구리들이 헤엄치며 놀고 있었다. 오늘이 2월 9일이니 아직 한겨울인데도 개구리들이 벌써 겨울잠을 깨고 나왔다. 워낙 조용한 곳인지라 한낮의 개구리 소리도 규모가 큰 합창단의 공연 소리로 들린다.

개구리 소리에 끌려 온 연못인데 한 일은 물을 빼고 바닥을 온통 휘젓는 일이었다. 바닥에 깔린 펄을 걷어내기 위해서였다. 밭에서 캐내는 돌을 연못 바닥에 쫙 깔 예정이다. 그렇게 하면 연못 바닥에 끼는 펄을 걷어내기가 쉬울 것 같다.

돌이 어찌나 많이 나오던지. 지난번에 삽과 쇠스랑으로 파 엎던 부분을 오늘 완성하였다. 돌이 보물 나오듯 나왔다. 그러니까 보물 캐듯 돌을 캐내었다. 돌도 작은 돌이 아니라 혼자 들기엔 버거운 큰 돌이다. 바위 수준이라고 말하면 과장법이 너무 심한 것 같아 그 표현은 못 하겠다만. 개구리 알을 많이도 낳았다.

큰아이에게서 전화가 왔다. 한라산 정상이라고 했다. 물론 백록담까지 올라간 건 아니라고 했다. 막내 등록금을 냈다고 편이 또 전화했다. 큰 아이에게서 다시 전화가 왔다. 시드니 매쾨리 대학 통번역 대학원에 합격했다는 전화였다.

낮에도 합창하던 개구리들이 밤인 지금엔 더욱 난리 브루스를 친다.

차부 랑데부

원래 계획은 편이 내일 내려오는 거였다. 하지만, 3월에 파종하기 위해서는 이번 기회에 밭이랑을 만들고 또 돌을 골라내는 것이 낫겠다고 판단, 오늘 내려오라고 전화했다. 그랬더니 10시에 출발하겠다고 한다.

어젯밤엔 라꾸라꾸 침대 위에서 잤다. 조립하는 데 애를 먹었지만, 설치하고 나니 방 공간도 더 넓어졌고 또 잠자리도 편했다.

밤에는 전기를 끌어들이기 전에 사용한 배터리 램프, 즉 캠핑용 등을 사용했다. 말하자면 독서 등을 켜고 글을 읽었다. 은은하고 분위기도 좋았으며 적절히 밝아서 심리적인 안정감도 있었다. 다른 때에는 일찍 불을 끄고 잠자리에 들었는데 어제는 일기를 쓰고서 제법 오랫동안 글을 읽었다.

큰아이와 막내의 편입시험 합격, 그리고 둘째의 직장생활 등을 통해 받는 은총에 대해 각각 감사기도를 드리고 나서 불을 껐다.

일어나니 달이 새벽을 지키고 있었다. 밤늦게까지 들리던 개구리 소리가 새벽에도 들렸다. 간간이 들리는 개구리 소리는 참 반가운 소리였다.

여느 때처럼 편에게 아침 인사를 보냈다. 다른 때에는 달리 이번엔 문자 메시지를 보냈다. 그동안 손전화기의 문자기능은 사용하지 않았다. 거기에 시간을 빼앗기고 싶지 않아서였다. 그런데 생각을 바꾸어 그 기능 사용법을 익힐 생각을 했다. 그렇게 생각을 하게 된 배경은, 무엇을 하지 않겠다고 하는 고집을 자꾸 고수하는 것이 '나이 듦'의 병폐이지, 지킬만한 신념을 지키는 것이 아니라는 생각에서였다. 그리고 계기는 시외버스 탑승이었다. 내려갈 때는 책 읽기가 좋은데 돌아올 때는 시외버스 실내가 어두워서 책을 읽을 수가 없었다. 독서등을 하나 살까 하는 생각을 하게 되었는데 살 때는 사더라도 그때까지는 손전화기 문자사용 기능을 익히자는 생각을 하게 된 것이다. 편과 아이들에게 요즘 음성통화가 아니라 메시지를 통한 문자 대화를 더러 하곤 한다.

편이, 오전에 출발하겠다는 문자 메시지를 보냈다. 쌀을 씻어 보온밥솥에 앉히고 아침 운동 삼아 삽질을 했다. 7시 30분이었다. 아침식사 전후로 한 삽질 시간이 그리 길지 않았는데도 쌓이는 돌은 산더미를 이룬다. 물론 과장된 표현이다.

하지만, 파면 돌이고 쌓이는 건 돌무더기라는 표현은 맞다. 바위수준의 돌도 자주 나왔다. 여러 뙈기의 논밭을 정비한 땅이니 돌이많이 나올 것이라는 짐작은 했지만, 이 정도일 줄은 몰랐다. 캐내면서도 기분이 좋은 것은, 운동한다는 생각과 이 돌의 쓰임새에 대한생각 때문이었다.

10시 차를 탔다는 전화가 왔다. 12시에 도착하는 편을 마중하기위해서는 늦어도 11시 반에는 나가야 한다. 일을 서둘렀다. 밭을 파다가 연못으로 왔다. 어제 긁어모아 두었던 바닥의 펄을 긁어내고 주변의 마른 풀들을 뽑았다. 옷을 갈아입고 서둘러 출발했다. 동매교를지나 평촌 마을 이정표 앞에서 누가 손을 든다. 세워서 태우고 보니바로 위 밭의 박 씨 할머니였다. 학원에 간 손자를 면 소재지 마을에서 만나 목욕시켜 데리고 올 예정이라고 했다. 그 아이는 부모와 떨어져 사는 아이다. 농촌 마을에는 그런 아이들이 많다. 읍내 시외버스 도착하는데 소요된 시간이 다른 때보다 길었다. 유달리 천천히 가는 차가 앞을 가로막고 있었기 때문이다.

편과 더불어 밭 길뫼재에 도착했을 때 비가 내리기 시작했다. 눈을 내려보낼 듯하던 구름이 비를 내려보낸 것이다. 금방 그칠 것 같은 비가 제법 내렸다. 반가운 비다. 연못 손질을 끝내고 물을 가두었다. 못 둑 주변이 이전보다 산뜻하다. 캐낸 돌로 연못 안 둑과 바닥을 계속 손질할 예정이다.

연못 둑 너머로 물을 넘기는 시도는 다섯 번째 만에 성공하였다. 호스에서 물이 콸콸 나온다.

나의 손으로부터 자유를 얻은 삽과 쇠스랑과 포크도 비로소 휴식을 취한다. 거름 더미 옆에다 그들을 가지런히 놓았다. 저것들은 오늘 밤을 여기서 날 것이다. 날이 새면 또 나의 손에 쥐어져 부지런히 일해야 할 도구들이다.

돌 만지는 솜씨

어제 비가 내려서 그런지 새벽에 밖을 나가니 꽁꽁 얼어붙어 있었다. 올해 겨울이 워낙 따뜻하다 보니 그리 많이 내려간 기온이 아닌데도 많이 얼어붙은 것으로 느껴진다. 7시경이면 아직 여명이다. 밖에 있는 난로에 불을 붙이고 바로 삽질했다. 아침 식사 전에 하는 한 시간 정도의 일도 그 양에 있어서 제법이다. 땅이 좀 얼었지만, 삽질을 하니 잘 파졌다.

오늘 밭일은 삽질이 아니라 발굴이었다. 바위 수준의 돌이 계속 나왔으며 빨래판처럼 평탄한 저런 돌도 나왔다. 어제 한 개 오늘 두 개 등 모두 세 개나 캐내었다. 편이 아주 좋아했다. 아침을 먹은 후 밭일을 하고 있는데 L이 왔다. 이른 방문이었다. 바로 앞의 밭을 보러 왔던 어제의 그 충남 사람에 관한 이야기를 하러 온 것이었다.

연못물의 배출구가 있는 개울 쪽에 탱자 씨를 심었다. 그러니까 차밭의 서쪽 끝 지점이다. 개울이 경계를 지어주는 곳이다. 그리고 그 개울과 연이어 있는 둑에도 탱자를 심었다. 작은 도랑을 사이에 두고 있지만, 둑 일부분은 우리 밭에 포함되는 땅이다. 작년에 머위를 심었는데 봄이 오면 그 자리에서 머위가 날지 모르겠다. 탱자 씨는 편이 심었다.

이 자리는 참 옴방한(옴팡한) 자리다. 겨울에는 따뜻하고 여름엔 바람이 더욱 시원한 자리다. 바닥을 평탄하게 골라 야외용 테이블을 놓고 싶은 자리이기도 하고 아니면 차나무로 채우고 싶은 자리이기도 하다. 지난봄에 심은 도라지를 캐보니 뿌리가 쭉쭉 뻗어 내리지 못하고 있었다. 여름에 물이 많이 흘러내리는 지역인지라 도라지 자리로는 적합하지 않았다.

연못 둑 아래, 빨래터가 잘 만들어졌다. 둑을 넘긴 호스에서 맑은 물이 콸콸 넘치니 보기에도 좋고 사용하기에도 그만이다. 넘치는 물 소리는 듣기에도 그만이다. 편이 아주 좋아한다. 물도 좋고 밭에서 캐낸 평평한 돌들이 빨래판으로는 그만이라고 했다.

입구 쪽의 밭을 파 엎기 시작했다. 앞쪽은 아무래도 발길이 잦은 곳인지라 땅이 아주 딱딱했다. 그래서 삽질하기가 더욱 힘이 들었다.

편의 돌 만지는 솜씨가 이리 뛰어난 줄 그전엔 미처 몰랐다. 밭에서 골라낸 돌로 마당과 길을 채울 계획이었다. 그런데 그 돌로 보도블록 깔듯이 하나하나 맞출 생각은 못 하고 있었다. 그런데 편은 갖다 부어 놓은 돌을 하나하나 끼어 맞추는 것이었다. 그랬더니 울퉁불퉁하던 돌길이 평탄한 돌길로 변한다. 돌 만지는 손, 만지는 족족 금으로 만들어 버리는 미다스의 손 정도는 아니라고 하더라도 솜씨 한번 대단하다. 앞마당이 거의 돌로 채워지고 있다. 밭에는 아직 작은 돌이 많이 남아 있다. 그것들로 마당을 보기 좋게 다 채우게 될 것 같다.

방에서 잠자리 바닥으로 쓰던 합판을 밖으로 들어내었다. 잠자리를 라꾸라꾸 침대에 넘겨준 것이다.

심고 또 찾고

모란을 심었다. K가, 내게서 부탁받은 묘목들과 함께, 뜻밖에 크고 튼실한 모란을, 자기 친구 농장에서 파낸 것이라면서 가져온 것이다. 나무를 심었다. 작년에는 2월 24일, 눈발이 흩날리는 가운데 심었는데 이번엔 2월 28일, 온화한 햇빛 속에서 심었다.

많이 심었다. 대봉감 나무 다섯 그루, 청매실 나무 다섯 그루, 단감나무 두 그루, 자두나무 두 그루, 앵두나무 한그루 등 열다섯 그루를 심었다. 지난해에 대봉감 나무 다섯 그루를 심었는데 한그루가 죽었다. 따라서 대봉감 나무는 모두 아홉 그루다. 매실나무는 지난해의 것까지 합쳐 여덟 그루. 지난해에 심은 석류나무는 나의 거친 낫질의 희생양이 되었다. 사과나무도 두어 그루 심고 싶었는데 잊어버리고 주문을 하지 못했다.

아무튼, 크고 작은 차나무 약 150그루를 합치면 180여 그루가 된다. 물론 차나무는 아직 순 수준이기는 하다. 모란 세 그루를 합치면 말이다. 구할 수가 없어 심지 못했던 앵두나무를 이번에 심게 되어 기쁨은 컸다. 편이 더욱 기뻐했다. 그녀가 기뻐하니 덩달아 나도 기분이 좋다.

바로 지난주, 그러니까 2월 25일 다녀온 전라도 강진의 영랑 생가의 모란밭 기억이 흐려지기도 전에 이리 큰 모란을 선물로 받게 될 줄은 짐작하지 못했다. 동매리 이 언덕의 첫봄에, 모란과 수선화부터 먼저 심은 나의 손놀림이 이리 큰 모란 묘목으로 이어졌다.

미술인(조소)이고 문학인(시)이며, 음악인(작사 작곡 기타 노래)이자 교육인(교수)인 이제하의 노래를 찾았다. 찾고 보니 그 제목이 '모란 동백'이 아니라, '김영랑, 조두남, 모란, 동백'이었다. 이제하의 나이엔 아주 못 미치지만, 나에게도 나이는 제법 켜켜이 쌓였다. 그래서 그럴까, 그의 운율과 음률에 마음이 흔들린다.

심고 찾았다. 모란을 심었고, 죽은 줄 알았던 나무에서 돋는 움을 봤고 또 찾던 노래를 찾았다. 그리움도 찾았다. 덕수궁의 사라진 그 밭이 그립고. 이제하의 詩다 : "…세상은 바람 불고 고달파라. 나 어느 변방에 떠돌다, 떠돌다 어느 나무 그늘에 고요히, 고요히 잠든다 해도 또 한 번 모란이 필 때까지 나를 잊지 말아요."

나도 다 왔으니

네 시 반에는 삽을 놓는다. 낫, 호미, 괭이, 쇠스랑, 삽, 일륜 리어카를 챙긴다. 놓을 자리에 놓고 넣을 곳에 넣는다. 손과 발, 얼굴을 빨리 씻고 옷을 갈아입는다. 커피 한잔 끓여 마시고 그래도 시간이 좀 남으면 나팔을 두어 번 불지만, 봄이 오는 지금 나팔을 손에 쥘 여유가 없다.

올라가는 길보다는 내려오는 길이 걷기가 쉽지만 그래도 서둘러 내려온다. 마을 회관 앞을 지날 때 저녁밥 함께 지어 먹으려 모인 동네 사람들이 요샌 나보고 "차 올 때가 됐으니 어서 내려가시라"고 먼저 말한다.

'평촌마을' 이라는 돌이 서 있는 삼거리에 왔다. 한 10분 남았다. 버스가 온다. 안으로 들어가는 버스다. 종점 즉 중기마을에 갔다가 돌아나와서는 나를 태우고 읍내로 나갈 막차다. 들어오는 막차는 오후 일곱 시에 있지만 나가는 막차는 다섯 시 사십 분 차인데 바로 이 차를 말한다. 괭이와 삽을 놓고 배낭을 챙긴 후 바삐 내려와 기다리는 차는 늘 막차이다. 산 까치가 운다. 저 버스가 돌아 나올 때까지 서서 기다려야 한다.

기다리는 마음은 '사평역' 이다. 행여 오지 않을세라 조바심하지만, 이곳의 막차는 늘 왔기 때문에 물론 사평역은 아니다. 기다림은 길다. 십 분이어도 긴 시간이다. 기다리면서 들어가는 버스의 뒷모습을 본다. 대나무 숲 사이, 붉은 지붕 그 위의 한 점 하얀 집, 만지다 두고 온 쇠스랑 넣은 우리 농막도 또 본다. "또 올게. 잘 있으라.", "잘 있으라. 또 올게." 저기 위 농막을 보면서 인사를 하고 또 한다. 두고 가는 언덕, 다시 올 차나무 언덕이다.

　버스가 나온다. 손을 들어 세운다. 들지 않아도 내 앞에서 서 주지만, 나는 매번 번쩍 손을 든다. 촌놈 풋대 내는 거다.

　나가는 버스에서 다툼은 없다. 하지만, 들어오는 버스에서는 긴장이 자주 발생한다. 그건 오늘 오전 들어오는 버스 안에서도 그랬다. 들어오는 아침 버스에는 "운전사가 모르겠지, 하고 십 원 이십 원 모자라게 끊은 표를 내는 쭈그렁 할머니"가 있고, "그걸 알고 있는 욕 없는 욕 다 모아 할머니를 향해 쏟아붓기 시작"하는 늙은 운전기사가 있었다. 다른 어느 날은 차마 못 들을 욕을 들어, 안 좋은 기분이 한참 가기도 했다. 10원, 20원 때문에 큰일이라도 벌어질 것 같은 버스 안이다. 오늘 들어오는 버스에서 다툼도 10원 때문이었다. 표 요금보다 10원어치 더 간 마을에서 내리려는 할머니에게 기어이 10원을 더 내고 내리라는 기사와 그냥 내리려는 할머니 간에 큰 고성이 한참 오고 갔다. 기어이 내린 할머니 뒤로 "상습범"이라고 쏘아붙이는 기사의 고함 소리는 더욱 거셌다.

　"됐습니다. 다 왔으니 운전사도, 할머니도, 나도, 다 왔으니 모두 열심히 살았으니." 됐다는 말, 안도현을 흉내 내어 이 말을 하고 싶은 생각이 꿀떡같이 들지만, 행여 봉변이라도 당할세라 "내가 참아야지." 하고 만다. 마을 하나 지나는데 겨우 10원 차이, 받아야 하는 기사의 심정도 이해되고 남기 때문이다. 10원을 덜 주려는 할머니 마음은 한참 생각해야 이해된다. 하동에서 동매 마을까지는 1,500원이다.

"다 왔으니, 열심히 살았으니….". 도착했다. 내린다. 하동 정거장이다. 이 차 타면 부산 집에 간다.(인용은 안도현의 시, 〈열심히 산다는 것〉 일부)

여섯. 다시 또 봄

너희들의 세월, 우리들의 세월

무화과나무

눈발이 흩날리고 바람이 세차게 불 것이며, 아주 쌀쌀할 것이라는 일기예보를 듣고 출발했지만, 악양에 도착해보니 날씨는 예보 듣고 짐작한 것보다 더 불순했다. 연못의 물이 이번 겨울 중 가장 넓게 얼어 있었다. 물론 얼음이 언 곳은 연못의 한쪽 구석이다.

오늘 심을 묘목들은 매화나무 3그루, 엄나무 2그루, 무화과나무 1그루다. 묘목 값은 모두 21,000원. 매화나무는 길뫼재 뒤편 언덕에 심었다. 이 나무들이 자라서 꽃을 피우면 길뫼재의 배경을 이룰 것이다. 심어진 매화나무는 이제 전부 12그루가 된다. 대봉 감나무는 9그루, 단감나무 3그루, 앵두나무 1그루, 자두나무 2그루, 가죽나무 1그루, 무화과나무 1그루, 엄나무 2그루 등 30그루다. 모란 3그루를 합치면 33그루. 대봉 감나무는 어린 시절에 왕감나무라고 부르던 그것인지 모르겠다. 그럴 것이라고 짐작되기는 하지만.

무화과나무는 연못 둑에 심었다. 모든 자리가 다 좋지만, 이곳은 그 중에서 더욱 온화한 자리다. 파라솔을 설치할 생각을 하고 있던 지점이다. 무화과나무 위에는 지난봄에 심은 수선화가 자라고 있다.

무화과는 클레오파트라가 가장 좋아한 과일이라고 한다. 고대 올림픽 선수들과 로마 검투사의 정력 식품이었다고 하기도 하고. 동서양의 의사에게 소중한 약재였으며, 그리스의 호머나 플라톤의 예찬 대상이었다. 무화과나무는 지중해 연안이 원산지라고 한다. 꽃은 암수 한 나무로서 봄부터 여름에 걸쳐 잎의 겨드랑이에서 주머니 같은 꽃차례에 달리고 그 속에 많은 작은 꽃이 들어 있다고 한다. 꽃과 씨방을 꽃받침이 감싸고 있으므로 꽃이 피어도 맨눈으로 보이지는 않는다는 것이다. 열매를 잘라야만 그 안에 들어 있는 꽃을 볼 수 있다고 한다. 그래서 꽃이 없는 나무 즉 무화과라는 이름을 갖게 되었다는 것이다.

무화과나무는 현재 재배되고 있는 식물 중 그 역사가 가장 오래된 나무 중의 하나라고 한다. 성경 속에 자주 등장하는 나무인데 무려 60여 차례 언급되고 있다. 에덴동산에 있던 "먹어서는 안 되는 열매" 즉, 선과 악을 알게 하는 나무의 열매를 먹었던 아담과 이브는 무화과나무의 잎들로 가리개를 만들어서 자기들의 벌거벗음을 면하였다. 유대 랍비들의 전승에 의하면 이브에게 죄를 짓게 한 나무가 바로 무화과나무였을지도 모른다는 견해가 있다. 아담과 이브가 죄를 지은 후 부끄러워 그 나무의 잎으로 치부를 가렸기 때문이고 무화과나무의 열매가 바로 선악과였을 것이라는 것이다.

무화과나무, 이 나무가 우리나라에 들어온 때는 언제일까? 일본은 1600년대 중반 서양 품종이 나가사키 현에 도입되어 전국으로 퍼졌다고 하는데, 본격적인 재배는 1920년대에 와서야 이뤄졌다고 한다. 우리나라에는 1800년대 후반 개화기에 일본에서 도입되었는데, 처음에는 남도의 도서지방과 항구도시 등에 울타리와 정원수로 심어졌다가 1930년대 초 목포에서부터 재배 과수로 자리 잡기 시작했다는 것이다.

무화과, 박정만의 시 '너희들의 세월'이 생각난다. "너희들의 세월은 참 화려하였어. 참한 꽃 난마처럼 징그럽게 얼크러지고 피어린 꽃도 두어 송이 피고 잇자국도 남지 않은 후식 무화과. 떠들어도 소용없는 너희들의 세월." 박정만은 가슴 아픈 시인이다. 어두운 시절, 한수산

필화사건에 억울하게 연루되어 모진 고문, 그 고문의 후유증으로 40이 안된 나이에 세상을 뜬 시인이다.

매화가 핀다. 같은 지역이라도 개화의 속도엔 차이가 있다. 바로 아래 매화밭은 금방 꽃 천지로 되었다. 편은 봄나물을 캔다. 지금, 3월 아닌가. 음력으로는 아직 아니지만, 양력으로는 춘삼월이다.

참, 음력 말이 나왔으니 말인데, 난 지금까지 음력을 헤아려본 적이 없다. 그런데 동매리 차밭을 가꾸기 시작한 이후부터는 나도 모르게 음력으로 날을 헤아리는 나를 본다. 겨우 일 년 정도의 경험이지만, 농사를 짓는데 있어서는 음력으로 헤아리는 절기, 때가 절묘하게 맞아떨어지는 경험을 반복해서 한다.

홀로 수선화

금요일, 강의 마친 후, 12시 교수회 미사를 끝내고서 바로 달려왔다. 토요일 새벽부터 80mm 이상의 비가 내릴 예정이라고 했다. 안개도 많이 낄 거라고 한다. 그래서 폭우 내리는 새벽에 출발하기보다는 금요일 오늘 여유 있게 내려오는 게 낫겠다는 판단을 하였다.

도착하니 오후 3시 반이었다. 구름이 잔뜩 끼었지만 비는 내리지 않는다. 못 위, 돌담 아래, 수선화 한 송이가 나를 기다리고 있었다. 지난해 심은 수선화다.

마른 잎 사이에서 난초도 잔뜩 새순을 올리고 있었다. 붓꽃 닮은 저 꽃을 우리는 난초라 불렀다. 번식력도 강하며 꽃도 많이 피운다.

하동읍을 지날 때 가로수 벚나무들의 망울이 곧 터트릴 준비를 하고 있음을 보았다. 개나리도 조금씩 피고 있었다. 그런데 악양으로 들어서니 개나리는 상당히 많이 피었고 벚꽃도 더 많이 피어 있었다. 악양이 섬진강 변보다는 더 온화한 기온인 모양이다. 복숭아꽃인 듯한 꽃들이 여기저기서 피어 밭을 이루고 있다.

오늘은 밭의 일을 하지 않았다. 다만, 지난주에 심은 탱자와 언덕의 청매실 나무에 물만 주었다. 밤에 폭우가 내릴 예정이라고는 하지만, 흙이 푸석푸석 말라 있고 또 탱자나무도 비실비실 말라가고 있었기 때문이다.

저녁을 먹고는 동매 일지를 늦게까지 정리했다. 매번 농사 일기를 쓴다고는 하지만 미처 다 못 쓴 일기가 많다. 정리를 다 하고 나서 부산으로 돌아가려고 했는데, 양이 많아 그렇게 될 것 같지는 않다.

풍경이 가끔 소리를 낸다. 성철스님의 절, 겁외사에서 오래전에 산 것인데 바람이 세차게 불 면 그때 비로소 흔들리고 소리 낸다. 내 없는 만날, 소리를 소리 내는 풍경 자기만 듣는다. 지금은 홀로 수선화가 듣는다.

다음 날 토요일, 새벽 한 시부터 줄기찬 비 80mm는 오후에 멎었다. 일요일, 그럴 수 없이 봄다운 봄 날씨, 햇살은 더없이 눈 부셨다. 수선화 봉오리 펼치는 것을 일목요연하게 일견했다. 월요일인 어제쯤엔 20여 수선화가 다 피었을 것 같다. 일곱을 염두에 두고 심은 송이가 스물을 넘었다. 봐 주는 내가 없어 자기들끼리 서로 봐 주고 있을 듯. 말하자면 홀로 수선화다. 풍경은 수선화 반장 노릇을 하고 있을 것 같다.

심은 차 씨

지난밤의 비는 말 그대로 폭우였다. 새벽 한 시에 잠을 깨었다. 빗소리 때문이다. 비는 그치지 않고 아침까지 줄기차게 내렸다. 새벽 세시, 네 시경, 커튼을 열고 밖을 내다보니 불빛이 하나도 보이지 않는다. 맞은 편 청학이 골의 유달리 환한 가로등 2개도 안개에 잡혀먹혀 버렸다. 악양 벌판 마을들의 가로등 불도 마찬가지다. 다만, 바로 아래 동매마을의 민박집인 하늘 정원 앞 가로등 불빛만 희미하게 보인다.

아침이 되니 기세가 좀 꺾인다. 그래도 오전 내내 비는 그치지 않았다. 색소폰을 불었다. 반주기를 가지고 내려왔는데, 내리는 비 덕분에 오래간만에 충분히 연습하였다. 이제 반주기의 조작법을 좀 알겠다. 말하자면 내가 원하는 코드로 조절할 수 있다는 말이다. 알토 색소폰을 불 때의 조작법과 소프라노 색소폰을 불 때의 조작법 차이를 제법 구별하게 되었다.

지난번 뒷산의 자기 밤나무밭에 가던 바로 아래 할머니가 차 씨를 좀 주겠다고 했다. 그사이 만나지 못해 건네받지를 못했는데, 지난 주일에 만났을 때 할머니는 차 씨 포대를 길뫼재 앞 흙 속에 묻어 두겠다고 했다.

내려와서 보니 과연 묻혀 있었다. 오전 중엔 내리는 비 때문에 파내질 못했다. 오후, 점심 먹고 좀 지나니 빗줄기가 가늘어진다. 그러다가 곧 멎었다.

묻혀 있는 차 씨를 바로 파냈다. 그리고는 심기 시작했다. 먼저 심은 곳은 못 둘레, 돌담 아래다. 심으면서 청소도 했다. 풀을 캐내고 마른 풀을 걷어내는 작업은 대청소 수준이었다.

붕 떠 있는 흙을 부지런히 밟았다. 그리고 제법 긴 돌담 아래를 끝까지 청소했다. 그리고 차 씨를 심었다. 여기는 인가와는 떨어진 산기슭이다. 주택의 정원이 아니다. 그러니 청소를 한다고 했지만 산뜻하게 표가 나겠는가. 그래도 내 눈엔 정돈 상태가 확연히 눈에 보인다.

지난여름 장마 때 이식한 차나무가 더러 죽었다. 죽은 것도 있지만, 순을 아예 피워 올리지 않은 것도 있다. 전부 100여 그루를 심었는데 온전히 산 나무는 약 70여 그루가 된다. 빠진 곳을 씨로 다 채워 넣었다. 물론 이번 여름에도 다 자란 차나무를 K는 많이 주겠다고 했다. 씨를 심지 말고 기다리라고 했다. 여름에 받게 될 나무는 밭 가운데 심을 예정이다. 말하자면 밭은 서쪽 끝자락부터 차나무로 채워 들어올 것이다.

씨앗이 제법 많이 남았다. 그래서 서쪽 맨 안쪽 여기 심을 생각으로 밭을 팠다. 쟁기로 갈 수가 없으니 삽이 쟁기질을 대신한다. 내일, 아침 식전에 여기다 남은 차 씨를 다 심을 예정이다.

지난해에는 여기를 내버려 두다시피 했는데 올해는 손길을 자주 보냈다. 차 씨를 뿌리거나 차나무를 심으면 더 자주 손질을 가하게 될 것이다.

입구의 돌담 아래, 수선화 자리 사이사이에도 차 씨를 심었다. 수선화가 전부 꽃봉오리를 달고 있다. 곧 필 것 같은데 못 보게 되는지 모르겠다. 다음 주엔 주일 날 하루 다녀갈 여유밖에 없는데 그때까지 수선화가 피어 기다려줄는지 모르겠다. 수선화는 살려는 의지가 참 강한 식물이다. 지난해에 팽개치다시피 한 뿌리가 땅에 묻혀 있지도 않았는데도 살아 있었고 흙을 덮어 주니 금방 순을 올리는 것이었다.

동매리 이 꼬마 집을 뭐라고 부를까. 농막이고 서재이며 색소폰 하우스다. 또 별장이다. 물론 그 이름은 길뫼재다. '차밭 하얀 집'이라고도 부르려 한다. 언덕 위의 하얀 집이라는 노래도 있지 않은가. 넣어 두었던 파라솔도 꺼내어 설치했다. 이틀째 밤을 동매리에서 보내고 있다. 어제, 비 내리는 중에 두어 번 들리던 개구리 울음소리가 지금은 지속해서 들린다.

우리들의 세월

너희들의 세월, 무화과나무를 비롯한 심은 나무들과 또 심은 차 씨에서 돋아날 차나무들, 너희들의 세월이 "떠들어도 소용없는 너희들의 세월"이 아니라 참한 꽃 너희들의 꽃으로 맺는 결실이 참 화려한 '너희들의 세월'이기를!

나무들을 심은 오늘 2006년 3월 11일은 "너희들의 세월"이 아니라 '우리의 세월' 28년이다. 심은 매화나무와 엄나무와 무화과나무는 우리의 결혼기념일 식수(植樹)가 된 셈이다. 춘설이 난분분한 중에 심었다. 둘이서 함께한 세월이 28년을 지난다. 쎄울 아이들의 축하 전화도 받았다. 쑥, 구절초, 봄나물도 캐었다. 해질 때까지 봄눈이 흩날린 하루였다.

묵묵한 순응

순응 1-소나무 베개

차나무 묘목을 구해 놨다는 전갈이 왔다. 잔뿌리가 마르면 안 되니 빨리 심어야 한다는 것이었다. 그래서 서둘러 내려갔다. 금요일, 새벽에 출발하였다. 오늘부터 시작된다는 섬진강 벚꽃축전에 화답이라도 하듯, 하동 섬진강 벚꽃은 활짝 피어 우리를 맞이하고 있었다. 기분 좋게 꽃길을 달렸다. 섬진강물이 더욱 푸르다. 봄 색이다.

K네 집에 들러 옮겨 심을 차나무 묘목을 차에 실었다. 큰 나무였다. 15년생은 되었을 것 같은 튼실한 묘목이었다. 아주머니가 으름 차를 끓여내 온다. 저녁에 화개장터에서 이루어지는 축전 개막제에 함께 참여하자고 했지만, 함께 가기 어려울 것 같다고 대답했다. 묘목을 심다 보면 해가 질 것이고, 해가 지고 나면 잠시 쉬었다가 또 급히 부산으로 돌아가야 하기 때문이다. 심을 나무 80여 그루는 적은 숫자가 아니다.

동매리 밭에 도착했다. 수선화다. 일곱 송이 수선화다. 밭 초입, 돌담 아래 심은 수선화는 일곱 그루였다. 그 일곱 그루가 피어, 우리를 기다리고 있었다. 편이 탄성을 지른다. '수선화 피었다.'라고.

80여 그루 나무를 다 심고 나니 기진맥진이다. 제법 깊이 파야 했고 팔 때마다 큰 돌이 나왔기로, 80여 개 구덩이 파는 일은 보통 일은 아니었다. 오후 여섯 시경에 비로소 다 심었다. 고개를 드니, 형제봉이다. 해가 거기 걸린다. 겨울에는 형제봉 아래, 토지문학관의 평사리 고소성 위 지점에 있는 신선대에 걸리던 해였다. 점점 위, 회남재 쪽으로 이동하는 것이다. 겨울이 가고 있다는 증거다.

아침 햇살도 악양 들판 이 언덕 저 언덕을 황금빛으로 물들이더니 저녁 햇살도 역시 그렇게 한다. 이 언덕 말고 어느 언덕에 수선화 피어 있었을까. 피어 있다면 지금 그 수선화는 햇빛에 반짝이는 금빛 수선화일 것이다. 이 언덕의 수선화는 지금 햇살이 부끄러운지, 내가 부끄러운지 고개 숙이고 있다.

해가 졌다. 잠시 눈을 부쳐야 한다. 억지로라도 그렇게 해야 밤중에 핸들 잡고 안전하게 부산까지 돌아올 수 있다. 누웠다. 눈을 감았다. '하나, 둘' 속으로 헤아리면서 잠을 청했다. 옆에서는 낮에 캔 나물을 편이 가리고 있다. 오늘 나물을 많이 캐었다.

"소나무로 베개를 만들 수 없을까?" 하고 뜬금없이 편에게 물었다. 눈 붙인다고 누운 사람이 갑자기 적막을 깨트리면서 소리를 내니 어안이 벙벙한 모양이다. 그런데 묻는다는 말이 전혀 엉뚱한 말 아닌가. 편은, "갑자기 무신 소리? 베개 타령? 베개가 안 편 하요? 소나무 베개라니? 몽치미? 목침? 좀 더 자소." 했다.

일곱 그루 옆 세 그루, 바로 얼마 전에 옮겨 심은 수선화 숫자다. 앞의 일곱 그루는 노란빛 수선화고 셋은 황금빛 수선화다. 셋은 우리 아이들의 '셋' 이어서 내가 좋아하는 숫자다. 다섯은 또 우리의 '다섯' 이어서, 그리고 일곱은 일곱이어서 그냥 좋다. '솔가지 베개' 는 '일곱 송이 수선화' 의 에 나오는 노랫말이다. "햇빛에 반짝이는 금빛 일곱 송이 수선화는 하루 일과를 마친 우리의 저녁 길을 밝혀 줄 거예요. 전 당신께 음악과 한 조각 빵과 당신을 편히 쉬게 해 줄 소나무 베개(a pillow of piny boughs, 목침, 우리는 이것을 몽치미라고 불렀다.)를 드릴 거예요." 소나무 벼개-목침-몽치미, 내가 몽치미를 생각하다니. 나이가 들어간다는 뜻. 자연의 흐름에 순응하는 법을 배울 때.

순응 2-버스기사의 돌출행동

정월 대보름을 하루 앞둔 토요일 오늘, 지난 밤새 비가 조금 내렸다. 부산의 서부시외버스터미널에서 버스를 탔다. 자고 오려면 노트북을 색소폰과 함께 가져가야 하는데, 보름 명절을 집에서 보내는 게 좋겠다는 편의 제안을 흔쾌히 받아들여, 노트북을 지참하지 않았다.

7시에 출발하는 하동행 버스를 자주 타다 보니 운전기사들이 대개 낯익은 얼굴들이다. 오늘 기사는 키가 작고 눈이 큰, 순한 얼굴을 가진 분이다.

요샌 출발하고 나면 이내 주변이 환해진다. 겨울엔 출발하고 한참 지난 후에도 차창 밖은 어둠이었다. 물론 환하다는 표현은 상대적인 표현이다. 여름이 되면 아예 밝은 중에 출발하게 될 것이다.

비는 간간이 내리고 있었다. 오늘 지참한 책은 『계간수필』과 『교양으로 읽는 17인의 필로소피』. 부피가 얇은 계간수필을 먼저 펼쳤다. 여기엔 내 글이 있다. 어젯밤 더욱 늦게 잠자리에 들었으므로 책을 덮고 잠시 눈을 붙였다.

노랫소리가 들린다. 그 소리는 가볍게 든 나의 잠을 흔들었다. 뒤에서 나는 소리인 줄 알았다. 돌아봤다. 새벽 버스에도 비정상적인 행동을 하는 사람을 본 적이 있는 터라 그러려니 했다. 지난번 첫차에도 술이 덜 깬 승객이 탄 적이 있었다.

그런데 가만히 들으니 뒤에서 나는 소리가 아니다. 앞에서 난다. 버스 기사가 부르는 노랫소리였다. 그의 머리 위 실내 백미러는 움직이는 그의 입술을 계속 비춰준다. 세상에, 노선버스 기사가 노래하다니!

버스를 타기 시작한 후 지금까지, 노래를 크게 부르면서 운전하는 노선버스 기사를 본 적이 없다. 처음이다. 그것도 한 두어 개가 아니고 계속 이어 부르고 있었다. 목청 계속 뽑아 댄다. 물론 소음 수준은 아니다. 흥에 겨운 목소리다. 고함 수준은 아니지만 한 곡조 하는 크기의 목소리였다. 그러다가 또 어디로 전화를 해서는 한참 이야기를 한다. 그리 작지 않은 음성이다.

한 두어 달 전, 서울 양지 톨게이트 직전에서 일어난 대형 교통사고 기사가 생각이 났다. 누적된 피로로 말미암은 졸음운전이 원인이었다는 그 신문 기사 중에, 버스 기사들이 전화하면 졸음을 쫓기 위해 그런다는 내용이 있었다.

그래서 나는 그렇게 짐작했다. 지레짐작일는지도 모른다. 하지만, 졸음 예방 차원이 아니라면 이리 오래, 한 시간 이상을 노래와 전화를 번갈아 가면서 할 수는 없다고 생각했다. 숙취에서 덜 깨어났거나. 지난밤에 마신 술 때문에 그러리라고 일부러라도 생각 안 했다. 조금씩 내리는 비 그리고 내내 깔린 짙은 안개 때문에 그런 생각은 나를 불안하게 만들기 때문이다. 그렇다고 뭐 재미있는 일이라도 있느냐고 물어보아 안전운전 경각심도 줄 수 없는 노릇. 수면이 부족했거나 자기 멋에 취해서 부르는 노래라고 생각했다.

출발 한 시간 후, 문산 휴게소 직전이다. 휴게소 직전에 서진주 나들목이 있다. 버스가 그리로 들어간다. 의아했다. 의아해도 한참 의아하다. 하동행 버스가 서진주 톨게이트로 빠질 까닭이 없다. 더구나 안내 방송도 없다. 긴급 상황 발생이라면 안내 방송을 할 텐데, 말 한마디 없이 그리한다.

그런데 기사 한마디, "어, 잘못 들어왔네!" 노래에 취해서 그랬을까. 아니면 지난밤 마신 술이 덜 깨서? 아니면 졸음이 덜 깨서? 그도 아니면 방심해서? 안개 때문이었을까? 남강 언저리의 안개는 유명한 안개다. 하지만, 이 아침의 안개가 표지판을 잘못 볼 정도는 아니다. 제주도 서귀포로 가는 한라산 기슭의 안개는 표지판을 잘못 볼 정도의 안개였다.

차를 돌린다. 돌릴 곳이 아니다. 아슬아슬하다. 다 돌려서는 문산 휴게소로 들어간다. 미안하다는 말 한마디 없다. 나도 말을 하지 않았다. 요새 난 비교적 묵묵하다. 묵묵히 순응하는 편이다.

섬진강 변이다. 여길 봐도 저길 봐도 온통 매화다. '봉숭아꽃 살구꽃 아기 진달래'는 요다음 차례고 지금은 온통 '매화 꽃 대궐'이다. 머무르지 않고 흐르는 섬진강물 빛깔은 아예 싱싱한 물감이다. 와서 보니 악양 또 동매리도 매화 난리 이기는 마찬가지다.

개구리도 올챙이도 난리다. 개구리는 소리로 난리를 치고 올챙이는 몸짓으로 난리를 치고 있다. 그런데 개구리는 소리를 이내 멈춘다. 내 소리를 듣고는 입을 다물어 버린다. 떠날 때까지 다문 입을 내내 열지 않았다. 하지만, 철없는 올챙이들은 새까맣게 떼를 이루어 꼬물꼬물 치는 난리를 끝내 멈추지 않았다.

그 기사가 생각난다. 노래에 취했는지 잠에 취했는지, 지난밤의 술 후유증에 취했는지 좌우간 취한 것으로 보이던 그 기사가 생각난다. 꽃을 보니 생각난다. 노래하고 전화하다가 길 놓친 그 기사. 어찌 보면 그는 오고 있는 봄 생각에 취했던 것인지도 모른다. 이럴 때 큰 소리로 항의하지 않고 참는 걸 보면 나도 이제 나이가 들어간다는 뜻. 자연의 흐름에 순응하는 법을 배울 때.

순응 3-도라지 회상

말고개: 강원도 화천군 상서면 마현리 말고개, 왼편 대성산 고개 너머 오른편 적근산 말고개, 대성산 적근산, 꿈에도 못 잊을 피땀 어린 이름들이다. 청춘 35개월을 무덤처럼 담고 있는 이름들이다. 포병 FDC(Fire Direction Center; 사격지휘소)의 컴퓨터(계산 병)라는 내 직책도 졸병 시절의 숯 제조용 원목 작업과 제설작업 차출 앞에서는 무력하기 그지없었다. 원목 작업 병, 제설작업 병의 길은 고난의 행군이었고 그 대오 끄트머리의 나는 늘 낙오병, 패잔병이었다. 원목 메고 끌고 눈 덮인 대성산을 오르내릴 때, 이러다가 나는 원목에 맞아 깔려 죽을 것이라는 생각이 자주 들었다. 부러지거나 깨어지거나 파손되어야 벗어날 수 있으리라는 생각은 그다음 생각이었다. 죽지도 않았고 깨어지지도 않았다. 겨울 지나니, 겨울 같은 봄이지만 대성산 말고개에도 봄은 어김없이 왔다. 원목과 폭설이 비로소 내 손을 놓아 주었다. 봄 가니 여름이 왔다. 여름이 오니 비도 많이 내렸다. 비가 내리니 상큼한 싸리나무 사이에 도라지도 피었다. 여기저기서. 숨어 핀 도라지 옆에서 계곡물의 소리는 어김없이 들렸다. 육십구 년, 칠십 년, 칠십일 년의 그 여름 말고개 적근산의 도라지가 생각난다. 그처럼 청순한 이미지의 꽃은 그 후로 없다.

바다: 처음 본 바다는 중선포 바다다. 보며 자란 바다다. 하지만, 제법 멀리 있는 바다다. 집 울타리 밖, '윤 샌'이라 부른 윤 씨네 할아버지 밭둑에 서서 목을 빼고 눈을 크게 떠서 봐도 가물가물 어른거리던 먼 바다였다. 지금은 사천 비행장 활주로 끝 지점으로 변해 버렸다. 우리 집과 더불어 사라진 바다다. '가물가물'로라도 보여주던 언덕, 앞 산 어디에도 도라지는 없었다.('앞 땅'이라고도 불렀다. '앞'은 옆을 뜻하는

경상도 사투리.) 한 십 년 학업 후 돌아오마고 약속 후 배 타고 떠난 먼 오라버니가, 기다리고 기다려도 끝내 안 나타나, 할미 된 몸을 지팡이로 더듬어 마지막 선 바다가 도라지의 바다라고 했다. 그래서 도라지는 바다 보고 목 빼고 서 있는 기다림의 꽃이라고 했다. 바다를 보고 서 있는 도라지를 아직 보지 못했다. 그리그의 '솔베이지의 노래' 같은 이야기다.

초동: 나무하러 다니던 산은 고속도로에 잡혀먹혔다. 옆의 산들, 그러니까 어린 시절의 우리 표현으로 말하자면 '앞 산' 들은 하나같이 나지막했다. 주변의 산이어서 '앞 산' 이었고 나지막해서 또한 '얕 산' 이었다. 사천 IC를 지나칠 때마다 나는 오른쪽 왼쪽을 번갈아 본다. 지금 초등학교라 부르는 국민학교 다닐 때, 책 보따리 던지면 그다음은 지게 차례였다. 내가 나무를 제대로 한 적은 한 번도 없다. 더불어 초동이고 초군이던 동네 아이들의 지게는 늘 고봉(高峰)이었고 지게의 나뭇단은 다림질한 것처럼 산뜻함이었다. 가지 나뭇단은 어른들 일이었고 우린 활엽 아니면 침엽 나뭇단이었다. 침엽, 솔잎 갈비 나뭇단은 귀하게 만들어보는 지게의 꿈이었다. 초군(樵軍), 동매리 박 씨 할아버지에게서 들어 회복한 말이다. 나무, 땔감을 통틀어 나무라 불렀다. 나무하러 다니던 그 산에서 도라지는 못 봤다. 산토끼는 봤다. 도라지, 도씨 성을 가진 산골 농군의 딸, 라지는 나무꾼 총각을 사모했단다. 그 라지를 악덕 관리가 탐냈단다. 라지는 죽었단다. 살아 못 이룬 사랑을 이루려 함인지 라지는 산골로만 찾아드는 꽃으로 되었단다.

3월 어제, 도라지를 심었다. 입구 쪽에 심었다. 맨 안쪽에 심으려다가 "멧돼지가 와서 다 파묵어 버리면 우짤끼요?" 라는 한마디 말에, 자리는 밭 초입으로 결정되었다. 아무래도 발길이 뜸한 끝자락보다 한

걸음이라도 더 오가는 여기엔 멧돼지가 안 내려올 것 아니냐는 거였다. 그렇겠다고 맞장구쳤다. 맞장구치고 심은 후에 생각하니 멧돼지 주둥이질 흔적이 지난겨울, 바로 이 앞에도 있었다. 오늘, 찾아보니 멧돼지는 도라지를 파먹지 않는다고 했다. 피울 꽃을 상상해 본다. 섬진강으로 목을 뺄 도라지가 그림으로 그려진다.

대성산 말고개, 중선포 바다, 초동 친구들…. 도라지꽃을 회상한다. 먼 산울림이다. 아련한 걸 보면 나도 이제 나이가 들어간다는 뜻. 자연의 흐름에 순응하는 법을 배울 때.

순응 4-오는 봄날

길뫼재로 오르는 마을 뒷길은 고목 매화나무 두 그루가 길 양쪽에 각각 서서 지키는 길이다. 지킴이 바위 앞의 또 한 그루 홍매화, 그 나무 꽃 앞에 서서 나는 비로소 매화에 반하고 만다. 지난해 이때, 춘설이 난분분할 때 피운 꽃을 보고 나는 이 바위, 이 꽃 속에 더욱 함몰했었다. 매실밭 뒤의 길뫼재가 꽃 사이에서 어렴풋이 보인다. 매실 축제는 섬진강 건넛마을 광양 다압이라는 마을의 축제이지만, 정작 매실을 뜻하는 이름은 동매((東梅)리 이 마을이 가지고 있다. 심은 나무들이 잘 있는지 색소폰이 든 배낭을 풀자마자 확인했다. 지난해 심은 홍 매실 세 그루를 포함한 여덟 그루의 매화나무, 그 가운데 다섯 그루는 청 매실나무다.

오후에 P가 왔다. 멀리 청학사로 오르는 길에서 보니 길뫼재 이 언덕에 사람이 보이더라고 했다. 그 사람은 바로 나다. 이런저런 나무에 관한 이야기를 하다가, 뒤 언덕을 차나무와 매화나무로 채울 궁리를 했다. 그는 계속 청 매실나무를 권했지만 난 홍 매실나무 열 그루를 부탁했다. 물론 예스러운 나무도 몇 그루 구해 달라고 부탁했다. 그 옛날 우리 집의 살구나무가 생각나서 살구나무, 또 비록 돌 복숭아, 돌배이기는 했지만, 그 나무들이 그리워 그것들을, 더불어 무화과나무, 사과나무도 부탁했다. 그는 지리산 노고단에서나 겨우 구할 수 있다는 어떤 잎나무도 구해주겠다고 했다.

일하는 중에 허리가 아파 고개를 들면 매화다. 그래도 꽃에 취하지 못했다. 도착할 때 멈춘 개구리 합창 소리가 끝까지 다시 들리지 않는다. 갓 태어난 올챙이들은 새까맣게 떼를 이루어 꼬물꼬물 난리다. 매화에 취해 길뫼재에서 하룻밤을 잔 후 돌아가고 싶었지만, 편과의 약속을 생각해서 삽과 괭이를 놓고 배낭을 챙겼다. 그래도 오늘은 나팔을 제법 불었다. 오는 봄날 하루는 이렇게 갔다.
  '봄날은 간다' 가 해를 거듭할수록 애잔하다. 나도 이제 나이가 들어간다는 뜻인가 보다. 자연의 흐름에 순응하는 법을 더욱 배워야겠다.

돌아 서면 송송 순

찻잎 그 첫물

14일 어제, 함양을 다녀온 후 일요일인 오늘, 일찍 출발하여 도착하니 8시 반경이다. 조팝나무가 화사하게 꽃을 피워, 웃으며 기다리고 있었다. 그들의 꽃 핀 모습은 잔잔한 환희였다. 그들의 환희에 찬 환호에 난 웃음을 머금는다. 그들의 연두색 치마는 순백의 얼굴을 잘 받쳐 주었다.

오늘은 '우전'이라 부르는 찻잎을 딸 참이다. 우리 차나무는 아직 잎을 딸 때가 아니다. C네 차밭으로 따러 간다. 거기서 내려 보면 악양골과 악양천이 한눈에 조망된다. 우리 길뫼재에서 보면 악양천이 왼편으로 약간 비켜 있는데, 거기서는 한가운데로 보인다. 그 밭까지는 제법 먼 길이다.

산돌배가 홀로 꽃을 보인다. 돌배는 지난 시절에 못난 배, 천덕꾸러기 배이더니 요새는 귀하신 몸으로 대접받는 배다. 특히 산돌배는 더욱 값이 나간다고 했다. 자연에서건 인생에서건 반전은 감동과 전율을 더욱 준다. 그래서 그런지 산돌배나무가 더욱 돋보인다.

C네 아주머니와 편은 찻잎을 부지런히 따고 있었다. '우전'이라 부르는 찻잎이다. 첫물이니 더욱 귀히 여기는 찻잎이다. 차밭이 눈부시다. 아침 햇살을 받은 차나무 잎들이 그 빛을 반사하여 그렇다. 이 또한 환호작약 그 모습이다. 봄을 새삼 느낀다. 겨울에 잎을 떨어트렸던 나무들의 돋아난 잎들은 연두색은 연하고, 늘 푸른 나무들의 잎들 연두색은 좀 진하다. 산속 이른 아침의 차밭은 더욱 눈부신 봄(春)임을 새삼 느꼈다.

편은 지난해에 처음으로 찻잎을 따봤으니 올해가 두 번째다. 난 올해가 처음이다. 물론 지난해에 찻잎 딸 때 참여하지 않은 것은 아니지만 그건 아주 잠시였기로 본격적으로 뛰어들기는 올해가 사실상 처음이다.

우전 차, 곡우 전후에 딴 잎으로 만든 차가 우전차로, 최고로 여기는 차다. 순이 이보다 더 여릴 수 없을 정도로 더 없이 여리다. 손가락으로 잡을 수 없을 정도로 여리다. 삼지창 모양이라더니 과연 그랬다.

편은 손놀림이 빨랐고 나는 느렸다. 느려도 보통 느린 게 아니다. 찻잎, 그것도 우전 찻잎 따는 일은 삼매경에 들지 않고는 할 수 없는 일임을 난 처음으로 실감했다. 그렇게 따다 보니 점심시간이 되었다. 편은 처음부터 땄고 나는 우리 밭일하다가 좀 늦게 와서 땄다. C도 올라왔다. 우리가 준비해 간 도시락으로 점심을 함께했다. 먹으면서 아주머니는, 어제 혼자서 찻잎을 따면서 바라본 악양 벌판 풍경이 너무나 아름답더라고, 좋은 봄 날씨더라고, 혼자 보기 아깝더라고, 악양 사람인 내가 봐도 감탄하겠더라고 서너 번 말했다. 아주머니 그분은 과묵한 분이다. 점심을 우리가 가져갔는데 하도 조금이어서 양이 모자랐다. 모자라서 더 맛있었다고 말했다.

편은 계속 따고 나는 오후에 좀 따다가 밭일하러 내려왔다. 내려오면서 내려다본 우리 밭 길뫼재, 내 눈엔 아련히 보인다. 꿈의 장소다. 지킴이 바위의 오늘 얼굴은 호랑이다. 바위는 크게 세 얼굴을 하고 있다. 보는 각도에 따라서 호랑이, 소, 곰의 얼굴이다. 소의 얼굴과 호랑이 얼굴은 뒤로 돌려, 우리 밭을 향해 있고, 곰의 얼굴은 앞을 향해 있다. 자세히 보면 여러 얼굴이다.

우리 밭 뒷산의 지형이 복호 형이라니 호랑이 얼굴은 더욱 제격이고 바로 맞은편의 지형은 소의 형상이라고 하니 소의 얼굴 또한 이 지형에 어울리는 얼굴이다. 지리산에는 곰도 있다고 하지 않는가. 이래저래 우리 밭은 지리산 밭이고 지리산이 지켜주는 밭이다. 바위 너머, 들판의 보리밭이 푸르다.

밭으로 돌아온 나는 오후 내내 밭일을 했다. 빙 둘러 길을 다듬었다. 물론 편은 5시까지 잎을 따서 돌아왔다. 따온 찻잎, 작고도 작고 여리고도 여리다. 첫물 아닌가. 앙증스럽다더니 따온 찻잎이 그랬다. 면 소재지 마을의 차 씨네 집을 들렀다. 모란이 피어 있었다. 그 집의 한그루 모란이다. 벌써 모란이라니. 지난해 이 집 모란을 난 4월 29일에 봤는데 올해는 15일 오늘 본다.

판다 레이

4박 5일 일정으로 내려왔다. 어렵게 마련한 일정이다. 열한 시 오십 분에 출발, 하동 장에 오니 한시 반경이 된다. 시장에 들어갈 때는 모종들과 더불어 참게도 살 참이었는데, 참게는 없어서 사지 못 하고 고추와 토마토 모종은 샀다. 도착하자마자 준비해 온 김밥으로 점심을 먹었다. 늦은 점심이다. 옷을 갈아입고 바로 밭으로 나왔다. 둘러보기 위해서다.

둘러볼 때마다 깨닫는 건 사물의 변화다. 고대 철학자 헤라클레이토스의 '판타 레이(panta rhei)', 즉 '만물유전' 개념에 공감하게 된다. 현상의 끊임없는 변전(變轉)을 새삼 눈으로 보게 된다. "만물은 유전하며 같은 상태로 존재하지는 않는다." 라는 말, "만물은 흘러가고 결코 머무는 일이 없다." 라는 말, "같은 강에 두 번 들어갈 수는 없다." 라고 하는 그의 말을 재삼 음미하게 된다. 밭의 변화를 보는 기분은 늘 새롭다. 둘러보는 일은 즐거움의 하나이다.

심은 감자가 고루 나지 않는다. 흰 감자와 붉은 감자를 구분하여 심었는데, 붉은 감자는 아직 나지 않고 흰 감자는 순이 다 났다. 제법 크다. 붉은 감자는 가을 감자인 걸로 아는데 아마 그래서 그런 모양이다. 그렇게 짐작하고 있다. 북을 치는 일과 거름을 흩뿌리는 일은 내가 하였다. 심고 비료를 주는 일은 편의 몫이었다. 심은 고추 모종은 스무 그루, 작고 매운 땡초가 여섯 그루다. 괭이질을 해보니 토질이 참 좋다. 가을 내내 풀을 베어 거름 만들고, 겨우내 삽질한 보람이 있다. 썩힌 퇴비를 밭 전체에 고루 한번 다 뿌렸다. 그런저런 이유로 흙은 표나게 부드러웠다. 풋고추의 여름이 벌써 그리워진다.

토마토 모종은 열 그루를 심었다. 모종값은 모두 육천 원. 어릴 때 토마토를 심어 따는 집은 동네에 한 집 있었다. 그래서 그럴까, 토마토는 다른 어떤 채소보다 더욱 선명히 내 머리에 형상 잡혀 있는 과일이다. 토마토는 채소로 분류된다고 하지만 일단 과일이라고 해 두자. 이런 이유로 토마토는 선망의 과일이었다. 이제 내 손으로 길러 따먹게 된다.

열무와 모던 타임스

편과 둘이서 밭의 풀 뽑는 일부터 시작했다. 그사이 밭을 뒤엎어 두었기 때문에 풀이 그리 많이 있지는 않았다. 하지만, 자라는 풀은 무성하다. 잘 뽑힌다. 밭둑의 풀과 도랑의 풀을 먼저 제거하였다.

다 뽑고 나서 바라보니 밭과 길뫼재 앞마당이 제법 산뜻하다. 다 뽑았다는 말은 부지런히 뽑았다는 뜻이다. 너른 밭인데 어찌 다 뽑을 수야 있겠는가. 다만, 수양하는 심정으로 풀을 뽑을 따름! 뽑아보니 재미도 있다.

집에서 가지고 온 마당 부채 난(워킹 아이리스를 난 이렇게 부른다. 누가 내게 이렇게 일러주었던 것 같다.)을 옮겨 심어봤다. 실내에서 기르던 것인지라 밖에서 살 수 있을는지 모르겠다. 두 주일 전에 가지고 내려와서는 대야에 심어 집 뒤 그늘에 두었던 것인데, 햇빛을 받아 많이 바랬지만 죽지는 않았다. 오늘 땅에 옮겨 심었다.

호박순이 나기를 기다리고 기다렸는데 드디어 하나 떡잎을 펼쳤다. 지난해의 경우를 생각하면 나긴 날 것이지만, 아직 나지 않고 있으니 조바심이 난다. 하나 나는 걸 보면 곧이어 둘, 셋이 날 것이다.

심은 나무들에서 순이 난다. 대봉 감나무 한 그루가 순을 피우지 않고 있고, 엄나무 한 그루도 아직 기미가 보이지 않는다. 자두나무, 새순인데도 무성하다. 단감나무도 빨리 순이 나는 편이다. 대봉 감나무가 제일 더디다. 작년에 옮겨 심은 머위가 제법 무성하다. 내년에는 더욱 번성할 것 같다.

열무를 전부 캐었다. 다시 열무 씨를 뿌렸다. 비가 올 것 같지는 않다. 바로 아래 집의 젊은 주인이 자기 집안의 밭일을 하다가 올라왔다. 바로 앞집이라고 했지만 제법 거리가 있다. 인천서 내려온 젊은 부부다. 귀농이라고 했지만, 도시 출신으로서 지리산이 좋아 내려왔다는 분이다.

저녁은, 밭에서 조금 전 밭에서 캔 열무로 비벼 먹었다. 편과 마주 앉아 먹으면서, 이보다도 더 좋은 풍경이 어디 있을까, 이보다 더 맛있는 밥이 어디 또 있을까 하고 말하고는 웃었다. 채플린의 '모던 타임스'가 생각났다. 우유가 필요하면 바로 나가 짜 오고, 사과가 필요하면 또 바로 나가 따와서는 깎아 먹던 그 장면 말이다. 능력껏 일하고 원하는 대로 가진다는 사상을 반영한다는 영화…. 불온한 사상의 영화라고 해서 채플린이 곤욕을 치른 것으로 알고 있다. 아무튼, 우리는 지금 실제로 그렇게 하고 있다.

돌아서면 송송 순

새는 또 밤새워 울었다. 운 새는 소쩍새였다. 접동새는 소쩍새의 또 다른 이름이다.

소쩍새 울음만큼 고요 속에서 고요히 들리는 소리가 또 있을까. 소쩍새 소리만큼 귀 기울이게 하는 울음이 또 있을까. 저리 절실한 하소연을 다른 어떤 새가 낼 수 있을까. 수컷이 자리를 지키고, 암컷을 부르고, 새끼 둥지와 먹이를 지키기 위해 밤새우며 우는 것이라고 한다. 그 자리에서 낮에는 또 다른 새인 두견새가 운다고 한다. 그래서 사람들은 두견새와 소쩍새를 같은 새인 줄 착각하게 된다고 한다.

날이 샜다. 다행히 비는 내리지 않는다. 사실 비가 와야 한다. 그런데 비가 오지 않는 사실을 다행이라고 말하는 것은, 동네 아주머니 말이 생각나서다. 지금 바짝 우전 찻잎을 딸 때인데, 이때 비가 내리면

공치게 되는 하루 공백이 크다는 것이었다. 비가 온 뒷날의 찻잎은 싱거워 수매해 가지 않는다고 한다. 그러니 딸 수가 없다는 것이다.

또 지난해보다 우전 찻잎 수매 가격이 낮게 시작했는데 그것도 하루마다 팍팍 떨어진다는 것이다. 작년에 1kg에 육만 원여로 출발한 우전 생엽 수매가가 올해에는 사만 원으로 시작했다고 한다. 하루 오천 원씩 떨어지니 비가 내려 공치게 되면 손해가 아주 크게 된다는 말이었다. 잘 따는 사람이 하루에 1kg 좀 더 따게 된다. 우전 찻잎이 이렇지 세작, 중작으로 가면 1kg에 기천 원으로 내려간다고 한다.

여름에, 뽑고 나서 뽑은 자리를 다시 돌아보면 풀이 금세 나 있다더니, 지금 찻잎은 따는 중에도 금방금방 돋아난다. 어제 다 훑었는데, 오늘 가면 잎이 나 있으랴 생각했지만, 가서 보니 뾰족뾰족 많이도 솟아 있었다. 밭 주인 아주머니가, 따고 지나간 자리에 다시 오면 금방 돋아 있다고 한 말을 반신반의했는데, 내가 따보니 정말 그랬다. 오전 중에 나도 차밭으로 가 따는 일에 가담했다. 이 차밭은, 내가 읽은 바로는 차나무 생장조건을 잘 갖춘 곳이다. 기온, 바람, 돌, 이슬 등.

밤 여덟 시 반경, 덖은 차를 가지고 C가 돌아왔다. 이번에도 전화를 받지 않더라고 했다. 열어보니 '부재중 전화'가 한 통 와 있었다. 전화 왔을 그때는 마침 발을 씻고 있을 때였다. 전화를 받았으면 차 덖는 광경을 보러 화개로 나오라고 할 참이었다고 말했다. 생엽을 와서 가지고 가서는, 구례까지 가 덖어, 이렇게 또 가지고 올라온 K의 후의가 고맙기 그지없다. 덖어온 우전 찻잎을 침대 위에 펼쳤다. 전기요 위에서 밤새 말릴 참이다. 차 향이 은은히 번진다. 달콤한 향이다.

오늘 하루는 이렇게 여러 일을 거쳐 숨 가쁘게 갔다. 새는 또 울기 시작했다. 접동새다. 소쩍새라고도 부른 새의 밤 울음소리는 너무나 애절하다. 비가 내릴 것 같다. 과연 오후에는 빗방울이 땅에 떨어졌다.

저기 저 풍경

스쿠터가 늘 저 자리에 선다. 악양 동매리 이곳과 인연을 맺은 뒤로 줄곧 보아오는 스쿠터, 노란 스쿠터이다. 황정민과 함께 나온 영화, 〈너는 내 운명〉에서 전도연이가 타던 스쿠터도 저런 색이었던가. 아무튼, 스쿠터는 M네 아주머니의 것이고 자리는 역시 그들의 밭이다. 새로 조성한 차밭이면서 매실 밭이다. 아주머니는 저 스쿠터를 타고 올라와, 저기 세워 두고 밭일을 한다. 찻잎을 따는 지금도 마찬가지. 우리 밭 언덕에 서서 볼 때 눈에 들어오는 뚜렷한 사물이다. 그림을 잘 그린다면 저 사물을 화폭에 담을 터인데 나는 그림을 영 못 그린다. 언젠가는 배우겠다고 생각은 하고 있다.

무심코 취나물, 취나물 하던 말을 유심히 생각해 봤다. 취나물은 음식 이름이다. 그래서 사전을 찾아봤다. 그러면 그렇지, 식물로서의 이름은 취나물이 아니고 '취' 였다. '취' 에는 곰취, 단풍취, 수리취, 참취 등이 있었다. 뒷산엔 야생 취나물이 많다. 뒷산이 어딘가. 이래 봬도 지리산 줄기 아닌가. 비록 끝자락이기는 하지만 시루봉 아닌가. 그러니 산이 피워 올리는 봄의 식물이 참 많다. '취'도 그 중 하나다. 그런데 저 취는 곰취인지 단풍취인지 아니면 수리취인지, 참취인지 그것을 모르겠다. 이 또한 공부 꺼리다.

문태준의 〈한 호흡〉이라는 시다. "꽃이 피고 지는 그사이를 / 한 호흡이라 부르자 / 제 몸을 울려 꽃을 피워내고 / 피어난 꽃을 한 번 더 울려 / 꽃잎을 떨어뜨려 버리려는 그 사이를 / 한 호흡이라 부르자 / 꽃나무에게도 뻘처럼 펼쳐진 허파가 있어 / 썰물이 왔다가 가버리는 한 호흡 / 바람에 차르르 키를 한번 흔들어 보이는 한 호흡 / 예순 갑자를 돌아 나온 아버지처럼 / 그 홍역 같은 삶을 한 호흡이라 부르자."

솔 밥, 송화(松花)는 솔 밥이다. 한 매듭 솔 밥에서 한 호흡을 본다. 소나무 새순 저 한 매듭을 꺾어서는 입에 넣어 씹었던 기억을 회상해 낸다. "예순 갑자 돌아 나온 아버지", 솔 밥 저 매듭에서, 내 한 생 맺혀지는 매듭들을 본다. 예순, 갑자 이것들은 내 언어 아닌 줄로만 여겼는데, 좀 있으면 우리 아이들이 나를 '예순 갑자 아버지'로 마주하게 될 것이다. 소나무 새순, 솔 밥, 송화는 나에게 한 매듭의 의미를 확인시킨다. 앞으로 어떻게 살아야 할 것인지도.

악양천을 바라본다. 악양천은 물길이면서 사람 길이다. 섬진강으로 흘러들어 가는 악양천은 저 지점에서 '3'이라는 숫자 모양을 짓는다.

K가 올라왔다. 올라오다 보니, 길뫼재로 누가 올라가더라고 했다. 악양천에서 시선을 거두어 급히 전화했더니 아이들 외삼촌 부부였다. 농막 지을 자재를 싣고 올라온 것이었다. 편도 따던 찻잎 일을 그만두고 함께 내려갔다. 약 세평 자리 원두막을 지을 4각 파이프와 모

래, 그리고 블록을 내리고 있었다.

밭둑에 갔더니 고사리가 어린아이 손 모양을 하고 올라오고 있었다. 돌아서면 올라오기는 하지만 손가락을 오므리고 올라오는 형상이니 '송송 순'은 아니다. 이 산엔 고사리도 많다.

이른 새벽, 그러니까 어둠도 채 가시지 않은 5시, 5시 반경에 사람이 올라간다. 오늘 새벽에도 할머니 한 분이 혼자 올라간다. 그냥 인사차 '이른 새벽에 어디 가시느냐?'라고 했더니, 굳이 '차나무 순 나는 거 살피러 간다.'라고 대답한다. 순이 살펴질 조명이 아니다. 고사리 캐러 가는 것을 애써 감추는 표현임을 간파하는 줄 그 할머니는 아는지 모르는지 모르겠다.

악양 들판, 먼 저곳의 한 그루 나무를 렌즈로 당겨 본다. 타르코프스키의 〈희생〉도 생각나고, 주경중의 〈동승〉도 생각난다. 〈느티나무 있는 언덕〉도. 저 나무는 부근 동네 사람들에게 지나치는 나무일 것이다. 하지만, 기다리는 나무, 보내는 나무, 만나는 나무, 헤어지는 나무일는지도 모른다는 생각이 들었다. 들길 모퉁이의 그냥 서 있는 한 그루 나무일 따름이지만 멀리서 바라보고 서 있는 나의 눈엔 여러 의미의 나무다. 의미는 부여하는 것인가, 부여받는 것인가. 일하다 말고 이런 생각을 해본다.

동매교 위, 중촌 마을 입구 삼거리, 유달리 초록인 보리밭 옆 저곳이 내가 기다리는 지점이다. 저곳에서 나는 버스를 기다린다. 기다리고 섰다가 보면 기다림을 기다린다는 생각도 든다. 내 기다림의 장소여서 그럴까. 높은 데서 내려다보는 내 심중에서 그리움이 인다. 버스 타고 가는 날, 내릴 땐 조금 아래 동매교, 탈 땐 삼거리 저곳이 나의 오르내리는 지점이다. 언덕에 서면 시선을 자주 주게 되는 곳이다. 저기 내 기다림의 지점 아래, 파란 지붕들 사이 흰 건물 보건지소 아래, 좀 내려가면 커브 지점에 또 한 그루의 포구나무(느티나무)가 서 있다. 기다리는 버스는 저 나무를 돌아 얼굴을 내민다.

사람들이 돌아갔다. 오늘 하루는 이렇게 여러 일을 거쳐 숨 가쁘게 갔다. 새는 또 울기 시작했다.

잠재와 현실

  어젯밤엔 잠을 푹 잘 잤다. 이곳에 와서 잔 잠 중 그 어느 때보다 세상모르고 잤다는 말이다. 편도 그랬다고 했다.

  새벽, 다섯 시만 되어도 여명이 밝아 온다. 다섯 시 반부터 일어나 활동한다. 아침밥을 먹고서 한 시간여 색소폰을 불었다. 반주기를 가지고 왔는데 사실 여기 오면 일하기에 바빠 충분히 불 시간이 없다. 이번에는 알토 색소폰을 가지고 왔다. 여덟 시쯤 스쿠터가 밤나무 아래 밭에서 멈춘다. D네 아주머니가 도착했다는 말이다. D네 차밭에서 잎을 딸 예정이다. 편은 잎을 딸 준비를 하고 내려갔다. 잎을 딸 차밭은 직선거리로 약 300m, 내려갔다가 돌아서 산속 위로 올라가면 밭이 있다. 약양 벌판의 전망이 참 좋은 곳이다. 우리 밭에서의 전망과 그곳에서의 전망이 이 지역에서는 최고로 좋다.

  편이 차밭에서 내려왔다. 다섯 시가 넘으니 제법 어둑하다. 온종일 서서, 햇빛을 받는 섬세한 순을 주시하면서 조심스레 땄으니 온 힘을 다하는 일을 하고 돌아온 것이다. 그리고 아까 점심때 잠시 고사리순도 땄다. 초보자가 딴것치고는 많이, 깔끔하게 땄다고 아주머니가 여러 번 말했다. 차밭 주인인 그분은 말없이, 묵묵히 찻잎을 따는 분이었다. 물론 그분은 잘 딴다. 이리 작은 사물(순)을 손가락 끝으로 겨우 잡아 따보기는 처음이다. 오늘 딴 찻잎은 약 1kg이 더 된다. 초보자의 손놀림임을 고려하면 많이 딴 양이다. 편 수고의 결실이다.

  구름이 끼어서 그럴 것이다. 아직 오후 다섯 시가 되지 않았는데 어둑하다. 도라지밭을 손질하고 있을 때 앞 밤나무 숲에서 소리가 났다. 그 숲의 주인 박 씨네 할머니였다. 두릅나무 가지를 휘어, 두릅을 따고 있었다. 더러는 가지를 부러트리게 되니까 가지 꺾이는 소리가 간간이 크게 났다.

내려가면서 저녁에 무쳐 먹으라고 한 다발 놓고 간다. 가까이 가서 보니 얼핏 두릅 아닌 것 같았다. 가죽나무 순으로 보였다. 나중에 돌아온 편 보고 "가죽나무 순을 놓고 갔다."라고 말했다. 편은, 두릅이라고 했다. 두릅은 잎을 펼치기 전의 것을 대개 보게 되는데, 잎을 다 펼친 순을 보기는 처음인지라 착각을 한 것이었다.

"재 너머 사래 긴 밭을 언제 갈려 하느냐?"라고 누구한테 물음 당하기라도 하는 듯, 부지런히 차나무 고랑의 김을 매느라고 매었다. 그리고 입구 쪽으로 왔다. 이번엔 도라지밭이다. 도라지를 심을 때 풀을 제거하였지만 그래도 남은 풀이 있었다. 도라지는 잘 자라는 뿌리식물이다. 흙에 묻히지 않은 뿌리에서도 순이 왕성하게 돋는다. 약간의 박대에도 아랑곳하지 않는 것 같다. 다만, 심은 자리의 땅이 여물어 뿌리가 제대로 내릴지 그것이 걱정이다.

차밭에서 내려온 편은 곧바로 돌 고르는 작업을 하였다. 샘터의 돌부터 먼저 고르게 놓았다. 돌을 평탄하게 놓는 솜씨를 보면 편은 석공이다. 아니면 석공 기질이 있다. 내가 이렇게 말하면 "조금만 유의하면 당씬도 이렇게 놓을 수 있다."라고 말한다. 말하자면 잠재력을 누구나 가지고 있는데 문제는 그것의 발휘 여부라는 말이다. 교육학 강의가 따로 없다. 아리스토텔레스의 '질료 형상론'도 이런 식으로 대입할 수 있을 터. 말하자면 나에게도 석공이 될 질료가 잠재되어 있다. 문제는 그것을 어떻게 현실화시키느냐 하는 것이다. 요담엔 나도 돌을 놓아봐야겠다.

편이 샘터 돌 평탄하게 까는 작업을 할 때 나는 옆에서 밭길을 손질하였다. 밭길은 내가 상당히 공을 들이는 길이다. 한 바퀴 빙 돌게 되는 길인데 이 길을 나는 '사유의 길', '관조의 길', 말 그대로 '산책의 길'로 여기고 있다. 걷는 발바닥과 보는 눈을 편하게 해주는 길로, 말하자면 부드러운 길로 만들려고 한다. 하루아침에 조성하는 것이 아니라 서서히 만들어 나가는 길이다. 오늘은 양옆의 돌을 반쯤 묻는 일을 하였다.

신록이 하루하루 다르다. 곱게 번지는 연초록 물감이다. 편은 찻잎 따러 내려갔다. 본격적으로 따게 되는 찻잎이다. 숲속의 차밭에서, 주인아주머니와 더불어 해가 질 때까지 따게 된다. 편이 내려간 다음 나는 우리 차나무 아래의 풀을 뽑았다. 두 줄로 심은 차나무 줄은 약 50m나 된다.

우리 차나무에도 송송 새순이 잎 아래마다 달렸다. 차나무는 작년과 올해를 동시에 매단 나무다. 헌 잎이 떨어지고 새잎이 나는 것이 아니라, 싱싱한 헌 잎 아래서 새잎이 돋아난다. 열매와 꽃도 마찬가지. 지난해의 열매 아래 올해의 새 꽃이 피는 것이 차나무 현상이라고 한다.

시골생활은 풀과의 힘겨루기, 인내력 겨루기라는 생각이 든다. 봄풀은 여름 장마철 풀에다 비하면 아무것도 아닌데도 잠시 뽑은 것을 모아보니 제법 한 무더기다.

4박 5일 일정 중 이틀째 날은 이렇게 갔다. 편은 온종일 찻잎 따고, 나는 오전에 서너 시간 함께 따다가 밭으로 돌아와서 손질하는 일로 이 하루가 갔다. 그러잖아도 고요한 이곳을 고요가 더욱 지배하기 시작한다. 샘터에서 머리 감고 얼굴 씻고 발 씻으니 이게 바로 안

빈낙도다. 내가 감히 옛사람의 안빈(安貧)을 또 낙도(樂道)를 내게 적용해도 되는지 모르지만, 여기 오면 신체가 움직여 땀 흘리게 되고, 커피는 영 적게 마시고 정보환경 근처도 안 가게 된다. 고요 속에서 글 쓰고 읽으며 밤을 보내게 된다. 주로 쓰면서 보낸다.

채소쿠리

채 소쿠리를 사러 하동 장에 들어갔더니 8시 경인지라 아직 철물점 문을 열지 않았다. 악양면 소재지 철물점에 들렀더니 막 문을 열고 있었다. 마침 채 소쿠리가 있었다. 4,000원을 주고 하나 샀다. 그 옛날 채소쿠리는 짚으로 만든 것이 대부분이고 더러 싸리나무로 만들었다. 지금은 공장에서 찍어낸다. 말하자면 고무 대야처럼, 고무 채 소쿠리인 셈이다. 채 소쿠리의 표준말은 삼태기.

도착하여 밭을 둘러보고 있는데, 뒷밭 할머니가 찻잎을 따다가, 사모님 안 오셨느냐고, 오셨으면 찻잎을 딸 수 있었을 텐데 하고 아쉬워했다. 편에게 전화했더니, 내일 내려가서 찻잎 따면 어떻겠냐고 말했다.

오전 내내 색소폰 불었다. 또 오후 내내 연못 청소하였다. 지금까지 물막이 둑 중에서 제일 잘 쌓았다. 색소폰을 불고 있을 때 차 소리가 났다. L이 타고 온 차 소리였다. 지금 뽕잎 차를 위한 뽕잎, 감잎을 딸 때라고 하였다. 큰아이가 뽕잎 차를 많이 좋아한다. 편에게 다시 전화, 내일 내려오기로 하였다.

바닥에 쌓인 펄을 긁어낼 때 아무런 냄새가 나지 않았다. 물이 워낙 깨끗한 일급수여서 그럴 것이다. 가재가 살고 있다. 연못 정비를 다 마치고는 지난주에 심은 밭이랑에 물을 주었다. 심은 엄나무 두 그루 중 한 나무는 순을 피워 올리는데 다른 한 나무에서는 순이 나지 않는다. 대봉 감나무 한 그루도 순을 올리지 않는다.

지난해에 심은 모란은 잘 자라고 있다. 하지만, 꽃을 피우지 않는다. 꽃봉오리가 달렸는지 이리저리 살펴도 보이지 않았다. 두 그루 다 마찬가지다. 다음 해를 기다려본다. 올해에 심은 한 그루를 포함하면 모란은 모두 세 그루다. 난초는 잎을 무성히 피었다. 그리고 왕성히 번식할 것이다. 난초는 잎을 보는 것만으로도 즐겁다. 그리고 얼마 전에 옮겨 심은 밭 전면의 난초도 다 살아 있었다. 심은 난초를 살피는 김에 밭 길이를 재어 봤더니 약 60m였다. 심은 자리가 척박한데도 끄떡없이 사는 난초는 생존력이 보통 강한 식물이 아니다.

건너편 밤나무 숲도 이젠 연초록으로 거의 물들었다. 밤나무 잎은 좀 늦게 나는 편이다. 그 안에서 일하는 염소 아저씨도 이젠 보이지 않는다. 염소 우리도 보이지 않는다. 소리만 들린다. 염소 아저씨는, 이제 염소 먹이 구하기가 좀 쉬울 것 같다.

뒷산의 나무들도 연두색 옷을 입는다. 두충나무가 심어져 있는 밭은 부드러운 연두색 물감칠이다. 번져나간다. 아마 돌보지 않는 나무들일 것이다. 한때 채산성이 있다고 두충나무를 많이 심었었다. 거창 고제면 사과나무 농원에 갔을 때 들었던 말이다. 하지만, 이 또한 중국의 영향으로 전혀 채산성이 맞지 않게 되어, 전부 내버려 두고 있다고 했다. 쪽쪽 곧게 올라가는 두충나무는 그 나무의 직선에 비해 잎이 주는 느낌은 유연하고 부드럽다. 직선이 줄 수 있는 딱딱함을 잎이 많이 완화해 주고 있다. 두충나무숲은 그에 들어가서 서 있고 싶고 배회하고 싶은 나무다.

줄기는 다 잘라내고 뿌리로만 옮겨 심은 차나무들에서 새순들이 송송 올라온다. 봄에 나무에서 순이 올라오는 것은 당연한 일이지만 내 눈에는 새삼스럽고 신기하기 그지없다. 그리고 기특하다. 이들이 쑥쑥 자리기를 눈이 빠지게 기다리고 있다. 물론 자연의 이치는 그런 것이 아님을 안다. 일 년에 몇 마디인지 모르지만 자라 오르는 한계가 있을 것이다. 기다려야 한다. 기다리는 것이 자연의 순리다. 또 순리를 받아 드려야 할 나이도 되었다.

밭 아래의 한 그루 밤나무, 고목에도 새순이 돋는다. 그러나 절반쯤을 차지하는 큰 가지는 순을 피워 올리지 못한다. 노쇠해서 그럴 것이다. 밤나무 사이로 보이는 길은 내가 오고 또 가는 길이다. 이전에 몰랐던 저 길이 이제는 나의 길로 되었다. 내가 낸 길이 아니지만 난 저 길을 내 길로 다닌다. 저 길로 흘러오는 사유도 많다. 저 길을 만난 후로 나의 정신세계는 더 풍요로워졌다.

거름 생각을 많이 한다. 어떻게 하면 거름을 많이 모을 수 있을지를 자주 생각하고 이야기 나눈다. 소똥이나 개똥을 주우러 다닐 수도 없다. 길에서 소똥이나 개똥 발견하기는 '하늘의 별 따기'이다. 매여 있는 소나 나들이하는 소를 아예 볼 수도 없다. 약에 쓰려고 하면 개똥도 귀하다더니. 참, 마른 소똥에 불붙이는 놀이, 그런 불놀이 했던 기억이 섬광처럼 살아난다. 소의 식생활도 많이 개선되었다. 예전 같은 풀을 먹지 않는다. 풀 먹고 싸는 똥과 가공된 사료 먹고 싸는 똥이 다를 것 같다. 그러고 보니 피자처럼 둥근, 층이 진 소똥을 본 지도 오래되었다. 아니, 아예 소똥을 본 지가 오래 되었다. 소똥 보러 소똥 찾아 나선다?

'윤 샌'이라고 불렀던 할아버지가 생각난다. 초등학교 시절의 우리 앞 밭주인 할아버지셨으니, 연세가 높고도 높은 분이었다. 수염도 꼭 염소수염만큼 기르고 계셨던 분이었다. 그분 이미지는 개똥망태기다. 밭을 오가는 길에 길가의 소똥이나 개똥을 꼭 줍고 다니셨다. 거름이 귀하던 시절 이야기다. 비료 구하기는 더 어렵던 시절….

모레면 5월

토란 뿌리 또 마 씨

비가 지붕을 두들기는 소리가 후드득 선명히 들린다. 비는 내리다가 그치기를 밤새 반복했다. 잠그고 온 부산 집이 아주 먼 집인 것처럼 여겨진다. 새벽, 비를 몰고 온 구름이 산으로 올라간다. 어젯밤 덖어 가지고 온 우전 찻잎을 밤새 말렸더니 까슬까슬하다. 찻잎을 침대에 재우고 우리는 바닥에서 잤다. 열 시 반에 시작되는 읍내 성당 미사에 다녀오기로 했다.

어제 오후, 전화기가 꺼져 있는 통에 못 받은 전화 중, 바로 아래의 바로 앞집의 전화도 있었다. 토란 종자가 남았는데, 심지 않겠느냐는 제안이었다. 아홉 시, 그의 집으로 내려가서 토란을 가지고 왔다. 수세미 씨앗과 단호박 씨앗을 덤으로 가지고 왔다. 수세미 씨앗은 겨우 네 알이다. 읍내 성당 미사를 마친 후 곧장 서포로 갔다. 거기서 미리 사둔 분무기와 석회 비료 세 포대, 그리고 부추 뿌리, 또 마 씨앗을 가지고 왔다.

오후에는 가지고 온 석회 비료를 온 밭에 고루 뿌렸다. 그 사이 편은 부추 뿌리를 심었다. 그리 많이 가지고 오지 않았는데도 나누어서 심으니 남는다. 나는 다 심자고 했는데 편은, 번식력이 왕성하므로 이만 심어도 된다고 했다. 나머지는 일단 땅에다 묻어 두었다. 뿌린 석회 비료는 토질을 개선해 줄 것이다.

비록 여름 해 만큼 길지 않지만 봄 해도 제법 길다. 거의 일곱 시까지 밭에서 일해도 될 만큼 해가 늦게 진다. 편은 마늘 심으면서, 이렇게 심어도 되는 건지 모르겠다고 여러 번 말했다. 마늘의 자라는 모습을 직접 본 적이 없을 뿐 아니라 씨앗조차 처음으로 보는 것이다. 씨앗을 입수하게 될 줄 알았더라면 사전에 심는 방법을 알아보고 오는 건데, 심게 될 줄 몰랐으니 그럴 수도 없었다. 마늘도 심고 남았다.

부추, 난 이를 소풀이라 부르면서 자랐다. 부추-정구지-소풀, 같은 식물의 서로 다른 이름들이다. 베어내고 또 베어도 언제 그랬느냐는 듯이 잘 자라 오르는 게 소풀이다.

오늘 한 일을 생각해 본다. 잠깐 다녀온 나들잇길을 포함, 수행한 일이 가짓수로 여럿이다. 저녁을 먹고서 오늘 하루 일에 대한 일기를 쓰다가 노트북 전원을 끄지도 않은 채 잠자리에 들었다. 나흘 동안의 강도 높은 일 때문에 편은 더욱 피곤할 터인데도 가지고 온 열무, 부추 등을 가리느라고 함께 자리에 눕지 못했다. 편이 언제 잠자리에 들었는지를 눈치채지 못할 만큼 난 깊은 잠에 빠져들었다. 그 대신 더 일찍 일어났다. 일어나니 시간은 새벽 세시를 조금 지나가고 있었다.

검은 비닐, 이른 바 멀칭

닷새 중 오늘이 그 닷새째 날이다. 오후 3시경에 부산에 도착하려면 오늘 마무리 일정을 서둘러야 한다. 여느 때처럼 새벽 5시경에 밖으로 나왔다. 5시 30분엔 일복으로 갈아입고 둘 다 밭으로 나와 일을 시작하였다. 요즘 밭농사법은 비닐로 두둑을 덮는 것으로부터 시작되는 모양이다. 오가는 사람 대부분이, 비닐을 씌워야 잡초도 예방하고 수확량도 늘릴 수 있다고 말한다.

토란을 심고는 검은 비닐로 덮어씌웠다. 마를 심은 자리는 비닐을 덮지 않았다. 심는 방법을 몰라서 그냥 심었다. 단 호박 씨앗은 여덟 개, 수세미 씨앗은 세 개였는데 이를 지난밤에 파라솔 테이블 위에 얹어 두었었다. 바람에 세차게 불었던지 씨앗들이 날아가 버렸다. 단 호박은 색깔이 연노랑이어서 금방 찾을 수 있었는데 검은색의 수세미 씨앗은 찾기지 않는다. 나중에 편이 그중 하나를 찾아내었다. 이들을 못 위 돌담 아래 심었다. 넝쿨이 타고 올라갈 수 있는 자리이기 때문이다.

11시경에 일을 마치기 위해 손을 무척 바삐 놀리고 있다. 밭의 맨 안쪽, 그러니까 차 씨와 차나무가 심어져 있고, 과일나무들과 아주까리 씨앗이 심어져 있는 안쪽 밭의 풀을 뽑았다. 뽑으면서 흙의 표면을 호미로 다 긁어 주었다. 지난해에 자라는 풀을 차나무 순의 보호 차원에서 베지 않고 그대로 두었던 자리인지라 어린 풀이 많이 돋고 있었다. 그것들도 제거하고 어제 뿌린 석화 비료도 흙과 섞이게 할 겸 하여서 한 호미질이었다. 이렇게 하여서 밭 전체에 손질을 한번 고루 가하게 되었다. 말하자면 우리들의 훈기를 불어넣은 셈이다.

어제 늦은 오후부터 치기 시작한 감자밭 북을 마저 다 쳤다. 군데군데 빈 곳은 붉은 감자를 심었던 자리다. 붉은 감자는 원래 가을에 통째로 심는다고 한다. 봄에 심을 때는 잘라서 심으라고 해 그렇게 했었는데, 원인을 알 수 없지만 파보니 어디론가 사라지고 흔적이 없었다. 짐승이 파먹었을 리는 없는데 그렇다면 다 녹아버린 것이 아닌가 하고 짐작하고 있다. 검은 비닐로 덮으려다가 이대로 두기로 했다.

다듬어 온 지지대를 전부 세웠다. 그러니까 토마토 모종과 고추 모종 옆에 세워 끈으로 묶었다. 지지대를 세우기엔 아직 이른 감이 있었지만, 아무리 빨리 내려온다고 해도 일주일 만에 내려오게 되니까 때를 딱 맞추어 일하기는 어렵다. 그래서 미리 세워 종 일찍 끈으로 묶는 셈이 된다. 세우기 전에 어제 가지고 온 검은 비닐로 토마토 둑과 고추 둑을 덮었다. 검은 비닐로 덮었다는 것은 멀칭(mulching)했다는 뜻이다.

처음 내려온 닷새 전에는 밤나무 숲이 저리 돋지 않았는데, 닷새 후인 오늘은 무성해졌다고 말할 수 있을 만큼 푸르러졌다. 연초록으로 밤나무 언덕이 연초록이다. 그 안의 염소 우리, 이제 보이지 않고 소리만 들린다. 일하는 아저씨도 보이지 않는다. 겨우내 일하는 모습을 한눈에 볼 수 있었는데.

돌 골라내는 일과 풀 뽑는 일은 해도 해도 끝이 안 나는 일이다. 큰 돌 잔돌 할 것 없이 돌이 제일 많은 입구 쪽 밭, 그러니까 도라지밭의 잔돌을 마음먹고 골라내었다. 그랬더니 밭 인물이 훤하다. 그래도 아직 묻힌 돌이 많은 곳이다. 그리고 땅도 제일 딱딱한 곳이다. 저곳의 토질부터 먼저 개량해야 한다. 그렇게 하기 위해서는 묻힌 돌을 계속 파내고, 부드러운 흙을 가져다 부어야 한다. 퇴비도 많이 뿌리고.

11시경에 마치겠다는 일이 12시가 거의 다 되어 마무리되었다. 돌아갈 채비를 서둘러야 한다. 일도 일이지만 장비를 챙기고 뒷설거지하는 일도 시간을 많이 잡아먹는 일이다.

챙기고 씻는 등, 출발 채비를 하다가 하늘을 보고 들판을 보니, 화창한 봄날의 그 한가운데 서 있음을 느끼게 되었다. 두고 출발하기에 너무 아까운 날씨다. 이리 온화할 수가 없다. 덥지도 않고 춥지도 않은 날씨다. 살갗을 스치는 바람 또한 그랬다.

4박 5일, 닷새 동안 후회 없이 일했다. 5시 반경에 나와 7시경에 마칠 때까지, 점심때 약 20분을 빼고는 쉬지 않고 일했다. 아니, 일하는 것이 쉬는 것일 만큼 재미있게 일했다. 쉬지 않고 일했다고 말하면 무리하게 일했다는 말로 들릴 수가 있다. 사실 여기 오면 10분 놀 틈이 없고 두잔 커피 마실 간격이 벌어지지 않는다. 그래도 즐겁다. 나는 지금 신체를 움직여 일하는 즐거움을 많이 누리고 있다. 이번엔 가지고 온 알토 색소폰도 비교적 많이 불었다. 초록으로 변해가는 들판, 바람에 일렁거리는 보리는 초록의 극치를 넘어섰다. 보리 수염의 희멀건 색깔이 불어오는 바람에 비친다. 곧 누렇게 변해갈 것이다.

모레면 오월

일요일, 편을 마중하러 하동 읍내 시외버스 주차장으로 갔다. 8시 반, 마중 나가기 전까지 색소폰을 불었다. 조금 진전이 있는 것 같다. 시외버스 정거장에서 편을 만났다. 함께 돌아오는 섬진강 길이 환하다.

J가 와서 뽕나무 있는 곳으로 안내해 주었다. 자기네 차나무밭에서 우전 찻잎도 따게 해주었고, 또 뽕잎 차를 만들도록 권유도 해 주었다. 둘이서 두어 시간 부지런히 땄더니 한 포대나 되었다. 이만 하면 우리가 마실 일 년 치의 뽕잎 차는 다 마련하게 될 것 같다.

매화를 말한 지가 언젠데 벌써 매실이 벌써 이만큼이나 컸다. 지킴이 바위 옆의 고목 매실이다. 매화나무다운 매화나무에서 달리는 매실인지라 더욱 눈에 들어온다. 작년에 심은 우리 밭의 매화나무에서 매실이 하나 열렸는데, 신기해하면서 만지다가 그만 떨어지게 해버렸다. 아쉬움 속에서도 자위하는 것은, 첫 열매는 따주어야 다음 해에 잘 열린다는 명분 때문이었다.

　모레면 5월이다. 4월을 보낸다. 나무가 있다. 바위 아래 나무다. 나무 뒤에 섰다. 나무 아래로 갔다. 보내며 섰으니 4월의 나무고, 기다리며 섰으니 5월의 나무다. 키를 재어 본다. 나무가 더 크다. 나무, 키 재기를 하기엔 큰 나무다. 나이, 키 재기를 시도하기엔 먹은 나이다. 들러 본다. 보는 사람 없다. 발꿈치를 든다. 견주어 본다. 발꿈치를 내렸다. 더 클 키가 없음을 확인한다. 작아질 키, 작아져야 할 세월, 줄어들 세월이다.

　나무는 고목이다. 위로 뻗은 줄기는 그런대로 새 줄기다. 잎이 매달렸다. 신록이다. 헤아려 본다. 많진 않지만 헤아려지지 않는다. 읽어 본다. 읽으니 잎들은 글자다. 편지다. 오월의 편지다. 하늘은 편지지다. 내게로 오는 미지의 그리움, 5월 향한 그리움이다.

　밭에서 노는 두 마리 까치를 내려갈 때마다 본다. 이건 지난해에도 마찬가지였다. 딱 두 마리였는지, 그놈들이 요놈들인지는 모르지만, 까치가 밭에 상주하다시피 하는 것은 맞다.

　오늘, 그중 한 마리가 밭의 돌담, 돌 틈에 앉아 있다. 돌 틈에 구멍이 나 있는지, 그 구멍이 자기 집인지 모르지만 날아오르지 않고 오래 앉아 있다. 까치가 집을 돌 틈에다 짓지는 않았을 것이다. 그래도 내 눈엔 집을 지키고 있는 것으로 보였다.

　작년에 심은 머구(머위)를 올해 처음으로 땄다. 그러니까 잎을 수확했다는 말이 되겠다. 올해 잎이 비교적 무성한 걸 보면 뿌리를 잘 내린 것 같다. 내년부터는 아주 번성할 것 같다. 말하자면 머구 밭은 형성된 셈이다. 밭이라기보다는 머구 둑이다. 데쳐 쌈을 싸서 먹을 때 쓴맛이 더욱 달게 느껴졌다. 땀 흘려 생산한 내 노동의 결실이어서 더욱 그럴 것이다.

연못을 돌 때 은은한 향이 났다. 처음엔 알 듯 말 듯 한 향이었다. 더덕 같았다. 풀을 뽑으면서 살펴보니, 세상에, 더덕이 한 줄로 나 있었다. 작년에 씨를 뿌린 후 잊고 있었던 것 아닌가. 그러고 보니, 지난해 여름에도 풀을 뽑을 때 더덕 줄기 비슷한 것이 있었다. 그런데 더덕 씨를 뿌렸다는 사실 자체를 잊고 있었던 터라, 그 줄기가 더덕 줄기일 줄은 전혀 짐작하지 못했다.

이를 늘 난초라고 불렀지만, 이 이름은 막연한 이름인 것 같다. 그 많은 난초과의 식물이 다 난초 아닌가. 아무래도 이제부터는 붓꽃이라고 불러야겠다. 아이리스와 붓꽃이 같은지 모르겠다. 사진으로 봐서는 약간 다른 것 같다. 아이리스라는 이름도 괜찮다. 그래도 붓꽃이라는 말이 더 와 닿는다. 유소년 시절과 이어져 있는, 특별한 인연의 화초다. 연못을 빙 둘러 붓꽃을 심을 예정이다. 붓과 같이 필 송이가 맺히고 있다.

초대받지 못한 손님

두릅을 안다. 봄이 오면 두릅 순을 살짝 데쳐 초고추장에 찍어 먹는 두릅의 맛은 쌉쏘롬하고 달콤하며 신선하다. 하지만, 나무로서 두릅나무를 알고 있는 이는 드물다. 나무에 순이 오르면 남들보다 먼저 딸 생각만 하지 나무를 쳐다보지는 않는다. 요행히 손을 타지 않아 가까스로 살아남은 순이 자라 나무, 두릅나무를 이룬다. 그러니 한여름 혹은 늦가을에 산길을 가다 두릅나무를 만나게 되면, 사람의 탐욕스러운 그 손길에도 살아남아 꽃까지 피워낸 그 노고에 위로해줌이 마땅하다. 국립 수목원 연구관인 이유미는 『우리 풀 우리 나무 / 두릅나무』에서 이런 취지의 말을 했다.

좀 길지만, 한라산 지킴이인 오희삼의 칼럼, '두릅나무 가시의 소망'이 두릅나무의 현주소를 잘 말해주는 것 같아 인용해 본다. "(…) 이 찬란한 봄의 향연에 불협화음처럼 어정쩡한 잎을 피우는 존재가 하나 있습니다. 바로 두릅나무이지요. 줄기에는 비수처럼 날카로운 가시를 촘촘히 달고 가지 끝에 수줍은 듯 두툼한 봄 순을 펼쳐냅니다. 그 모습이 어찌나 어정쩡한지 화사하게 단장한 도회지의 맵시 있는 봄 처녀들의 가든파티에 얼떨결에 얼굴을 내민 화장기 없는 산골 소녀라고나 할까요. 봄 축제에 초대받지 못한 손님처럼 이 찬란한 봄 햇살 아래 두툼한 겨울 외투를 걸친 듯한 새순이라니. 그런데 이 연둣빛 두릅나무의 새순은 꽃을 피워내기도 전에 수난을 당하기 일쑤입니다. 막 피워낸 새순을 살짝 데쳐 먹으면 그 맛이 일품이라 피워내자마자 누군가의 손길에 꺾이기 때문이지요. (…)"

자작나무는 시인들의 시 속에서 예찬을 많이 받는다. 화가의 화폭에서도 우대를 받는다. 하지만, "장평리 찔레나무, 장석리 화살나무, 장천리 소태나무, 장이리 개암나무, 장동리 싸리나무, 장척리 으름나무, 장곡리 고욤나무는 이 땅의 민초 같은 나무들이다. 소나무나 전나무처럼 대접받는 나무들이 아니다. 그래도 이들은 이문구의 초대를 받아, 그가 동인문학상을 받는 데 일조라도 했다. 두릅나무는 이 축에 끼지도 못했다.

두릅나무, 동매리 마을 길, 밤나무 대나무 위에는 까치가 앉았고, 두릅나무 그 위에는 봄 순이 앉았다. 손이 나갔다. 아니, 나도 모르게 손이 나가려고 했다. 애써 자제했다. 맛있을 것이라는 생각을 억누르고 짓밟았다. 내 손 아니어도 다른 손이 꺾어 낚아챌 것이라는 생각 앞에서의 내 의지는 쇼펜하우어가 말한바, '폭풍 앞의 깍쟁이 불'에 다름 아니었다. 끝내 안 꺾고 그냥 지나갔다.

두릅나무, 꺾이기만 하는 나무다. 먹는 이야기에만 결부되는 나무다. 우아한 담론에, 시인의 시집에, 화가의 화폭에 별로 초대받지 못하는 나무다. 그렇지만 피운 순이 꽃처럼 화사한 나무. 몸매가 기사처럼 날렵한 나무다.

두릅나무, 촌 나무 두릅나무가 촌을 지킨다. 이 땅 나무 두릅나무가 봄을 지킨다. 꺾이면서 지킨다.

자운영, 하이네 풍 풀꽃

되게 설쳤다. 나팔을 불고, 작은 못을 손보고, 차나무에 물을 주고 허리를 펴니 해가 형제봉 위에서 꼴깍 넘어가기 직전이다. 까딱하면 차 놓친다. 마을로 내려왔다. 차 씨와 취나물 씨를 준 할머니 집 앞이다.

집안에 사람이 하나 더 있었다. 겨우내 비다시피 했던 집에, 한 사람이 더 있어 두 사람이면 시끌벅적 웅성대는 집이다. 생기가 돌고 화기가 넘친다. 인사를 했다. 답 소리가 더 크다. 내가 그렇게 생각했을 것이다. 옆의 사람은, 버스 타고 왔다가 버스 타고 간다고 했더니, '부지런키도 하다.' 라고 했다.

씨를 주어 고맙다는, 잘 심었다는 인사를 드리고는, 마을 안으로 들어가는 길을 택했다. 내려가는 길이 아니라 옆으로 가는 길을 말한다. 꽃이 더욱 무성했기 때문이다. 제비꽃, 자운영, 그리고 분홍의 나무 꽃, 또….

자운영이다. 논둑, 보리논 옆, 보리를 심지 않은 논둑에 한 점 풀꽃 자운영이 꽃반지처럼 소담히 피어 있다. 논 안은 꽃 천지다. 아예 들어섰다. 보리를 심지 않은 논들이 많다. 보리논은 보리로 가득하고 그냥 논은 풀로 가득하다. 자운영 논, 들어서서 살며시 그 속을 걷는다. 말하자면 지르밟고 걸었다. 유년시절의 자운영 풀꽃 논은 선뜻 들어서지 못한 논이었다. 주인의 눈길 때문에도 그랬고 잘 입은 옷의 여자아이 같아서 그랬다.

자운영 그를 우리는 풀꽃이라 불렀다. 자운영인 줄 안 것은 한참 나중 일이다. 누구는 또 시계꽃이라고 부르며 자랐다고 했다. 우린 시계꽃이라고 부른 기억은 없다. 풀꽃 아니면 '소 쌀밥'이라 불렀다. 물론 소 쌀밥이라 부른 건 이것 말고도 쇠뜨기가 있다. 자운영 풀꽃은 꽃이 피기 전에 우리에게 나물로도 먹혔다. 소만 먹은 게 아니었다. 그대로 갈아엎으면 또한 논의 풍성한 양식 곧 퇴비.

풀꽃, 풀꽃은 자운영 이것만이 아닐 것이다. 풀에서 피는 꽃은 다 풀꽃일 것이다. 그래도 유독 나에겐 자운영이 풀꽃이다. 풀꽃 자운영은 부러운 풀이었고 꽃이었다. 우리 논에는 한 번도 심어보지 못한 부러움의 풀이었다. 잡초라고 비하되는, 함부로 밟히는 풀은 아니었다. 하물며 꽃이야. 말하자면 옷을 잘 입은 여자아이 같은 꽃. 난 아이 때 옷을 잘 입은 여자아이 옆에 선뜻 가지를 못했다.

시인의 시다. "당신의 가슴에서, 착한 아이처럼 잠들고 싶어요. 한 조각 약솜으로 당신의 맑은 피에 젖어 숨죽이며 질식하며 어느 오후 뜨겁게 피인, 잠시 피었다 죽는 한두 송이 풀꽃같이 당신의 가슴에서 먼지처럼 조용히 죽고 싶어요." (하이네 풍으로 핀 풀꽃 / 김용범) 나에게 풀꽃은 자운영이지만 시인에게 풀꽃은 하이네 풍 꽃이다. 하이네 풍? 모르겠다. 짐작은 된다.

자운영 풀꽃 언덕, 먼지는 없다. 바람은 있다. 가슴은 있다. 그리움도 있다. 그립다. 해가 진다. 동매리 다리 건너, 평촌 언덕에 왔다. 오니 좀 후에 버스가 온다. 덕기, 중기로 들어간다. 끝 마을이다. 금방 또 온다. 읍으로 간다. 탔다. 앉아서 하이네 풍, 그 의미를 음미했다.

'까지는' 단상

동매리로 가려면 정서리를 지나치게 된다. 정서리 보건소 아래의 차 씨네 집을 지나치면서도 겨울 이후 지금까지 한 번도 들리지 못했다. 오늘은 내려가면서 들릴 참이다. 들렸다. 모란이 한 그루 피어 있었다. 모란이 피기까지는 기다리고 있겠다는, 기다릴 일도 많았던, 기다릴 일이 많은 줄 착각하며 살았던 젊은 날이 생각났다.

잠시 그랬다.

4월 15일 일요일 오늘, 우전(雨前)이라는 이름의 귀한 찻잎을 손 빨리 놀려 땄다. '우전'이라는 이름은 그리 귀한 의미를 내포하고 있지 않은데 곡우(穀雨)라는 절기의 전후에 따는 찻잎은 귀한 잎이라는 의미다. 귀한 우전을 따도록 차밭을 통째로 내준 K 내외에게 감사드린다.

나도 땄다. 경이로운 체험이다. 대부분은 편이 땄다. 아주까리를 심는 일과, 심은 나무 여럿에 물주는 일이 기다리고 있었기 때문이다. 쉴틈 없이 몸을 놀렸다. 돌아갈 부산 길이 걱정이다. 눈을 좀 붙여야 가는 도중에 차를 세워 잠시 눈 붙일 일이 생기지 않게 되는데…. 떨어진 곳 산 중턱에서 잎을 딴 편이 돌아온다. 제법 한 보따리다. 다음 주에도 내려와서 많이 따라고 하더라는 말을 했다. 귀한 잎이니(雨前) 다음 주가 올 때까지 기다리게 되었다. 망설이지 말고 "마니 마니 따시라."라고 하더라고 했다. 다음 주가 올 때까지 기다림의 세월이다.

해가 졌다. 차 씨네 집에 왔다. 팥과 감잎차를 찾으니 폴(팥)은 있는데 감잎차는 없다고 했다. 없는 물건을 내놓으라고 할 수 없는 일. 큰아이의 영국 친구에게 줄 선물로 구해달라는 감잎차는 포기할 수밖에. 올해의 새순으로 만들면 그때 연락할 테니 기다리라고 한다. 그렇게 하겠다고 했다. 차 씨네 집의 감잎차가 만들어질 때까지 기다리는 수밖에. 그 수 외에는 딴 수가 없다.

폴(팥)값을 치른 후, 오래간만이니 저녁을 함께하자고, 밥을 내가 사겠다고 제안을 했다. 사실은 지금 하는 제안이 아니다. 아까 오전에 이미 전화로 한 제안이고 오후 두 번째 전화에서는 시간과 밥 함께 먹을 집까지 정한 제안이다. 말하자면 세 번째 지금은 함께 가자고 손을 잡아끄는 동작을 동반하는 제안이다. '혹시나 했지만 역시나!'였다. 그는 함께 행동하기를 정중하게 거절하였다. 그는 남들과 밥을 잘 안 먹는다는 사실을, 더구나 공짜 밥은 안 얻어먹는다는 사실을 난 이미 알고 있었기 때문이다. 자기 나름의 정도를 걸으면서 사는 그는 언행에서 자기의 선을 넘는 법이 없다는 말을 나는 이미 들었고 경험했었다. 지난여름의 밥 한번 같이 먹자는 내 청을 그는 받아들이지 않았었다. 나는, 그렇다면 '당신이 밥 한 그릇 사라'고 했다. 그는 그렇게 하겠다고 했다. 웃으면서 내가 사겠다고 했다. 그래서 나는 차 씨가 밥을 살 때까지 기다리기로 했다.

간다 안 간다 하는 중에 내 시선은 담 아래로 갔다. 모란이 피어 있었다. 어, 이리 벌써 모란이 피었네! 지난해보다 더 빨리 보게 되는 모란이다. 지난해 차 씨 집의 모란 목격일은 4월 28일이었다. 모란의 봄이 길어졌다는 말인가. 봄의 이별이 앞당겨졌다는 말인가. 벌써 이렇게 모란이 피다니! 젊은 날, 모란이 필 때까지 기다릴 일 많았다.

사실로 많았던 것이 아니라 많다는 생각이 많았다. 나의 봄, 그때 기다리던 나의 봄은 무엇이었는가. 나의 봄은 왔는가. 세월 먹어 장년 된 지금, 모란은 아직도 기다림의 표상인가. 그 꽃이 피기까지는 기다리겠다는 설렘이 불씨로라도 남아 있는가. 차 씨네 모란이 문득 내게 준 한 단면들이다. 우리 밭, 모란 세 그루 필 때까지 기다리겠다는 기다림을 만들면서 차 씨 집 마당을 나섰다.

"팥을 폴이라고 하네요." 하면서 편이 웃었다. 편도 나도 팥을 폴이라고 하면서 자랐기 때문에 웃음의 공감대가 있었다.

거짓말

고사리손이라더니 고사리가 어린아이 손 모양을 하고 올라오고 있었다. 이 산엔 고사리도 많다.

이른 새벽, 그러니까 어둠도 채 가시지 않은 다섯 시 전후에 사람이 올라간다. 오늘 새벽에도 할머니 한 분이 혼자 올라간다. 그냥 인사차 "이른 새벽에 어디 가시느냐?"라고 했더니, "차나무 순 나는 거 살피러 간다."라고 한다. 굳이 똑바르게 큰 소리로 말한다.

순이 살펴질 여명이 아니다. 고사리 캐러 가는 것을 애써 감추는 표현임을 간파하고 있는 줄 그 할머니는 모르는지 모르겠다. 거짓말이다. 선의이기는 해도…. 함양, 마천의 지리산 산 꾼, 나물 꾼에게 들은 말이 있는데!

지지대

풀을 다 뽑고는 바로 C네 차밭으로 갔다. 그 언덕에 두릅나무들이 베어져 누워 있기 때문이다.

두릅나무는 직선으로 올라가는 곧은 나무다. 그래서 그걸 가지고 와, 토마토와 고추 모종의 지지대로 쓸 참이다. 지지대 50여 개를 다듬어 어깨에 걸치니 아주 무겁다. 지게 생각이 절로 났다. 생나무인지라 더욱 무거웠다. 이다음에 지게를 꼭 마련해야겠다고 생각했다. 여기서 지게의 사용 빈도는 높다.

다듬어 온 지지대를 전부 세웠다. 그러니까 토마토 모종과 고추 모종 옆에 세워 끈으로 묶었다. 지지대를 세우기엔 아직 이른 감이 있었지만, 아무리 빨리 내려온다고 해도 일주일 만에 내려오게 되니까 때를 딱 맞추어 일하기는 어렵다. 그래서 미리 세워 종 일찍 끈으로 묶는 셈이 된다. 세우기 전에 어제 가지고 온 검은 비닐로 토마토 둑과 고추 둑을 덮었다.

　지지대, 살아온 세월을 돌아보니 내가 여기까지 올 동안 내 손을 잡아 준 이 많고, 내 어깨 붙들어 준 이들 많다. 그들은 나의, 내 삶을 받들어 주고 세워 준 지지대들이었다. 찐하게 고맙다. 눈물겹게 고맙다. 나는 누구 인생의 지지대였는지 생각해 봤다. '버지니아 공대의 총기 난사 사건'의 일, 들을수록 가슴 아프다.

　처음 내려온 닷새 전에는 밤나무 숲이 저리 돋지 않았는데, 닷새 후인 오늘은 무성해졌다고 말할 수 있을 만큼 푸르러졌다. 연초록으로 밤나무 언덕이 연초록이다. 연초록 밤나무 숲 그 안의 염소우리, 이제 보이지 않고 소리만 들린다. 일하는 아저씨, 염소 아저씨도 보이지 않는다. 겨우내 일하는 모습을 한눈에 볼 수 있었는데….

긴장 수채화

손보고 한 생각

고추와 토마토가 쑥 자랐다. 심을 때 지지대에다 묶었는데 묶은 그 지점에서 쑥 자라 올라, 토마토는 줄기가 땅에 쓰러져 있었다. 세워서 다시 묶었다.

둘 다 꽃이 피고 있고 토마토는 벌써 몇 개 달렸다. 고추도 꽃을 피운다. 그리고 지지대로 쓴 나무가 두릅나무 가지인데 이 가지에도 순이 나서는 시들지 않고 있다. 땅은 막대기에도 생명을 불어넣는다. 물론 아주 막대기는 아니었지만 베어둔 지 근 보름이 지난 나뭇가지인데도 마르지 않고 순을 피우는 것이다. 흙이란, 생명이란!

해 질 무렵에 찻잎을 따던 뒷밭의 할머니가 지나가면서, 양파 순을 넘어트려야 알(뿌리)이 튼실하게 커진다고 말했다. 그래서 쑥쑥 자라 이슬람교 사원의 돔처럼 둥글던 신비의 양파 꽃을 다 따버리고는 쓰러트렸다. 양파 나라를 망가트리는 것 같아 아주 안쓰러웠다. 열무와 상치와 쑥갓을 뽑은 다음 다시 씨를 뿌렸다.

같은 손을 세우는 일에 쓰다가 쓰러트리는 일에 또 쓰니 기분이 이상하다. 같은 손에게 상반된 일을 맡겨도 되는지 모르겠다. 손 보고 한 생각이다. 바람이 분다. 오월의 바람이다.

이랑 북 치기

5월 5일, 화창한 봄 날씨다. 붓꽃이 붓에다가 남색 먹칠을 잔뜩 하고서는 나를 기다리고 있었다. 남색 혹은 잉크색 먹이 있는지 그것은 모르겠다. 남색 먹칠이라고 해도 말이 되는지 모르겠다. 편은 아이들 외할머니, 그러니까 친정어머니 방문하러 자기 자매들과 진주로 가고 난 악양으로 왔다.

마로 만든, 남색 원피스를 입은 편의 이미지가 생생히 살아 있다. 바보 같은 표현인지 모르지만, 편은 어떤 옷을 입어도, 어떤 색의 옷을 입어도 어울린다. 흰색도 어울리고 검은색도 어울린다. 그중에서도 붓꽃의 이 남색 원피스를 입었을 때 이미지가 참 강렬했다. 다시 한번 입도록 제안하고 싶은 색이다. 붓꽃 꽃봉오리가 쑥쑥 올라오고 있다. 다음 주말에 오면 다 피었거나 지고 있을 것 같다.

무화과 순이다. 반가워 다시 본다. 동물의 어린 것, 새끼를 두고 하는 말이다. 새끼는 다 귀엽다. 식물의 어린 것, 순을 두고 하는 말이다. 새순은 다 참신하다.

요새 순을 유심히 관찰한다. 흙을 뚫고 올라오는 새순들, 즉 도라지 순, 부추 순, 감자 순, 열무 순, 토란 순, 마 순, 달래 순, 취나물 순, 차나무 순들을 경이롭게 바라본다. 가지에 맺히는 순들도 그렇다.

감나무 순, 매실나무 순, 단감나무 순, 앵두나무 순, 자두나무 순, 엄나무 순, 가죽나무 순이 그들이다. 이들은 동매리 언덕 밭에서 자라는 순들이다. 난 요새 순을 바라보는 재미에 깊이 빠져 있다.

날 감자는 거의 다 난 것 같다. 그러니까 아직 안 난 감자가 있다는 얘기다. 흰 감자와 자주색 감자를 함께 심었는데, 자주색 감자는 순을 올리지 않는 것 같다. 날 감자가 거의 다 났다고 한 말은 그런 의미다. 그래서 지난번에 친 둑 말고 아직 순이 안 나서 미루어 두었던 이랑의 북을 쳐 주었다. 간간이 작은 순이 올라오고 있다. 고구마 심고 들깨와 참깨를 심기 위해 비워 둔 자리를 파서 뒤엎었다. 파서 뒤엎기 시작했다는 말이다. 비가 오지 않는다면 내일 새벽부터 시작하여 다 뒤엎을 생각이다.

지난번에 지킴이 바위 사진 찍으면서 보니, 식별되는 형상은 여섯이었다. 그러니까 바위는 여섯 개의 얼굴을 품고 있었다. 그런데 오늘 보니 하나 더 있다. 바위는 전부 일곱 얼굴이다. 오묘하다. 하나의 바위에서 이리 많은 얼굴을 보기는 처음이다. 오늘 모습은, 인자한 聖者의 모습이다. 바위 앞부분의 얼굴이 지금 두 얼굴로 나타난다. 한 얼굴은 여느 때처럼 우리 집, 길뫼재를 지키고 있는 모습이다. 가장 기본적인 얼굴이다. 그런데 약간 좌측으로 보면 코가 큰, 눈을 조용히 감고 입도 지긋하게 다문 성자의 모습이다.

현호색의 매력은 이런 것이라고 한다. 즉 "연보라색, 보랏빛이 도는 하늘색, 분홍색에 가까운 보라색 등 신비스러운 색깔뿐만 아니라, 한쪽 끝은 둘로 갈라져 여인의 입술처럼 벌어지고 그 반대쪽은 점점 좁아지며 끝이 뭉툭해져 꿀샘이 들어 있는 '거(距)'의 사뿐한 모습이 약간 들리는 듯하다가 아래로 처지는 꽃의 자태"

'거(距)의 사뿐한 모
습'이 뭔가 뭐란 말인가.
잘 모르겠다. 지난해부터
동매리 언덕 밭에서 많이
봤는데도 무심히 넘겨버린
야생초다. 지금 이들이 많
이 피어 있다. 이번에도 그
냥 보아 넘기다가 돌아서서
다시 봤다.

긴장 수채화

쿵쿵 부딪치는 소리가 난다. 날벌레들이 집을 몸채로 들이받는 소리
다. 비 오기 전에 이런 현상이 일어남을 이미 경험한 바다. 비가 오려
나 보다.

일찍 잠자리에 들었다. 혼자 자는 잠이다. 0시경을 조금 지나 잠이
깨었다. 두들기는 빗소리 때문이다.

다시 막 잠에 빠지려는데 전화가 온다. 전화기를 드니 찌지 직 소리
가 난다. ARS 소리? 별 듣기 좋은 소리가 아니다. 바로 꺼버렸다. 다
시 온다. '여보세요' 하는 여자 소리다. 받지 않고 꺼버렸다. 또 온다.
이번엔 다른 번호다. 내가 '여보세요' 했는데 이번엔 상대방이 응답하
지 않는다. 그 번호에서 또 온다. 이번엔 내가 응답하지 않았다.

별로 기분이 좋지 않다. 비 내리는 밤, 혼자 자는 산기슭의 밤인데,
그래서 약간의 긴장을 동반하고 잠자리에 든 밤인데, 금속음 비슷한
소리를 내는, 기분을 별로 안 좋게 하는 전화로부터 시작해서 이어지

는 전화라니.

또 온다. 세 번째 번호다. 이번에는 '박 사장님, 전화죠' 한다. 아니라고 말하고는 끊었다. 또 온다. 또다시 온다. 시계를 보니 0시 30분이다. 약 30여 분 동안 일곱 통의 전화가 온 것이다.

잠을 설쳤다. 30여 분 동안 전화를 일곱 통 받기는 처음인 것 같다. 그것도 엉뚱한 전화로 말이다. 비가 천장을 두들기는 소리는 밤새 났다. 물론 소리는 이어졌다가는 끊어지곤 했다.

새벽, 구름이 맞은 편 구릉에서 만들어지고 있었다. 수채화다. 비는 아침까지 이어졌다. 풍경이 편안하다. 비가 오는 날의 수채화다. 잠을 설치고 일어난 나에겐 긴장 수채화다.

누란 꿈

김춘수의 시 〈누란(樓蘭)〉의 일부다.

"그 명사산 저쪽에는 십 년에 한 번 비가 오고, 비가 오면 돌밭 여기저기 양파의 하얀 꽃이 핀다. 봄을 모르는 꽃. 삭운 백초련. 서기 기원전 백이십 년. 호(胡)의 한 부족이 그곳에 호(戶) 천오백칠십, 구(口) 만 사천백, 승병(勝兵) 이천구백이십 갑(甲)의 작은 나라 하나를 세웠다. 언제 시들지도 모르는 양파의 하얀 꽃과 같은 나라."

누란은 타클라마칸 사막이 있는 타림 분지를 둘러싼 주변 산록에 '꿈의 도시'라고 부르던 곳이라고 한다. 모래바람에 의해 함몰되어 호수는 사라지고 영원히 사라진 왕국이라고 한다.

양파가 송이를 맺었다. 양파가 꿈꾼다. 양파의 꿈을? 가도 가도 사막으로 이어진다는 누란으로 가는 꿈? 꿈을 청한다. 꿈꾸어 본다. 누란으로 가는 꿈이다. 양파 나라 꿈이다. 양파 꽃은 꿈의 꽃이다.

노란 나라 노란 왕국

고들빼기와 씀바귀의 구분법을 오늘에야 비로소 익혔다. 시골 출신임을 자부하면서도 정착 촌스러운 요소는 많이 결여하고 있다. 촌놈은 촌놈이라도 어중간한 촌놈, 어정잡이 촌놈이라는 뜻이다.

그런데, '씬나이'라는 별명은 고들빼기에 적용되는 것인가 아니면 씀바귀에 적용되는 이름인가? 지금 동매리 언덕의 지킴이 바위 둘레는 '노랑 나라'다. 바위를 중심으로 노란 꽃들이 왕국을 이루고 있다. '노란 왕국'이다. 노란 꽃 그들은 '고들빼기'다.

고들빼기와 씀바귀는 같은가 다른가? 거의 비슷한데 알고 보면 확실히 달다고 한다. 잎의 모양을 보고 식별할 수 있다고 한다. 잎이 줄기를 완전히 감싸고 있는 것이 고들빼기라고 한다. 그리고 잎의 톱니 모양이 불규칙하다고 한다. 더 알아봐야겠다. 공부 거리 또 하나 늘었다.

무위 보행

어제 서울 아이들 집을 출발, 부산 구포역에 도착했을 때는 밤 11시 30분경이었다. 아이들 일이 모두 잘 진행되고 있어 하루 다녀오는 길이 피곤하지도 않았다.

다시 일요일 새벽에 혼자 출발, 동매리에 도착했을 때는 8시경이었다. 도착하자마자 밭을 한 바퀴 빙 돌면서 나무를 살폈다. 이번엔 감나무 움을 먼저 살폈다. 새로 심은 다섯 그루 중, 순을 올리지 않으면서 애태우던 한 그루 대봉감 나무가 움을 표나게 틔우고 있었다. 기쁘다.

다시 '초원의 빛'이다. 초록으로 빛나던 보리밭들이 이제 황금색으로 빛난다. '이제'라고 말했지만, 사실은 '어느새'다. 어느새 악양 들판이 색조를 바꾸었다. 하지만, 좀 있으면 또 초록으로 바뀐다. 어느 나무의 새 잎이 가슴을 설레게 하지 않으랴만 감나무 잎은 나를 더욱 설레게 한다. 감나무 밤나무 그늘서 유소년시절을 보냈다. 감잎은 많이 가지고 논 잎이기도 했다. 반짝반짝 윤기 어린 감나무 잎은 우리들의 소꿉놀이 돈이기도 했다. 동매리 내 언덕은 감나무 지평이다.

두 줄로 심은 차나무가 표나게 크고 있다. 지난해 여름에 줄기를 다 잘라내고 뿌리만 심은 약 10년생의 나무인데, 심어지고 난 후 처음 맞이하는 이 봄부터는 쑥쑥 자라기 시작하는 것이다. 밭 언덕의 길이가 약 60m인데, 두 줄로 늘어선 차나무 길은 제법 걸을 게 있는 내 산책길이 될 것이다. 산책, 지팡이를 흔든다는 말 의미 그대로, 걷는 내 발걸음은 무위 보행(無爲 步行)일 것이다.

하동은 야생차나무 본산지다. 야생차나무의 순수성에 대한 자부심도 크다. 물론 말이 야생이지 경작하는 차밭이 대부분이다. 그리고 주위에 차밭이 많다. 그런 중에 이제 심어 조성하는 내 차밭의 차나무는 크기에서 축에도 못 끼인다. 그래도 나는 기분이 좋다. 내가 차밭을 가꾸게 될 줄은 꿈에도 생각 못 해봤기 때문이다. 내년 봄엔 우리 차나무에서 새순을 따게 될 것이다.

오늘 할 일이 많다. 부지런히 서둘렀다. 2주 전에 쇠스랑 질을 해 둔 밭을 풀이 점령하고 있었다. 그래서 다시 밭을 쇠스랑으로 파서 뒤엎었다. 풀을 다 추슬러 낸 다음 참깨 씨앗을 뿌렸다. 땅속 벌레의 공격을 막아 내기 위해 분말 농약 두 종류를 꼭 뿌려야 한다는 조언을 들었지만, 그리고 두 종류의 농약도 얻었지만, 그 가운데 한 종류가 다 떨어져, 한 종류만 비료와 더불어 뿌리고 바로 씨를 넣었다. 참깨 씨는 참 작다.

쇠스랑 질은 제법 고된 농사일이다. 찻잎을 따던 할머니가. '대체 일을 와 그리 잘 하요' 하는 말을 오늘 두 번째 한다. 신체로 하는 어떤 일이 힘 안 들겠는가마는 농부가 아닌 나에게 농사일은 사실 힘에 부치는 일이다. 하지만, 난 기분 좋게 힘쓴다. 그리고 땀 흘린다. 검은 비닐 속에서 토란이 순을 틔우고 있었다. 많이 늦게 심은 토란이다. 토란 심은 아래에 들깨 씨를 심었다.

해가 진다. 정신없이 움직였다. 뽑은 마늘, 쑥갓, 열무, 상추도 챙겼다. 뒤 차밭의 할머니가 자기 밭의 상추를 좀 주고 가신다. 일을 마치고 나면 챙기는 일도 단단한 한 몫의 일이다. 오늘 더욱 일을 많이 했다는 자부심이 든다. 지는 해를 본다. 혼자의 미학이다.

서둘러 저녁을 먹고 잠시 눈을 붙였다. 7시 10분에, 출발, 하동 성당의 8시 미사를 하고 고속도로로 들어섰다. 온종일 일하고 그날 중으로 핸들 잡고 돌아간다는 것은 무리다. 조심에 조심을 거듭하였다. 다행히 차가 안 막힌다. 물론 막히는 시간대를 비켜, 늦게 한 출발이어서 그럴 것이다. 하지만, 속도를 많이 낸 것 같다. 다음엔 안 그래야겠다고 다짐해 본다.

마늘과 희망

"눈 덮인 겨울의 밭고랑에서도 / 보리는 뿌리를 뻗고 / 마늘은 빙점에서도 / 그 매운맛 향기를 지닌다." (희망가 일부 / 문병란)

마늘을 뽑았다. 줄기를 잘랐다. 마늘이다. 마늘밭이 왜 이러냐고, 놀림 받았던 마늘이다. 못난 마늘들! "마늘이 서 있으니 당연히 마늘밭"이라고 되받아쳤던 밭에서 버텨낸 마늘들이다. 내 눈엔 잘난 마늘들!

잘난 마늘은 잘 난대로 맛 낼 거고 못난 마늘은 못난 대로 맛 낼 거다. 마늘, 얼어도 즉 빙점에서도 매운맛 향기를 내고, 끓어도 즉 비점(沸點, 액체가 끓기 시작하는 온도)에서도 제맛을 낸다. 눈 덮인 밭고랑에서 겨울을 견뎌내면서 마늘이 획득한 불변의 맛, 변하지 않는 맛을 지닌 마늘은 시인의 말대로 그래서 희망이다.

끝내 흙으로

상엿소리가 났다. 바로 아래 동매 마을의 박 씨 할아버지의 꽃상여 소리일 것이다. 그런 줄 알면서도 저기 평촌 마을, 내 버스 기다릴 때 서 있는 기다림의 자리 거기에서 움직임이 보여 나가는 꽃상여인 가 하고 카메라의 줌을 댕겨 보았다. 상여는 없고 누렇게 익어가는 보리밭만 있었다. 또 못자리. 어느 틈에 보리가 저리 익었고 묘판은 또 저리 만들어졌다. 보리밭은 더 누레질 것이고 묘판은 더 파래질 것이다.

샘터 도랑에 돌을 깔았다. 둑을 넘어온 호스에서 물이 콸콸 흐른 다. 밭에는 골라내야 할 돌이 아직도 많다. 하지만, 돌의 수요도 또한 크다. 이곳은 물놀이터다. 손발 씻는 것도 그릇이나 농기구 씻는 것 도 다 물놀이다. 밭의 작물에 물을 주기 위해 물뿌리개에 물을 담는 일도 또한 물놀이. 못 아래 도랑에다 돌미나리 순을 구하는 대로 갖 다 놓을 참이다. 지금도 돌미나리가 조금 자라고 있긴 하다. 도랑이 물길을 돌미나리가 채운다면 보기에도 풍성할 것이다.

어제까지 봉오리로만 있던 붓꽃이, 오늘 아침 활짝 피어 나를 기다 리고 있다. 새벽, 여명일 때 꽃(존재)을 보는 기쁨은 이곳에 내려와 서 누리는 하나의 기쁨이다. 겨울엔 새벽에 밖으로 나와 밭을 빙 둘 러 걸으면서 산책할 수가 없었다. 그러나 지금은 새벽 산책하기 좋은 계절이다. 5시경에 밖으로 나와 못으로 간다. 못을 붓꽃이 저리 피어 지키고 있다. 그리고 밭을 한 바퀴 빙 돈다. 걷는 즐거움, 보는 즐거움 그리고 풍경 속에 잠기는 즐거움이 크다. 하지만, 걸을 때는 생각이 없다. 무념이다.

호박 구덩이에서 순이 올라오지 않아 애를 좀 태웠는데 이번에 가서 보니 쑥 올라와 있었다. 반가웠다. 임을 본 듯이 반가웠다. 그래도 아직 두 개의 구덩이에서는 순이 안 나고 있다. 하지만, 다음 주에 내려가면 순이 다 올라와 있으리라 예측한다. 만일 안 난다고 해도 이미 난 순만으로도 물량이 충분하다. 좀 후에 순을 솎아내, 옮겨 심을 예정이다. 심은 씨앗을 아무래도 까치가 파먹는 것 같다. 상주하는 까치가 두 마리 있다.

길뫼재, 동매리 언덕의 장난감 같은 꼬마 집이 초록에 잠겼다. 빙 둘러 진초록이다. 길뫼재는 내 서재이고 색소폰 하우스이다. 꿈의 자리다. 밖에 나와서는 밭일을 하지만 안으로 들어가서는 글 일한다.

소쩍새 소리는 두어 번 들었다. 그런데 지금까지 들리지 않던 새 울음소리가 들렸다. 네 마디로 우는 새였다. '휙 휙 휙 휙' 했다. 휘파람 소리처럼 들렸다. 휘파람새일 것이라는 생각이 들었다. 하지만, 휘파람새를 본 적이 없다. 그냥 그 소리가 휘파람 소리 비슷했기 때문에 내 마음대로 붙여 본 이름이다. 알고 보니 네 마디로 우는 그 새는 검은 등 뻐꾸기였다.

우리 밭으로 올라가는 길옆의 단정한 차밭, 한 그루 고목 밤나무가 서서 우리 언덕을 지켜주는 그 차밭의 노부부가 이 봄엔 보이지 않는다. 한참 찻잎 딸 때인데도 할머니가 한 번도 보이지 않는다. 작년 봄엔 두 분이 도시락 들고 와 잎을 따셨다. 할아버지 연세가 82세인가 그랬는데, 아래 동네에서 올라오기엔 상당히 높은 곳인데도 매일은 아니지만 자주 운동 삼아 올라오시던 할아버지였다. 기력이 약해

입원하셨다고 했다.

돌아가셨다고 했다. 내일 출상이라고 했다. 오늘, 할아버지, 흙으로 돌아가시는 그 출상 일이다. 아침엔 비가 많이 와서 걱정이었는데 곧 날이 들었다. 꽃상여로 가신다고 했다. 상엿소리가 들린다. 산촌 상엿 소리, 잠시 들리다 사라졌다. 여운이 오래간다. 할아버지 가실 곳으로 가시는 모양이다. 이 봄엔 차밭의 저 고목 밤나무 가지 하나에 잎이 돋지 않는다. 걸어 올라오신 할아버지와 나눈 대화는 은은하고 잔잔 했다.

일주일 후 어제, 할머니 혼자 찻잎을 따고 계셨다. 차를 세워 인사 드렸더니, "선상님, 아이고, 할배가 가셨다 아입미꺼! 끝내 가시고 말았 다 아입니꺼!" 하셨다. 할머니 음성을 통하여 할아버지, 박 씨 노인이 가셨음을 새삼 확인하게 된다. 갈 곳 그곳, 끝내 흙으로 가신 것이다. "사람아, 너는 흙이니 흙으로 돌아갈 것을 잊지 말아라!" (memento homo, quia pulvis es et in pulverem reverteris!)

바위, 지킴이 바위가 우리 언덕을 말없이 지키고 있다. 지켜보고 있다. 바위는 일곱의 얼굴을 가지고 있다.

새 순 관조법

타르코프스키의 '희생' 생각

도착하여 엔진을 끈 후 내려 길뫼재 문을 열고는 뒤로 간다. 뒤에는 연못이 있다. 그런데 오늘따라 연못 위 돌담 밭둑의 인물이 훤하다. 유심히 보니 이발을 한 것이었다. 뒷밭 주인이 밭둑의 나무를 자른 것이었다.

그 나무 이름을 아직 알아내지 못했다. 여기서만 봤고 그것도 돌 틈에서 자라고 있는 것만 봤는데 잎은 고무딸기라 부르는 산딸기나무 잎 비슷했는데 가시는 없었다.

자라는 차나무 보는 재미가 보통이 아니다. 지난해에 심은 뿌리가 이제 땅에 적응한 모양이다. 쑥쑥 자란다. 이곳과 인연을 맺기로 하게 된 첫 번째 동기가 차나무다. 그다음 동기는 풍경. 그러니 차나무에 대한 관심은 일차적이면서도 지속적이다. 심은 후 순이 돋지 않아 죽은 줄 알았던 나무에도 순이 올라온다. 뿌리가 일 년 동안 죽지 않고 땅 속에서 버틴 것이다. 그런 나무를 다섯 그루 발견했다. 그렇다면 아직 순이 돋지 않고 있는 나무에도 희망을 걸 수 있다.

심은 씨앗이 발아, 태어난 차나무도 쑥쑥 자란다. 이 모습을 보는 기쁨 또한 말할 수 없이 크다. 일 년 내내 땅에 딱 붙어 있어, 풀들의 기세에 눌린 모습이 안쓰럽게만 보이던 어린 차나무가 이젠 풀들을 압도하게 될 것 같다. 올해 중에 두 뼘 세 뼘은 충분히 자랄 것 같은데 그리되면 내년엔 단 몇 잎이라도 우전 차 만들 잎을 딸 수 있을 것이다.

오늘 주로 할 일은 풀 뽑기다. 그러니까 밭 김매기 작업이 오늘의 주된 수행과제다. 맨 앞, 입구 쪽의 도라지밭 김매기부터 시작했다. 바람이 시원하게 불어 올라왔고 간간이 구름도 햇살을 가려 주어 비교적 땀을 덜 흘리고 김을 매었다. 얼마 전에 뿌리로 심은 도라지가 쑥쑥 잘도 자란다. 이곳은 땅이 좀 여물기 때문에 흙을 갖다 부어야 한다. 함께 매다가 난 차나무 두 줄 옆의 풀 뽑는 일로 방향전환을 하였다. 도라지밭은 편 혼자서 다 매었다.

C네 산으로 가서, 베어져 누워 있는 두릅나무 가지를 가지고 와, 고추와 토마토의 묘목을 지탱시키는 지지대로 쓴 다음, 남은 것으로 차씨를 심은 곳에 표시 막대기로 세웠다. 그런데 순이 난다. 말하자면 살아나라고 심은 것이 아니라 지탱하거나 표시하라고 세운 막대기였는데 덜컹 살아나 버리는 것이다. 타르코프스키의 '희생'과 같은 기적이다. 뜻밖에 두릅나무 묘목을 여럿 얻은 셈이다. 밭 가운데 서 있는지라 그 자리서 그대로 키울 수는 없다. 내년 봄에는 옮겨 심어, 잘 길러볼 생각이다.

땀이 연방 난다. 바람이 불고 구름이 자주 해를 가려주어 그리 더운 날은 아니라고 하지만, 그래도 초여름은 초여름, 덥다. 허리를 펴기 위해 서서 뒷산을 보니 뭉게구름들이 둥둥 떠간다. 그 사이 하늘은 에메랄드빛이다. 아니 코발트? 이곳의 구름 조화는 어느 곳보다 장관을 이룬다. 앞 남쪽의 섬진강과 백운산, 오른쪽 형제봉, 왼쪽 칠선봉과 구재봉 그리고 뒤의 시루봉 위에서 이리저리 모양을 이루며 이동하는 구름의 모습은 늘 탄성을 자아내는 그림이다.

둘 다 부지런히 풀 제거작업을 하였다. 사실 좀 무리였다. 새벽에 출발, 두 시간 걸려 내려와서 일하고는 또 돌아가야 한다. 그러니 좀 쉬어야 하는 정오경에도 쉬지를 못한다. 시계를 보니 12시 50분, 점심때를 넘겼다. 호박순이 제법 넓다. 호박의 성장 속도는 좀 느리다가 장마철이 되면 속도를 낸다. 물론 느리다는 말은 가속도에 비해 느리게 보인다는 뜻이지 사실은 느린 속도가 아니다. 늦은 점심을 먹고는 잠시 눈을 붙였다.

도라지밭 옆의 열무를 뽑아낸 자리에 다시 파 모종을 심었다. 심은 후 해 질 무렵에 물을 준다. 물뿌리개에 물을 가득 담아와 서서 물을 줄 때는 비로소 전원생활을 한다는 느낌이 진하게 든다. '전원생활'이라는 말에는 적당히 일하면서 적절히 즐긴다는 느낌이 배어 있다. 그런데 지금까지 나의 동매리 전원생활에는 중노동이라는 무거움이 매달려 있다. 물론 일하고 땀 흘리는 데서 기쁨을 찾는 나의 의지 결과이기는 하다. 그래도 이렇게 서서 물을 줄 때는 마음도 한결 가벼워진다.

가시나무

심은 음나무 두 그루 중, 한그루가 오랫동안 애를 태웠다. 순이 돋아날 기미를 보이지 않는 것이다. 편은, 움이 트고 있다고, 좀 기다리면 순이 돋으리라고 말했다. 물론 나도 묘목이 죽은 것으로 보지는 않았다. 하지만, 순이 돋을 것 같지 않다는 쪽으로 기울고 있었다. 움이 트기를 기대하는 심정은 내게도 강렬했다. 나무 관조법이 이렇게 서로 달랐다는 뜻이다.

도착하자마자 나무로 갔다. 혹시나 했는데 역시나 줄기에 트는 잎이 없었다. 포기해야겠다고 생각했다. 그런데 이것 봐라, 땅을 보니 없던 잎이 딱 펼쳐져 있는 게 아닌가. 뿌리에서 순이 돋아난 것이다. 나무가 죽지 않고 살아 있었던 것이다. 잎을 보는 기쁨은 컸다. 흙에서 솟아오르는 순은 나무를   보는 기쁨을 배가시켜 주었다.

음나무는 엄나무, 엄목(嚴木)이라는 이름도 가지고 있었다. 엉계나무라는 말은 사투리였다. 음나무는 가시나무다. 이 나무는 뿌리에서 잎까지 버릴 게 도무지 없는 나무라고 했다. 약재로나 식재, 가구재로 효용가치가 커서 소요가 많은 나무라고 했다. 이 나무는 잡귀를 물리친다는 의미도 있다고 했다. 이 나무로 만들어 지참케 아이들 노리개를 '음'이라고 부른 데서 이 나무 이름이 출발한다고 한다.

이런저런 이유로 음나무는 수난을 많이 당하는 나무라고 했다. 음나무의 수난 기사를 요 즈음에도 두어 개 신문에서 봤다.   나에게 이 나무 심기를 적극적으로 권유한 이도 이 나무의 효용가치에 대해 거듭거듭 강조했다. 권유받는 나 또한 그런 말에 솔깃하기도 했다.

나무의 처지에서 보면, 비록 탐욕의 시선은 아니라고 하더라도 쓸모나 용도의 관점에서 보는 나의 시선이 편치 않았을 것이다. 이런저런 이유로 나무 보는 눈, '나무 관조법'을 바꾸어야겠다는 생각을 새삼 하게 된다. 시인의 권유를 듣는다: "가시나무 아래 참깨 알갱이같이 아주 조용하게 앉아봐. (…) 그 소리와 음절에 깃든 신성이 너의 마음을 지나가는 순간, 너는 시를 느끼고 너는 한 편의 시로 태어나 너를 비추면서 함께 세상을 비출 거야." (엄나무 명상법 일부 / 윤 향기)

'이런저런 이유' 에서 '이런 이유'란 나무의 눈, 즉 움의 침묵을 알아듣지 못하고 조급해하는 것을 말하고 '저런 이유'란 게걸스런 시선을 말한다. 즉 존재의 관점에서 보지 못하고 소유의 관점에서 보는 것을 말한다.

거울 닦는 사람

잠시 눈을 붙이고 난 오후에도 부지런히 호미질하였다. 편은 나보다 더 열심히 일했다. 농사꾼 아낙처럼 김을 매었으니 힘이 이만저만 들지 않았을 것이다. 감자밭까지 다 매었으니 목표로 하고 내려온 일의 양보다 더 많이 쳐낸 셈이다. 그리고 뽑은 마늘도 다듬었다. 난 아직 심지 않고 비워 둔 자리, 들깨와 참깨 심을 자리에 쇠스랑 질을 하였다. "거기는 아직 안 급하니 감자밭을 매어야 한다."라는 어필이 편에게서 왔다. 머쓱! 편의 판단은 대부분 옳다. 쇠스랑을 놓고 호미를 들었다. 감자밭으로 다시 갔다.

고개를 들었다. 땀을 식힌다. 앞을 바라보니 물 대인 논이 한눈에 들어온다. 논일하는 아저씨가 계속 논을 다듬고 있다. 벌써 모심기 준비를 하는 것이다. 악양 벌판 전체를 통틀어 빠른 물 준비다. 다음 주에 내려오면 일주일 사이에 보리는 많이 베어질 것이다. 보리를 심은 논에 모심기 위한 정지작업이 한창일 것이다.

다듬어진 물 논이 거울로 보인다. 논을 다듬던 농부가 보이지 않는다. 물 논 다듬는 농부는 거울을 닦는 사람이라는 생각이 들었다. 농사일은 이래저래 거룩한 일이다.

연 씨앗의 껍질이 아주 단단하다. 전지가위로 조심스럽게 끝부분을 깨트렸다. 그렇게 깨트리지 않으면 십 년이 지나도 발아하지 않는 게 연 씨앗이라고 한다. 바꾸어 말하면 오십 년 후에도 발아하는 게 연 씨앗이라는 것이다. 관련 사이트에서는 천 년이라는 표현도 쓰고 있었다.

그렇게 깨트린 연 씨 열 개를 연못에 던졌다. 순이 나는 것 본 후 나머지 씨앗도 그렇게 하여 다 뿌릴 생각이다. 악양 벌판, 익은 보리가 황금빛을 이룬다. 초원의 빛이다.

하얀 집 초여름

하얀 집은 꿈이었다. 유년의 집은 양철집이었다. 보통 양철집이 아니라 너덜너덜 양철집이었다. 비 내리는 소리도 여름 한낮의 열도 여과 없이 통과시키는 양철이 아니라 증폭시키는 양철 지붕의 집이었다.

'뜨거운 양철지붕 위의 고양이', 연극 제목인지 영화 제목인지 몰랐지만, 좌우간 이 제목을 들었을 때 '발 델 텐데, 여름 한낮에 양철 지붕에 올라가면 고양이 발바닥 익고 말 텐데!'라는 걱정이 앞섰었다. 중학생 생각이었을 것이다. '양철 북' 소리를 듣고는, '양철 북도 다 있는가?'라고 생각하고는 피식 웃었다. 무식하면 용감한 법, 대학생 내 머리는 그때 이 정도 수준이었다. 연극으로도 영화로도 책으로도 못 봤다. 다이제스트로는 봤다. 그래서 대충은 안다. 각인된 '양철'을 말하고 싶을 따름이다.

양철집은 없어졌다. 벌써. 터도 또한 없어졌다. 양철집 그 집은 하얀 집이 아니었다. 녹이 슬었으니 녹색(綠, rust, 산화 작용으로 쇠붙이의 표면에 생기는 물질. 붉거나 검거나 푸른색) 집이었다.

낡고 무섭고 무너져 가던 집, 유년의 그 집을 다시 세울 수 있을까? 세워, 그 안에 난로와 의자와 꿈을 놓을 수 있을까. 추억이란 다 이런 것인 모양이다. 싫던 그 집이 그리워지는 걸 보면. 열여섯, 내 열일곱을 품어준 집 그 집, 싫던 그 집, 녹슨 집 그 집, 녹색 그 집이 오늘따라 왜 이리 그리워지는지 모르겠다. 하얀 집 되는지 모르겠다.

지난날은 다 어디로 갔을까. 어머니 아버지 싸우시는 소리. 부석(부엌)에서 질러 대던 어머니의 신세 한탄 소리가 귀에 쟁쟁하다. 그때 난 아이였다. 전쟁의 의미를 모를 때였다. 전쟁의 윤곽을 어렴풋이 잡을 때였다. 진주서 이사 온 지 한 달 만에 터졌다는 육이오를 양철집, 헌 집. 낡은 집 그 집에서 고스란히 겪었다. 우리 집 거기에다 인민군, 미군이 번갈아가며 진을 쳤었다는 데 그래도 그 집은 불타지 않았었다.

집을 하나 얹었다. 집이라고 했지만, 집이 아니다. 집이라고 불러도 된다고 허락해 준다면 '장난감 집'이라고 부를 수는 있다. 하얀 집이다. 여름, 가을, 겨울, 봄을 보내고 또 맞이하는 두 번째 여름의 하동 악양 동매리 차나무 언덕의 하얀 집 우리 집! 물론 정식 집은 아니다. 정식 집 설계도는 따로 가지고 있다.

25일 금요일, 26일 토요일, 농기구를 보관할 창고를 반쯤 짓고, 여름을 지날 그늘막(원두막)의 골격을 세우고 돌아왔다. 창고, 그늘막이라고 말하지만. 사실은 이 또한 '장난감 창고', '장난감 그늘막'이다. 이것들을 완공하고 나면 하얀 집 그림이 달라진다. 그래서 하얀 집의 지난 사계(四季)를 되돌아본다.

고구마 순

이제 '익산'이라는 이름이 그리 낯설지 않다. 하지만, 익산보다는

'이리'가 나에겐 더 친숙한 이름이었다. 그건 '통영'도 마찬가지다. '충무'라는 이름에 길들어져 있어서 충무가 통영으로 된 뒤에도 한참 동안 충무라고 부르기도 했다. 물론 '충무' 이전엔 '통영'이었던 것으로 안다.

이리, 화약을 싣고 가던 열차가 이리 역에서 폭발하는 바람에 더 유명해진 이리, 원광대학교가 있고 원불교가 있어 그것과 결부된 이미지로 떠오르던 이리. 그 이리가 익산으로 된 이후 태안반도 가로림만에 가는 길에 시가지를 지나봤다. 이리보석센터에 들리기 위해 안으로 들어가 봤다. 몇 해 전 이야기다.

그 익산의 낭산면 삼담리 삼지마을이라는 곳에 장애와 지독한 가난에 굴하지 않고 억척스러운 삶을 일궈온 한 어머니가 있다고 했다. 물론 어느 마을, 어디에도 어머니는 있다. 아무튼, 그 어머니는 시집온 이후 지금껏 남의 농사를 대신 지어주고 얻은 벌이로 가족의 생계를 이어왔다고 한다. 고단한 삶에 가난 하나만으로도 충분한데 그녀는 청각장애, 언어장애도 함께 가지고 있단다. 게다가 만성적인 관절염과 고혈압에 협심증. 1남 2녀 자녀 셋은 속울음을 우는 이런 어머니 손길 아래서 모두 사회복지사로 성장했다고 한다. 박 씨 그녀는 오늘도 인근 농가의 비닐하우스에서 고구마 순을 잘라 엮느라 구슬땀을 흘리고 있다고 했다. 소유한 땅이 없는 그녀의 유일한 수입원은 이 집 저 집을 가리지 않고 일손이 필요한 곳을 찾는 일당벌이이기 때문에 그렇다는 것이다.

익산이 가깝게 느껴진다. 댈 인연 없는 먼 땅인데. 고구마 순이 익산을 내 앞으로 끌고 오는 것 같다. 가까운 땅 같다. 삼지마을이 어디일까?

오월 이십오일 금요일, 창고 짓고 원두막 세우려 동매리 내려가는 길이다. 가는 길에 장비도 실을 겸 아이들 외가에 들렀더니 부탁한 고구마 순을 준비해 두고 있었다. 감자는 멧돼지가 안 파먹지만, 고구마 는 파먹는다는 말을 동매리 마을 사람한테서 들었는지라 심을 생각을 안 하고 있다가, 그래도 고구마 아닌가, 파 먹힐 땐 파 먹히더라도 일 단 심어놓고 보자는 생각이 들어, 부탁해 두었던 고구마 순이었다.

이랑을 여섯 개 만들었다. 순을 심었다. 고구마, 고구마 순, 방 아랫 목의 고구마 온상, 큰방의 고구마 가마니, 뽑히는 그 순만큼 가늘던 아 버지의 손, 온상의 순을 뽑던 아버지의 가냘프던 손가락들이 생각났다. 내 유년은 고구마 빼고는 이야기할 수가 없다.

익산 고구마 순 저 어머니 자녀는 저렇게 성장했는데, 가녀린 손 울 아부지, 고구마 순 심다 망가진 손가락의 울 어머니 자녀 우리는 어떻 게 성장했는가?

곧 가버릴 모양

무화과 순이다. 반가워 다시 본다. 동물의 어린 것, 새끼를 두고 하 는 말이다. 새끼는 다 귀엽다. 식물의 어린 것, 순을 두고 하는 말이다. 새순은 다 참신하다. 요새 순을 유심히 관찰한다. 흙을 뚫고 올라오는 새순들, 즉 도라지 순, 부추 순, 감자 순, 열무 순, 토란 순, 마 순, 달 래 순, 취순, 차나무 순들을 경이롭게 바라본다. 가지에 맺히는 순들도 그렇다. 감나무 순, 매실나무 순, 단감나무 순, 앵두나무 순, 자두나무 순, 엄나무 순, 가죽나무 순이 그들이다. 이들은 동매리 언덕, 밭에서 자라는 순들이다. 난 요새 순을 바라보는 재미에 빠져 있다.

날 감자는 거의 다 난 것 같다. 그러니까 아직 안 난 감자가 있다는 얘기다. 흰 감자와 자주색 감자를 함께 심었는데, 자주색 감자는 순을 올리지 않는 것 같다. 날 감자가 거의 다 났다고 한 말은 그런 의미다. 아직 순이 안 나서 미루어 두었던 이랑의 북을 쳐 주었다. 가끔 작은 순이 올라오고 있다. 고구마 심고 들깨와 참깨를 심기 위해 비워 둔 자리를 삽으로 파서 뒤엎었다. 파서 뒤엎기 시작했다는 말이다. 비가 오지 않는다면 내일 새벽부터 시작하여 다 뒤엎을 생각이다.

괭이를 던졌다. 앵두나무 우물가의 동네 처녀들 호미 던지듯이 던졌다. 마침 옆에 앵두나무도 있다. 괭이 옆의 저 나무가 앵두나무다. 바람이 분다. 5월의 바람, 일러서 훈풍! 들을 본다. 지난주까지 파랗던 보리밭, 색이 변해 간다. 누런 색조를 띠기 시작한다. 더불어 이 봄도 곧 가고 말 것 같다. 곧 가버릴 모양이다.

곧 가버릴 모양? 가는 봄 보고 시비? 아니다. 시비 붙을 생각 없다. 아쉬움? 글쎄 아쉬워할 시간이 없다. 그럼 뭐? 모르겠다. 가는 것 같다는 말일 뿐이다. 할 말은 이것뿐이다.

5월의 편지

5월이다. 6월이 코앞에 다가왔다. 5월의 나무에 다시 내려갔다. 바위 앞의 나무다. 나무에 등을 기대고 선다. 나무가 나를 받쳐준다. '아낌없이 주는 나무'는 자기 그루터기를 앉을 자리, 앉아서 쉴 자리로 내어 주지만, '고목 감나무' 이 나무는 나를 받쳐 서서 쉬게 해준다. 서서 먼 곳 저 앞을 바라보게 한다. 앉아서 쉬는 것도 편안하지만 기대어서서 쉬는 것도 그에 못지않다. 6월이 온다. 나무, 보내며 섰으니 5월의 나무고 기다리며 섰으니 이제 6월의 나무다.

〈동승〉이라는 영화가 있었다. 〈마음의 고향〉이라는 1949년의 영화를 고쳐 만든 영화라고 한다. 아홉 살짜리 아이 스님인 도념과 외모에 관심이 많은 사춘기 총각 스님인 정심, 그리고 때론 할아버지처럼 자상하고 때론 무지막지 폭력적인 큰스님이 한솥밥을 먹으며 사는 산사. 어김없이 꽃들이 피었고, 단풍이 졌고, 함박눈이 내렸지만, 동승인 도념이 기다리는 사람은 오지 않는다. 절에 나무를 해다가 주는 마을 아저씨는 도라지꽃이 필 때면 엄마가 오신다고 했는데, 동승 도념은 언덕의 나무로 가, 오늘도 키 재기를 한다. 불공을 드리는 아줌마가 또 왔다. 신록 사이로 왔다. 눈부시다. 예쁘다. 엄마라면, 저 아줌마가 내 엄마라면⋯. 형(정심스님)은 왜 허구한 날 무서운 큰스님 뒤를 따라다니며 돈 달라고 조르는 것일까? 이발할 머리도 없고, 샴푸도 필요 없고, 옷도 필요 없는데. 포경수술 때문이라고 했는데, 그게 뭘까. 그런데 그토록 졸라 이룬 소원 후에도 형의 얼굴은 밝아지지 않는다. 5월인데도. 잎이 돋는데도 얼굴은 어둡다. 5월이어서 그랬을까.

나무는 고목이다. 위로 뻗은 줄기는 그런대로 새 줄기다. 잎이 매달렸다. 신록이다. 헤아려 본다. 많진 않지만 헤아려지지 않는다. 읽어 본다. 읽으니 잎들은 글자다. 편지다. 오월의 편지다. 하늘은 편지지다. 도념(동승)의 엄마 이야기, 정심이한테 가는 영순이의 연정이다. 내게로 오는 미지의 그리움, 5월을 향한 그리움이다.

* * * * *

2005년 12월부터 시작된 나의 악양 동매리 지리산 기슭 생활은 올해로 12년째다. 이 가운데, 두 번째 맞이하고 보낸 봄까지의 이야기는 여기서 끝이 난다. 나의 산거 생활 사색이 그리 깊지 못하다. 그래도 심중에는 고려 중기 문신 이인로의 오언절구인 山居(산거)를 품고 있다. 한번 읊어 본다. 春去花猶在(춘거화유재) / 天晴谷自陰(천청곡자음) / 杜鵑啼白晝(두견제백주) / 始覺卜居深(시각복거심) : 봄이 가도 꽃은 아직 남아 있고 / 하늘이 개어도 골짜기는 저절로 그늘지네. / 두견새가 대낮에도 우니 / 사는 곳이 깊은 곳인 줄 비로소 깨닫겠네.

자연의 흐름은 느리고도 빠르다. 저기 천(川)과 들판, 산이 어우러져 빚어내는 자연의 조화를 보면서, '완숙'이라는 느림의 지혜와 '속성'이라는 빠름의 결단이 내 곁으로 온다. 저 산하에 그냥 잠긴다. 또 저기 저 먼 섬진강, 달이 뜨면 달빛 부서지는 강둑 아래서 소리 없이 흐르고 있을 강물이 눈에 선하다. 악양 들판 들길 산길 저기에는 이름 모를 꽃들이 많고도 많다. 하던 일을 멈추고 길뫼재 언덕, 이 언덕에 서서 보면 지리산 형제봉 신선대 산등성이의 해 질 녘은 너무도 아름답다.

지킴이 큰 바위 밭 아래 저기 한 그루 밤나무, 그 고목에도 새순이 돋는다. 다시 또 찾아온 봄의 표상이다. 바위 저기 앞에서 악양 들 하늘을 지키는 고목 감나무 가지에는 5월의 편지가 걸렸다. 나뭇잎 저 여린 연두는 봄의 엽서다. 나무들 사이의 저 길은 내가 오고 또 가는 길이다. 이전에는 타인의 길이던 저 길이 이제는 나의 길로 되었다. 내가 낸 길이 아니지만, 지금은 내가 내며 다닌다. '다시 또 봄'이다!